上海交通大学现代金融研究中心系列丛书

高国华 著

银行资本监管及其宏观经济效应

基于系统性风险的视角

格致出版社 上海人民出版社

2008 年金融危机的发生促使人们反思金融监管政策领域的缺陷,危机的一个重要教训在于,以单家银行机构稳健经营为目标的微观审慎监管和资本约束机制不能有效维护银行体系稳定,在抵御系统性风险方面存在重大缺陷,基于宏观审慎视角及系统性风险的金融监管成为后危机时代各国监管理念和工具的主要发展趋势及调整方向。2010 年《巴塞尔协议Ⅲ》的实施,将中国银行业资本监管由关注微观风险推向了宏观与微观审慎相结合的实施阶段。如何衡量我国大型银行机构的系统性风险贡献度,如何识别宏观经济体系的信用融资水平和金融累积风险,如何建立起基于这些系统性风险的资本监管工具,资本监管新规对于宏观经济波动和社会福利损失有哪些影响,如何权衡与协调逆周期资本政策与货币政策的相互关系? 这一系列问题不仅仅是理论问题,更是重要的现实问题,对于我国银行系统性风险的有效监管和防范,宏观审慎政策的制定与实施以及维护金融体系的稳定具有非常重要的理论意义和实践价值。

在这一背景下,本书从加强宏观审慎监管的角度出发,对基于系统性风险的我国银行资本监管政策的设计和实际应用,以及资本监管的宏观经济效应及其与货币政策的协调关系,进行了深入的理论研究和实证分析,本研究的结构包含三大部分:第一部分是对于系统性风险的测度和资本监管设计,具体包括两个方面,根据系统性风险的截面维度和时间维度,一方面探讨了系统重要性银行的测度评估框架和系统性附加资本的设计、计提方法,另一方面建立了逆周期资本监管框架下宏观系统性风险指标体系,并对逆周期资本工具的设计、开发和运用进行了探讨和研究。第二部分是在动态随机一般均衡(DSGE)模型基础上研究基于系统性风险资本监管的宏观经济效应,在一般均衡框架下讨论监管资本要求提高,以及逆周期资本监管政策的实施所造成的宏观经济效应和福利影响。第三部分探讨最优货币政策与逆周期资本监管政策的权衡与协调问题,在一个统一的模型框架内,对两种政策的相互关系以及在应对不同宏观经济情形上的效果进行研究。本书的工作主要包括以下几个方面:

第一,对我国系统重要性银行进行测度并建立了有差别的系统重要性银行附加资本。本书从风险传染的直接影响和间接影响两方面,分别应用基于资产负债表关联数据的金融网络分析法和基于市场价格数据的 CoVaR 方法对我国银行的系统重要性水平和风险传染效应进行测度,并综合考虑银行机构的规模、系统关联性、可替代性、复杂性、同质性和跨境活跃度六类指标,建立了银行业系统性风险的综合度量框架,并对我国 63 家银行的系统重要性进行评估和排序,在此基础上将银行区分为高度系统性银行、部分系统重要性银行、非系统性大型金融机构与非系统性中小银行等,为系统重要性银行附加资本的计提提供了量化标准和监管依据。

第二,对于我国银行业资本监管的顺周期性及其相应的逆周期资本监管框架设计进行研究。逆周期银行资本监管是实现银行体系宏观审慎监管的核心内容,但如何准确地判断经济周期和识别宏观系统性风险的特征、水平和变化趋势,以及如何把握逆周期工具的时点和程度则是实施该项监管中的难题。本研究在对我国商业银行资本充足率变动的顺周期效应进行实证分析的基础上,从中国银行业和宏观金融风险的实际情况出发,构建了多层次、多维度的宏观系统性风险度量指标框架,以反映我国金融体系和社会整体的信用融资水平,并以此作为逆周期缓冲资本的指导变量;在识别系统性风险状态和判断逆周期资本工具的应用时点方面,论文引入了 Markov 机制转移模型对周期转变和风险状态的阶段性变迁进行识别和分析,以确定逆周期资本的计提时点和程度,为风险判别和逆周期监管建立起系统性的定量分析方法作支撑。

第三,建立了包含银行监管资本影响和金融加速器效应的 DSGE 模型,对基于系统性风险资本监管的宏观经济效应进行研究。通过建立一个含有银行部门监管资本影响和金融加速器效应的新凯恩斯主义 DSGE 模型,分析在《巴塞尔协议Ⅲ》新监管框架下银行资本充足率要求提高和逆周期资本政策的实施对宏观经济波动的冲击和影响,围绕三个核心问题:第一,货币政策的银行资本传导渠道对于宏观经济波动的作用机制和效果如何;第二,银行资本监管要求提高对于宏观经济变量的冲击和影响程度有多大;第三,逆周期资本监管政策的实施能否对真实经济波动起到平抑作用。通过理论和校准模拟分析,本研究深入探讨了银行监管资本变动通过信贷渠道对于宏观经济波动的影响机制和效果,为我国货币政策和宏观审慎政策的实施,以及政策工具的选择与权衡等提供理论和经验支持。

第四,基于 DSGE 模型对货币政策与逆周期资本监管政策的权衡与协调问题进行研究。在一个统一的模型框架内,对货币政策与逆周期资本监管政策的相互关系,以及在应对不同宏观经济情形上的效果进行研究和对比,通过校准和数值模拟对不同政策组合下的社会福利损失进行比较,并对逆周期资本监管的政策参数选择及其经济效果进行全面评估,为有效把握货币政策与逆周期审慎监管政策的相互关系,以及衡量两种政策工具在应对不同政策目标(包括物价稳定和金融稳定)上的层次顺序和政策效果提供有意义的借鉴参考。

第五,回顾和总结了金融危机后美国、欧盟、英国、日本等国提出的基于系统性风险的银行监管改革方案、监管工具和发展方向,比较了各国建立宏观审慎监管的机构分工和监管框架,提出从增强宏观审慎意识、加强系统性风险分析与评估、明确监管部门职责与工具、把握金融部门与实体经济的相互影响以及协调审慎政策与货币财政政策的相互关系方面,为后危机时代中国建立宏观审慎与微观审慎紧密结合的监管框架体系提供借鉴。

由于本轮的世界金融危机尚未结束,对于银行系统性风险的识别、测度和相应资本监管问题的研究仍在深入中,无论从研究数据还是研究方法上均存在较大的改进空间,此外,本书所建立的 DSGE 理论模型还较为简单,在提高系统的复杂性和与实际经济特征一致性方面还有待进一步深入,所提出的分析方法、框架和政策建议仍有待于在实践中进行检验。

CONTENTS 目录

第4章　宏观审慎框架下的逆周期银行资本监管：指标体系构建与预警研究

第5章　基于系统性风险的银行资本监管与中国宏观经济波动

第6章　货币政策与逆周期资本监管政策的权衡与协调
——基于 DSGE 模型的研究

第 7 章　基于系统性风险的银行监管改革实践：国际比较及对中国的启示

第 8 章　总结

第1章 导论

1.1 研究背景与研究意义

1.1.1 国际背景

2008年国际金融危机的发生,使得系统性风险的测度与监管成为国内外学术界和政府监管机构关注的焦点。这场自大萧条以来最为严重的金融危机引发了人们对现行经济金融理论的反思,并引发全球金融监管体制的深刻变革。本次危机的一个重要教训在于,以单个银行机构稳健经营为目标的微观审慎监管和资本约束机制不能有效维护金融体系稳定,在防范系统性风险方面存在重大缺陷。微观审慎监管忽视了对于系统性风险的关注,未能对金融机构间的相互关联性以及实体经济与金融体系的顺周期反馈机制可能产生的风险隐患给予足够的重视。而本次金融危机的发展蔓延过程则表明,金融机构间的网络关联性在系统性风险的形成与扩散过程中起到了重要的助推作用;危机之前在一个较长经济上行周期中所积累的金融失衡因素,例如信贷扩张、资产价格上涨、杠杆率过高和流动性过剩等,更加剧了危机的波动性与危害性。在此背景下,如何测度金融机构尤其是银行业的系统性风险,如何从宏观审慎角度设计建立监管框架和相应的政策工具,以及如何与现行货币政策工具进行制度安排和有效协调,成为各国监管机构面临的重大挑战和需要积极探索的一个重要领域。

对于系统性风险的测度和审慎监管主要有两个维度：一是跨行业维度（cross-sectional dimension），关注某一时点上金融机构的相互关联度、共同风险敞口，以及单一或一组金融机构对于系统性风险的贡献度及其风险分布，尤其是对那些"大而不能倒"、具有系统重要性影响的金融机构进行监管；二是时间维度（time dimension），即关注金融体系内在风险的动态变化，以及系统层面的风险如何通过金融内部机制以及实体经济与金融体系的相互作用而被放大，这一维度的监管主要是缓解金融体系的顺周期性问题，通过建立适当的逆周期机制与政策工具以降低信贷活动、资产价格和经济整体的波动性。

审慎银行资本监管一直是国际银行业发展的核心理念，它在限制商业银行规模的同时也激励银行控制风险。作为银行风险监管的核心，巴塞尔协议指引下的资本监管模式在这场金融危机中暴露出种种缺陷和不足。实际上，危机爆发前发达国家银行业资本充足率仍然保持在高位，符合巴塞尔协议监管要求，如美国 12.8%（2007），日本 12.9%（2007），德国 12.2%（2006），英国 12.9%（2006）等（IMF，2008），这显示出当前资本监管框架在控制银行风险并保证金融体系稳健运行方面存在严重不足。在此背景下，巴塞尔监管委员会在现有资本协议的基础上推出《巴塞尔协议Ⅲ》，核心内容之一即是加强资本监管，增强抗风险能力。《巴塞尔协议Ⅲ》的重要变化包括：一是显著提高了资本监管要求，提出了逆周期资本和资本留存缓冲；二是通过引入对系统重要性银行的额外资本要求和杠杆率指标，约束"大而不能倒"金融机构的道德风险；三是大大简化了资本结构，突出了普通股在监管资本中的重要性，限制了混合资本工具的使用，其实质是让积极股东最终承担责任。

这些改变是非常必要的，并将银行监管的目标从维护单个机构的稳健经营转向防范和化解金融体系的系统性风险。后危机时代金融监管领域更为重要的问题在于，如何建立一个整体的、系统的、全面的系统性风险评估和监测框架，以有效识别系统重要性金融机构和宏观系统风险的顺周期变化，如何对相应的基于系统性风险的资本工具进行设计、开发和运用，以健全逆周期资本监管和系统重要性银行监管的制度框架，并衡量其宏观经济效果和福利影响，这已经成为国际金融监管主体和各国学者高度关注的内容，同时也是本研究需要考察的重点问题。

1.1.2 国内背景

近年来，随着中国经济成为全球经济体中不可或缺的重要部分，我国银行体系开始面临全方位的国际竞争与挑战,银行风险监管标准也日益与国际同步接轨。尽管目前我国以国有商业银行为主体的银行体系由于长期处于计划经济背景和政府的隐性信用担保之下,在历次国际金融危机中受到的冲击较小,但这并不意味着系统性风险显著降低,只是其风险来源和表现形式不同。从风险分布角度,国内银行信贷更多集聚在政府基础设施投资、房地产建设和少数大型国企,贷款结构单一导致各银行机构的风险暴露具有同质性,易受到宏观经济风险的影响,尤其 2008 年政府为应对金融危机实施的大规模刺激政策,导致了地方政府融资平台贷款过度膨胀,导致房地产信贷风险积累以及银行不良贷款上升等问题,而这些潜在的系统风险问题值得监管机构重视;从顺周期角度,银行及企业都具有强烈的风险集中倾向,在经济周期上行时过度偏好风险,而在周期下行时又过度规避风险。因此,构建适合中国银行业系统性风险的度量框架,通过定量分析等手段监测系统重要性金融机构的风险演变,及时捕捉银行体系的顺周期性,对具有系统重要性的大型银行进行资本约束和有效监管方面的研究,从系统性风险角度和宏观审慎视角对目前的微观银行监管框架进行改进和完善,是极具理论与现实意义的工作。

目前,我国银行业的资本监管总体上停留在微观监管层面,主要关注单家银行的稳健性和清偿能力,而将系统性风险作为外生变量,忽略了从宏观层面关注银行业的系统关联性、金融顺周期性以及宏观失衡因素对银行业的影响,未将系统性风险纳入金融监管框架。随着 2009 年中国正式成为巴塞尔银行监管委员会成员,中国银行业监管也加入到全球性《巴塞尔协议Ⅲ》框架中,2012 年 6 月银监会发布《中国银行业实施新监管标准指导意见》,从资本充足率、拨贷比、流动性指标和杠杆率等方面对银行监管标准提出了新要求,全面改善了原有协议的资本框架和资本充足率要求,强调了逆周期审慎的重要性,并引入防范系统性风险的新指标,降低了银行业的经营杠杆并将推动国内银行业新一轮的改革进程。

在自上而下的基于系统性风险的资本监管框架中,金融监管当局究竟以什么样的标准确定系统重要性机构,如何量化这些机构对金融体系的风险贡献度,仍然需要更为深入的研究;在逆周期资本监管政策中,如何构建宏观系统性风险的监测指标体系,并有效识别系统性风险的状态及其演变,也是其面临的挑战之一。此外,未来随着国内监管资本要求的提高和逆周期资本政策的实施,其对宏观经济波动具有怎样的冲击和影响,逆周期资本政策的实施能否对真实经济波动起到平抑作用,它与货币政策等其他政策的相互关系如何协调,这些问题的研究和探讨对于我国建立银行业逆周期监管机制和宏观审慎框架,维护金融体系稳定具有很强的现实政策意义,在当前背景下对保证我国银行业的持续、健康发展既具有必要性,也具有相当的紧迫性。

1.1.3 研究意义

当前,从理论和实证的角度,自上而下的研究基于系统性风险的银行资本监管及其宏观经济效应,构建适合中国银行业的宏观系统性风险度量框架及其相应的资本监管办法,衡量资本监管对于宏观经济变量的影响和福利效应,协调其与货币政策的相互关系等问题,具有重要的理论和现实研究意义,也为我国宏观审慎监管的有效实施奠定基础。

从理论价值角度,信贷周期理论和金融"加速器"理论在一定程度上解释了实体经济与金融部门之间相互作用、相互影响的风险放大和正反馈效应,但对于银行资本监管约束、资本权益成本和融资摩擦等因素对信贷扩张和宏观经济波动的影响和传导机制,相关的理论研究还较少,在本次危机中,作为银行业监管核心的资本监管对宏观经济的波动放大和传导效应受到各方面关注,因此本文在借鉴国际上基于微观主体行为最优化分析范式的动态随机一般均衡(dynamic stochastic general equilibrium,DSGE)模型基础上,研究和模拟中国经济,尝试在一个综合的一般均衡理论框架内探讨银行监管资本要求变动对于经济变量波动的传导机制和冲击影响,分析资本监管政策与货币政策的相互协调关系,为有效政策的实施和更为深入的拟合与理解经济周期中各种"加速器"效应建立必要的微观行为基础,具有重要的理论意义。

从现实意义角度,由于目前中国金融市场是以间接融资为主的结构体系,大部分风险都集中在银行体系内部,因此,研究建立我国银行业的系统性风险度量框架和相应的资本监管办法,可以为风险防范和提高政策有效性提供科学依据,具有重要的现实意义。此外,我国在"十二五"规划中已明确提出构建逆周期的宏观审慎制度,因此研究《巴塞尔协议Ⅲ》新资本监管要求实施的宏观经济效应和福利影响,探讨货币政策与逆周期资本政策实施的制度安排、目标层次与协调配合机制,对于央行加强和完善基于通胀和金融稳定目标的宏观政策管理,全面清晰地把握银行体系与实体经济相互作用的微观机制和正反馈效应,维护金融业稳定发展,也具有重要的现实意义。

1.2 核心概念界定

1.2.1 银行系统性风险

国内外对于银行系统性风险尚无统一且被普遍接受的定义,这一状况本身就体现了系统性风险的复杂性。一般认为,"系统性"是指一个事件影响了整个体系的功能,让外部第三方也承担了一定成本。文献中具有代表性的系统性风险定义大致有以下四类:一是从基于微观风险直接传染角度:单个银行机构、产品或市场的损失因资产负债表或实体经济的相互关联导致一系列机构或市场受到传染影响而产生溢出效应,主要以 Tirole(1996)等为代表;二是从微观间接传染的角度定义:银行系统性危机的发生与可观测到的宏观经济或信贷头寸关联等基本面无关,仅仅是由于风险暴露的相似性和信息溢出效应的作用,以及金融恐慌、羊群行为、信心丧失和风险厌恶增加等原因,导致风险重估效应和间接传染发生,以至于放大了银行系统性风险,主要以 Kaminsky 和 Reinhart(2000)为代表;三是从金融功能的角度定义:突发事件导致金融市场信息中断,融资作用丧失,从而影响金融市场功能的正常发挥,主要以 Minsky(1992)、Acharya(2000)、G20 报告(2009)为代表;四是从宏观传导的角度定义:即一个大的宏观冲击事件导致部分银行体系信心崩溃,经济损失或不确定性增加,甚至对实体经济造成严重危害的风险,如 Bernanke(2010)等。从系统性风险定义的衍变可以看出,早期学者普遍认为经济基本面的变化是银行体系脆弱性的根源,如过分扩张的财政政策、货币政策以及政府隐性担保等是系统性风险积累的原因;而后来的研究则强调,金融危机也可由投资者的自我实现预期引起,羊群效应、信息传染等成为风险传播的主因。从风险特征来看,与单个银行面临的风险相比,银行系统性风险具有传染性、宏观性、更大的负外部性、突发性和复杂性等特征;从风险的主要标志指标来看,银行系统性风险常伴随资产价格上升、信贷规模扩张、金融部门杠杆率增加以及汇率贬值和资本逆流等。

2008 年国际金融危机的爆发使得学术界对于银行系统性风险的内涵与定义有了进一步深入,并认为银行系统性风险有两个主要来源:一是大型金融机构的相互关联和共同行为引发的风险,即空间维度的网络传染风险,二是随时间不断积累的失衡引发的风险,即时间维度的总体风险。金融危机通常是两种风险共同作用的结果,即当信贷持续扩张,经济风险持续积累,导致金融网络结构不稳定时,危机就会爆发,导致金融服务中断,增大了实体经济的潜在风险。基于上述认识,本研究对银行系统性风险的识别、测度和相应资本监管措施的研究也分别从上述两个风险维度进行展开。

1.2.2　宏观审慎监管

宏观审慎监管是为了维护金融体系稳定,防范系统性风险和金融体系对实体经济的负外部效应而采取的一种自上而下的监管模式,与微观审慎监管不同,宏观审慎监管着眼于整个经济系统,研究金融体系与宏观经济的联系及金融体系内部的网络风险和顺周期特征,关注给定时点上风险在跨行业、跨机构之间的分布以及整个系统中风险的跨时间分布,并通过有针对性地制定监管准则和政策措施,以达到抑制系统性金融风险和金融动荡导致的宏观经济成本的目标。

宏观审慎监管的概念在20世纪70年代末由国际清算银行(BIS)提出,1978年3月国际清算银行在年度报告中分析了石油价格上涨对国际银行借贷和银行体系稳定的影响,强调了金融体系审慎管理与宏观经济的关系,并提出"宏观审慎"的概念。直到21世纪初,随着一系列金融危机促使各国学者和有关国际组织关注影响金融体系稳定的经济和制度因素,宏观审慎监管在金融政策领域日益获得重视。2008年国际金融危机的爆发进一步推动了宏观审慎监管的发展,金融稳定理事会、巴塞尔协议委员会,以及各国中央银行都先后提出加强宏观审慎监管,并将其作为保证宏观经济稳定、防范系统性风险的重要政策工具。

从系统性风险产生的空间维度和时间维度出发,宏观审慎监管也主要包含两个方面:一方面是评估金融体系的内在关联性,强化对特定领域和系统重要性大型金融机构的监管;另一方面是关注金融体系内在风险的动态变化和金融体系的顺周期性,即金融体系的脆弱性和风险如何随着时间的推移而积累,以及风险如何通过金融体系内部运行机制和金融机构与实体经济的相互作用而放大,加强对顺周期效应的审慎监管和政策应对。

相关文献研究对这两方面的框架内容进行了更为详细的界定和阐述。Borio(2003)认为宏观审慎监管主要监控特定时点系统性风险如何在金融系统中分布,以及风险如何随时间变化而变化。其中对评估特定时点风险分布的关键是如何衡量金融机构面临的共同风险敞口,以及机构联合失败的概率,它决定了整个金融体系的损失,因此这方面的主要政策设计需要关注如何限制整个金融体系中多数机构同时遭受损失和失败的风险。应对风险随时间变化的问题需要关注金融与实体经济之间的正反馈和放大效应，其政策设计需要关注如何抑制金融体系固有的顺周期特征。Bernanke（2009）进一步提出了宏观审慎监管的政策框架，认为宏观审慎监管应包括四个方面：一是监管金融风险的增加，不再只关注单个机构或行业，而是更多重视跨机构和跨市场的风险传染性；二是评估金融体系潜在脆弱性，如金融杠杆水平及金融市场与产品的变化等因素导致的系统性潜在风险增加；三是分析金融机构之间及金融机构与市场之间的风险传染性和共同风险敞口；四是关注系统风险性增加的制度不足和监管职能缺陷，如消费者保护机制和影子银行等信息披露监管机制缺失等。英国金融服务局（FSA，2009）将宏观审慎监管的内容总结为五个方面：一是金融体系对实体经济的信贷供给、信贷定价、借款人的杠杆程度及信贷风险；二是期限转化的形式及相应的流动性风险，如银行期限错配程度以及对批发性融资的依赖性；三是住房、股票和信用证券化等市场的资产价格与长期均衡水平的关系；四是金融系统的杠杆率水平；五是一些尚未受到监管的机构如对冲基金等，对系统性风险的影响。

与微观审慎监管相比，宏观审慎监管在监管目标、风险计量模型和风险衡量标准等方面存在重大差别，巴塞尔委员会的 Borio（2003）对它们进行了比较，如表 1.1 所示。与货币政策相比，宏观审慎监管有利于调控信用周期和资产价格，2008 年金融危机的一个教训是，以通胀为目标的利率政策不足以维持资产价格稳定，而且利率工具在调控信用和资产价格方面具有一定的负面影响，一般需要大幅提高利率才能控制资产泡沫和信用扩张，但利率的大幅提高会对实体经济形成明显紧缩影响。

表 1.1　宏观审慎监管与微观审慎监管的比较

	宏观审慎监管	微观审慎监管
直接目的	防范系统性金融危机	防范单个金融机构的经营失败
最终目标	避免产出（GDP）损失	保护消费者（存款人、投资者）
风险模型	（一定程度上）内生	外生
金融机构之间的相关性和共同风险暴露	重要	无关
风险控制的衡量标准	以整个金融系统为单位，实行自上而下的衡量方法	以单个金融机构为单位，实行自下而上的衡量方法

综上而言，宏观审慎监管是建立在系统性风险识别基础上，以维护金融体系稳定为目的，建立逆周期性的政策框架。按照宏观审慎监管的两个维度，在空间维度上，监

管机构应通过自上而下的监管框架,分析系统总体风险水平确定总的资本金要求,再按照各个金融机构对系统风险的贡献度分配资本金要求来实施监管;在时间维度上,为抑制金融体系顺周期特征,监管机构应主要以逆周期政策实施监管。在实践中,这两方面的风险监管政策应相互配合,并且与微观审慎监管统筹协调、互为补充,以更好地促进金融体系和实体经济的健康稳定发展。

1.2.3 《巴塞尔协议Ⅲ》与资本监管的最新进展

2010年《巴塞尔协议Ⅲ》的出台是金融危机后国际金融监管框架变革中最重要的事件之一。在《巴塞尔协议Ⅱ》公布六年并进行了一系列局部改进后,各主要国家政府和央行对本次金融危机中暴露出的制度监管框架缺陷和漏洞在经历艰难协商后终于达成共识,强调从银行个体和金融系统两方面加强全球金融风险监管,大幅提升资本和流动性监管要求。在银行个体层面,通过提高银行在风险情景下的一级资本工具吸收损失的能力,使银行能够更好地抵御外部风险;在金融体系层面,通过引入逆周期资本、留存资本和系统重要性附加资本等,以约束具有潜在系统性影响的银行的风险行为,从而对全球长期金融稳定和经济增长起到支持作用。

无论是银行个体层面还是宏观金融体系层面,《巴塞尔协议Ⅲ》的内容设计均涉及资本框架的改革,这反映出资本监管仍旧是《巴塞尔协议Ⅲ》的核心。新协议通过加强资本监管提升银行业的系统性风险抵御能力,主要包括改革监管资本的数量和质量,扩大风险覆盖范围;引入杠杆率强化资本基础,限制银行业过高杠杆,并对资本计量和模型风险进行改进。同时,通过在资本框架中引入逆周期因素和金融机构的系统关联性,以加强宏观审慎监管。具体表现为:

1. 提高了最低资本充足率标准。根据《巴塞尔协议Ⅲ》规定,普通股占加权风险资产比重应达到4.5%,一级资本充足率也从4%提高到6%。此外,还引入2.5%的资本留存缓冲,由普通股资本构成,目的是让银行在经济金融压力情景下由该缓冲吸收损失。因此,若维持普通股权充足率与一级资本充足率和总资本充足率的级差不变,则实际银行最低的核心一级资本充足率、一级资本充足率和总资本充足率分别提高到7%、8.5%和10.5%。

2. 提升资本质量。主要表现为:一是提高监管资本的损失吸收能力,普通股占一级资本比率由50%提高到75%,并提高了普通股、其他一级和二级资本工具的要求标准;二是要求商誉和无形资产、递延税、优先股和自身股票投资等项目必须扣除,提高合格资本的质量;三是提高资本结构的透明度,要求银行披露监管资本的构成及财务报告科目之间的对应关系;四是扩大了风险资本覆盖的范围,提高对于交易对手信用风险的资本计提要求。

3. 引入基于风险中立的杠杆率监管标准作为资本监管的补充。巴塞尔协议提出了基于资产规模的杠杆率指标,以弥补资本监管的单一化缺陷。杠杆率定义为一级资本与总资产(表内与表外)的比率,监管标准是 3%。该指标将从 2013 年开始实施,2018 年完成。

4. 建立流动性风险量化监管标准。为了降低银行业过度依赖批发型融资来源导致的内在脆弱性,《巴塞尔协议Ⅲ》提出了两个流动性风险监管指标,即流动性覆盖率指标和净稳定融资指标,同时还提供了一系列用于提高不同国家间监管一致性的监测指标体系,如合同期限错配、融资集中度和流动性资产占比标等,以协助监管当局识别单个银行与银行系统的流动性风险。其中,流动性覆盖率定义为优质流动性资产与未来 30 天资金净流出量比值,要求该比值应大于等于 100%,用以衡量短期压力情景下单个银行的流动性状况;而净稳定融资比率是指"可用的稳定资金来源"与"业务所需的稳定资金来源"的比值,同样要求该比率大于等于 100%,用以衡量在未来一年内银行应对资产负债期限错配的能力。

5. 引入逆周期资本缓冲。《巴塞尔协议Ⅲ》提出了逆周期资本缓冲的概念,要求银行在信贷快速扩张时期计提 0—2.5% 的超额资本,以应对经济衰退时期可能增加的不良资产和资本损失,而在经济下行时期释放逆周期资本以吸收损失。该资本缓冲将于 2016 年开始实施,2019 年完成。

6. 对系统重要性银行的附加资本要求。《巴塞尔协议Ⅲ》引入了"系统重要性银行"概念,对于规模巨大、业务复杂度高以及具有较强系统关联性银行提出了特别资本要求,以减少其道德风险及对经济的冲击。具体包括额外资本要求,即系统性附加资本、或有资本(contingent capital)和缓释债务(bail-in debt)。其中,附加资本充足率要求为 1%,该资本要求从 2013 年开始实施,2018 年达标。此外,关于金融机构的自营业务、投资对冲基金和私募基金等影子银行业务的监管已纳入监管框架,但尚未出台正式修正稿。

《巴塞尔协议Ⅲ》将于一系列不同的过渡期分阶段执行,以确保银行业能够有充裕时间进行融资和利润留存以满足资本要求,不影响其信贷支持作用的发挥。各项规则的最终落实其虽有所不同,但最晚均于 2019 年前实施(具体时间安排参见表 1.2)。

表 1.2 《巴塞尔协议Ⅲ》资本监管规则的分阶段安排

	2013 年	2014 年	2015 年	2016 年	2017 年	2018 年	2019 年
杠 杆 率	2013 年 1 月 1 日至 2017 年 1 月 1 日平行执行,2015 年 1 月 1 日起公布					迁移至"第一支柱"	
最低普通股资本比率	3.5%	4.0%	4.5%	4.5%	4.5%	4.5%	4.5%
资本留存缓冲				0.625%	1.25%	1.875%	2.5%
最低普通股加资本留存缓冲	3.5%	4.0%	4.5%	5.125%	5.75%	6.375%	7.0%
核心资本中普通股的扣减项		20%	40%	60%	80%	100%	100%
最低核心资本充足率(tier 1)	4.5%	5.5%	6.0%	6.0%	6.0%	6.0%	6.0%
最低总资本充足率	8.0%	8.0%	8.0%	8.0%	8.0%	8.0%	8.0%
最低总资本加留存缓冲	8.0%	8.0%	8.0%	8.625%	9.25%	9.875%	10.5%
逆周期资本缓冲				0.625%	1.25%	1.875%	2.5%
系统重要性银行附加资本要求				1.0%	1.0%	1.0%	1.0%
不满足非核心一级资本或二级资本的资本工具的过渡期	自 2013 年起 10 年内逐步退出;固定面值在 2013 年之前仍未偿付的,被认定为原面值的 90%,此后每年减少 10%						
总的资本充足率	8.0%	8.0%	8.0%	10.25%	11.5%	12.75%	14.0%

受《巴塞尔协议Ⅲ》的影响,为建立审慎资本监管制度,2012 年 6 月我国银监会发布了《商业银行资本管理办法(试行)》(以下简称"办法")从资本要求、杠杆率、拨备覆盖率和流动性比率等方面对国内银行业监管标准进行调整,构建了与国际新监管标准接轨并符合我国银行业实际的资本监管体系。该"办法"全面引入了《巴塞尔协议Ⅲ》确立的资本监管要求,涵盖了最低资本标准、逆周期资本要求、系统重要性银行附加资本、资本质量标准以及资本监督检查和信息披露等方面,以确保银行资本充分覆盖风险,见表 1.3。

表 1.3 《巴塞尔协议Ⅲ》资本要求与我国监管要求对比

指标体系	具体指标	我国监管部门要求	《巴塞尔协议Ⅲ》要求	达 标 时 间	
				我国监管部门	《巴塞尔协议Ⅲ》
资本充足率	普通股核心资本	最低 5%	最低 4.5%	2013 年开始实施,2018 年底前达标	2013 年 1 月 1 日—2015 年 1 月 1 日
	一级资本	最低 6%	最低 6%		
	总资本	最低 8%	最低 8%		2019 年前仍为 8%
	资本留存缓冲	2.5%	2.5%		2016 年 1 月 1 日—2019 年 1 月 1 日
	逆周期资本缓冲	0—2.5%	0—2.5%		2016 年 1 月 1 日—2019 年 1 月 1 日
	系统重要性银行附加资本	1%	1%		2013—2018 年间逐步实施
杠杆率	核心资本/表内外未加权总资产	最低 4%	最低 3%		2013—2018 年间逐步实施

指标体系	具体指标	我国监管部门要求	《巴塞尔协议Ⅲ》要求	达标时间	
				我国监管部门	《巴塞尔协议Ⅲ》
拨备覆盖率	拨备/信贷余额	最低 2.5%		2013—2018 年间逐步实施	
	拨备覆盖率	最低 150%			
流动性比率	流动性覆盖率	最低 100%	最低 100%	2015 年开始实施	
	净稳定融资比率	最低 100%	最低 100%	2018 年开始实施	

1.3 逻辑思路、框架与研究内容

1.3.1 逻辑思路

本书拟解决的主要问题包括：

1. 从实证和应用层面上，对基于系统性风险的资本监管政策的设计和实际应用进行分析，根据系统性风险的截面维度和时间维度，一方面探讨系统重要性银行的测度评估框架和系统重要性附加资本的设计、计提方法，另一方面建立逆周期资本监管框架下宏观系统性风险指标体系，并对逆周期资本工具的设计、开发和运用进行探讨和研究。

2. 从理论层面上，研究建立包含银行监管资本影响和金融加速器效应的 DSGE 模型，对基于系统性风险资本监管的宏观经济效应进行研究。在一般均衡框架下引入资本监管要求对银行信贷的供给端进行约束，探讨其对实际经济变量和货币政策传导的影响，并讨论监管资本要求提高，以及逆周期资本监管政策实施后对宏观经济波动的冲击和对福利的影响。

3. 从理论和政策层面上，研究最优货币政策与逆周期资本监管政策的权衡与协调问题。在一个统一的模型框架内，对两种政策的相互关系以及在应对不同宏观经济情形上的效果进行研究，通过校准和数值模拟对于不同政策组合下的福利损失进行比较，并对逆周期资本监管的政策参数及其经济效果进行全面评估。

4. 从比较层面上，总结金融危机爆发以来主要发达国家或地区，如美国、欧盟、英国和日本等实施的金融监管改革方案、宏观审慎监管的制度框架建设和对银行等机构的系统性风险进行监管防范的新办法措施，归纳各国改革经验的共同趋势及其对中国的启示。

1.3.2 研究框架

本研究框架如图 1.1 所示。

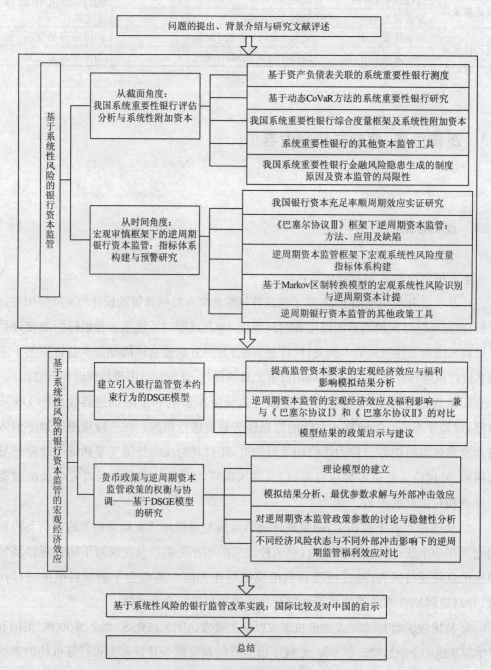

图 1.1 研究框架结构图

1.3.3　研究内容

全文共分 8 章，具体内容如下：

第 1 章是导论，阐明了本书研究的国内外背景与重要意义，对主要概念的界定，提出了本书的框架结构和主要内容，介绍了研究方法和技术路线以及研究的创新点。

第 2 章是国内外研究文献综述。本章从三个方面对已有的国内外文献进行总结：一是对银行系统性风险测度方法的研究，包括整体系统性风险衡量研究和对单个金融机构系统重要性的测度研究；二是有关银行系统性风险的顺周期性变动，以及监管资本政策工具顺周期效应的研究；三是关于资本监管的宏观经济效应，以及审慎资本监管政策与货币政策相互关系的研究。

第 3 章是中国系统重要性银行评估分析与系统性附加资本监管。本章从系统性风险的截面维度，即银行机构之间因资产负债表的相互关联性引发的传染和扩散风险出发，研究了我国系统重要性银行的识别度量框架和量化分析方法，对单个银行机构对于金融体系的系统性风险贡献度进行测度和排序，并在此基础上建立了有差别的系统重要性银行附加资本，为约束"大而不倒"机构的道德风险和负外部性，建立自上而下的基于系统性风险的审慎资本监管提供实证依据。

第 4 章是逆周期银行资本监管的指标体系构建与预警研究。本章从系统性风险的时间维度，即顺周期问题的角度出发，对我国银行业资本监管的顺周期性以及相应的逆周期资本监管框架设计进行深入研究；从中国银行业和宏观金融风险的实际情况出发，构建了包含宏观经济风险、货币流动性风险、信贷扩张风险、资产泡沫风险和金融杠杆风险等多层次、多维度的宏观系统性风险度量指标框架，以反映我国金融体系和社会整体的信用融资水平，并以此作为逆周期缓冲资本的指导变量。在识别系统性风险状态和判断逆周期资本工具的应用时点方面，本书引入了 Markov 机制转移模型对周期性变动和风险状态的阶段性变迁进行识别和分析，以确定逆周期资本的计提时点和程度，为风险判别和逆周期监管建立系统性的定量分析方法作支撑。

第 5 章是基于系统性风险的银行资本监管与中国宏观经济波动。本章通过建立一个含有银行部门监管资本影响和金融加速器效应的新凯恩斯主义 DSGE 模型，分析在《巴塞尔协议Ⅲ》新监管框架下银行资本充足率要求提高和逆周期资本政策的实施对宏观经济波动的冲击和影响，围绕三个核心问题：即第一，货币政策的银行资本传导渠道对于宏观经济波动的作用机制和效果如何；第二，银行资本监管要求提高对于宏观经济变量的冲击和影响程度有多大;第三,逆周期资本监管政策的实施能否对真实经济波动起到平抑作用。通过理论和校准模拟分析,深入研究银行监管资本变动通过信贷渠道对宏观经济波动的影响机制和效果,为我国货币政策和宏观审慎政策的实施,以及政策效果分析提供理论与经验支持。

第6章是货币政策与逆周期资本政策的权衡与协调——基于DSGE模型的研究。本章在第五章分析的基础上,研究货币政策与逆周期资本监管政策实施的制度安排、目标层次与协调配合机制,在一个统一的模型框架内,对两种政策的相互关系以及在应对不同宏观经济情形上的效果进行研究,并应用中国的结构参数和经济数据,通过校准和数值模拟对于不同政策组合下的福利损失进行比较,并对逆周期资本监管的政策参数及其经济效果进行全面评估,为有效地把握货币政策与逆周期审慎监管政策的相互关系,以及衡量两种政策工具在应对不同政策目标(包括物价稳定和金融稳定)上的层次顺序和政策效果提供有意义的借鉴参考。

第7章是基于系统性风险的银行监管改革实践:国际比较及对中国的启示。本章研究和总结了全球金融危机后,各国所纷纷提出的基于系统性风险的银行监管改革措施,通过回顾和梳理危机后美国、欧盟、英国和日本的金融监管改革方案与发展方向,侧重比较了各国对基于宏观审慎目标的金融监管组织架构的建立,以及对银行等机构的系统性金融风险进行监管防范的新办法措施,总结出国际改革经验的共同趋势及其启示意义,为后危机时代中国建立宏观审慎和微观审慎紧密结合的监管框架体系,防范以银行业为主体的金融系统性风险提供有益的参考和借鉴。

第8章是总结。对全文研究内容和研究结论进行概括总结,重点突出本书所做的研究工作及贡献,并探讨了研究不足之处以及未来研究的可拓展方向。

1.4　研究方法与创新点

1.4.1　本书的研究方法

本书以大量研究文献和统计数据为基础,综合运用定性分析与定量分析、理论分析和实证分析相结合的研究方法,并结合制度分析、国别比较等方法,力求对基于系统性风险的资本监管工具的设计、开发和应用，它的宏观经济影响以及其与货币政策的相互关系和政策权衡等问题，进行全面深入的研究。

1. 在定量分析中，注重研究方法的适用性与研究工具的先进性，时序分析与截面分析相结合，以面板模型、金融网络分析法、CoVaR 模型、AHP 层次分析法、马尔科夫区制转换模型等方法为工具，对我国银行系统性风险的测度，监测衡量指标体系的建立以及相应资本监管工具的设计和开发进行研究。

2. 在理论研究中，基于动态随机一般均衡(DSGE)模型框架对基于系统性风险资本监管的宏观经济效应，及其与货币政策的权衡协调关系进行探讨，DSGE 模型遵循一般均衡理论，能够将长期稳态与短期动态调整有机结合，通过数值模拟、脉冲响应分析等识别波动来源并预测政策影响，可以为政策讨论和分析提供统一的分析框架。

3. 制度分析与国别比较方法相结合。本文在测算我国银行系统重要性水平和风险传染的直接与间接影响基础上，结合中国实际深入分析了银行业面临的潜在系统性风险隐患及其制度性原因，讨论了资本监管对于系统性风险约束的局限性。在研究基于宏观审慎的金融监管框架调整和监管改革措施时，梳理和对比了美、欧、英、日等国家或地区的监管改革方案，总结出其对中国的借鉴和启示。

1.4.2 研究的主要创新点

对于银行系统性风险的测度、相应资本监管制度的设计及其对宏观经济和货币政策的影响等问题，涉及面非常广泛，对其全面系统的深入分析是一项富有挑战性的工作，对于防范系统性金融危机具有重要的理论与现实意义，而国内在这方面的研究尚处于刚起步状态。本文从我国的实际出发，在测度我国银行业系统性风险在截面维度和时间维度上的分布和变化基础上，对系统重要性银行资本和逆周期资本监管的设计与实施进行研究和探讨，并应用 DSGE 模型对基于系统性风险资本监管的宏观经济效应及其与货币政策的协调和选择关系进行深入研究。本书研究的主要创新点体现为以下四个方面：

第一，从风险传染的直接影响和间接影响两方面，分别应用基于资产负债表关联数据的金融网络分析法，和基于市场价格数据的 CoVaR 方法对我国银行的系统重要性水平和风险传染效应进行测度，并综合考虑银行机构的规模、系统关联性、可替代性、复杂性、同质性和跨境活跃度六类指标，建立了银行业系统性风险的综合度量框架，并对我国 63 家银行的系统重要性进行评估和排序，在此基础上将银行区分为高度系统性银行、部分系统重要性银行、非系统性大型金融机构与非系统性中小银行等,为系统重要性银行附加资本的计提提供了量化依据。

第二,逆周期银行资本监管是实现银行体系宏观审慎监管的核心内容,但如何准确地判断经济周期和识别宏观系统性风险的特征、水平和变化趋势,以及如何把握逆周期工具的时点和程度则是实施该项监管中的难题。本文在对我国银行资本变动的顺周期效应进行实证分析的基础上,从中国银行业和宏观金融风险的实际情况出发,构建了多层次、多维度的宏观系统性风险度量指标框架,以反映我国金融体系和社会整体的信用融资水平,并以此作为逆周期缓冲资本的指导变量;在识别系统性风险状态和判断逆周期资本工具的应用时点方面,本研究引入了 Markov 机制转移模型对周期转变和风险状态的阶段性变迁进行识别和分析,以确定逆周期资本的计提时点和程度,为风险判别和逆周期监管建立系统性的定量分析方法作支撑。

第三,建立了包含银行监管资本影响和金融加速器效应的 DSGE 模型,对基于系统性风险资本监管的宏观经济效应进行研究。通过建立一个含有银行部门监管资本影响和金融加速器效应的新凯恩斯主义 DSGE 模型,研究了银行资本监管约束、资本权益成本和融资摩擦等因素对信贷扩张和宏观经济波动的影响,对动态经济周期理论研究框架和方法进行改进;并分析了在《巴塞尔协议Ⅲ》新监管框架下,银行资本充足率要求提高和逆周期资本政策的实施对宏观经济波动的冲击和影响,探讨了三个核心问题:第一是货币政策的银行资本传导渠道对宏观经济波动的作用机制和效果如何;二是银行资本监管要求提高对宏观经济变量的冲击和影响程度有多大;三是逆周期资本监管政策的实施能否对真实经济波动起到平抑作用。本研究通过理论和校准模拟分析,深入分析了银行监管资本变动通过信贷渠道对宏观经济波动的影响机制和效果,为我国货币政策和宏观审慎政策的实施和政策工具选择与权衡等提供了理论与经验支持。

第四,在一个统一的 DSGE 模型框架内,对货币政策与逆周期资本监管政策的相互关系,以及在应对不同宏观经济情形下的效果进行研究和对比,探讨了货币政策与逆周期审慎政策实施的目标层次与协调配合机制。通过校准和数值模拟对不同政策组合下的社会福利损失进行比较,并对逆周期资本监管的政策参数选择及其经济效果进行全面评估,为有效把握货币政策与逆周期审慎监管政策的相互关系,以及衡量两种政策工具在应对不同政策目标(包括物价稳定和金融稳定)下的层次顺序和政策效果提供有意义的借鉴参考。

第 2 章　文献综述

围绕本书研究的重点,本章从三个方面来梳理和总结相关的理论和实证研究文献:一是对于银行系统性风险测度方法的研究,包括衡量银行业整体系统性风险和对于单个金融机构系统重要性的测度研究;二是有关银行系统性风险的顺周期性变动,以及资本监管工具顺周期性的理论与实证研究;三是关于银行资本监管的宏观经济效应,以及审慎资本监管政策与货币政策相互关系和相互影响机制的研究。

2.1　对于银行系统性风险测度方法的研究

对于银行系统性风险识别和测度方法的研究大致可以分为三类,一是基于资产负债表的网络关联,通过建立和识别银行间的金融网络结构,测度系统性风险的发生概率和传染效应;二是基于市场数据的研究,即不考虑银行间的相关关联究竟是如何形成的,而是力图从市场数据,如包括股价和 CDS 价差等中推导出市场对银行风险相关性的预期;三是基于宏观经济和银行指标的预警分析法,通过财务报表和宏观数据的时序变动以分析和预警银行体系整体的不稳定性和脆弱性。我们分别从以上三个方面展开研究。

2.1.1　基于资产负债表关联的系统性风险评估方法

利用银行间资产负债表关联数据分析系统性风险的发生概率,是国际上研究系统性风险的常用方法。该方法认为银行间不同的网络结构与不同的资产负债约束条件和系统性风险的传染存在较强的相互影响。传统上银行之间的结构分为三种：完全的市场结构、非完全的市场结构和中央银行制市场结构。Allen 和 Gale(2000)、Allen(2010)分析了三种市场结构下系统性风险发生概率的差异：完全的市场结构下系统性风险发生的概率小，非完全的市场结构发生系统性风险的概率增大，而在中央银行制结构下基本不会发生系统性风险。Degryse 和 Nguyen(2004)应用 1993—2002 年比利时银行间市场数据的研究也得出，在银行间市场结构从"完全市场网络结构"(complete market)演化到具有"多个货币中心"(multiple money center)过程中，系统性风险和传染效应影响逐步降低。具体而言，风险传染路径和资本损失大小的测算方法有矩阵法和网络分析法。

1. 矩阵法。

矩阵法的主要思想是：银行之间存在借贷资金关联，单家银行的倒闭势必给其他银行带来资本损失和流动性冲击，最终导致系统性风险的发生。通过构造银行间风险敞口矩阵，可以模拟单个或一组银行倒闭对于具体银行的冲击和资本损失，跟踪由资产负债表关联所导致的风险传染效应。基于矩阵分析方法，Furfine(2003)应用美国大型银行的银行间市场双边头寸数据，对银行破产引起的传染效应进行分析，认为市场传染性风险极小，且在历史平均损失率下，所有违约银行的资产占比不超过 1%。Wells(2004)对英国银行间市场双边传染风险的研究得出，单个银行的破产冲击极少引致其他银行的连锁反应，但会导致核心资本显著下降，并认为传染风险的大小取决于银行间贷款结构分布和违约损失率。Upper 和 Worms(2004)在对德国银行间市场结构和风险传染特征进行研究后认为，德国银行间市场具有明显的层次结构特征。第一层主要由储蓄银行和合资银行构成，第二层主要由商业银行和其他一些银行组成。在没有安全网的情况下，银行破产具有很强的潜在传染效应；而在安全网存在条件下，银行风险的传染性可以显著降低。此外，Elsinger(2002)、Blavarg 和 Nimander(2002)、Mistrulli(2007)、Mervi Toivanen(2009)也分别应用矩阵方法对澳大利亚、瑞典、意大利、芬兰等国银行间市场的系统性传染风险进行了研究，见表 2.1。

2. 网络分析法。

网络分析法的研究重点在于对银行间网络结构的建模。Jeanette Muller(2003)首次将神经网络分析方法应用于测算银行业系统性风险，通过神经网络模拟法测算系统性风险的传染，以及银行关系结构对于银行体系稳定性的影响。Chan-Lau(2010)应用资产负债表财务数据建立了网络分析模型，分别从信用冲击、流动性冲击及两者联

表 2.1 银行间市场系统性传染风险研究文献总结

文献资料	研究国家	银行间市场	数据类型	研究区间	冲击类型
Angelini, Maresca and Russo, 1996	意大利	288 家银行	日收盘双边净额头寸数据	1992 年 1 月	单个银行异质性冲击
Bech, Madsen and Natorp, 2002	丹麦	丹麦银行	银行间多边净额日数据	2001 年 12 月 21 日—2002 年 1 月 25 日	单个银行异质性冲击
Blavarg, Nimander, 2002	瑞典	4 家最大的瑞士银行	15 家最大的双边银行间头寸	1999 年 9 月—2001 年 9 月	单个银行异质性冲击
Degryse, Nguyen, 2007	比利时	比利时银行	RAS 方法估计的银行间双边数据,大额双边头寸数据和季度数据	1993 年—2002 年	单个银行异质性冲击
Elsinger, Lehar and Summer, 2006	奥地利	奥地利银行	RAS 方法估计的双边银行间头寸	2001 年 9 月	宏观经济冲击
Furfine, 2003	美国	719 家参与 Fed-wire 的商业银行	美联储存款双边头寸日数据	1998 年 2 月—1998 年 3 月	单个银行异质性冲击
Muller, 2004	瑞士	瑞士银行	RAS 方法估计的双边银行间数据,隔夜拆借数据	1987 年—1995 年	单个银行异质性冲击
Upper, Worms, 2004	德国	德国银行和外国分支行	RAS 方法估计的双边银行头寸	1998 年 12 月	单个银行异质性冲击
Van Lelyveld, Liedorp, 2006	荷兰	荷兰银行及国外分支行	RAS 方法估计的双边银行头寸,大额双边头寸数据,调查数据	2002 年 12 月	单个银行异质性冲击
Wells, 2004	英国	英国银行	24 家最大的持有头寸数据和 RAS 估计的银行间数据	2000 年 12 月	单个银行异质性冲击

合影响这三方面对银行间的传染风险进行模拟分析,并应用跨国银行敞口数据和智利银行国内数据进行实证检验,识别出具有系统重要性的关键国家和银行,并对传染路径和资本损失进行了模拟测算。Gai 和 Kapadia(2010)建立了一个金融网络传染的分析模型,对总需求冲击、异质性冲击、网络结构改变和资本市场流动性对传染发生概率的影响进行了研究,结论发现金融系统兼有稳健和脆弱的双重特性,尽管危机传染事件发生的概率很低,但一旦出现其影响范围很广。这在一定程度上解释了 2007 年金融危机发生及其影响范围广泛的原因。此外,研究者还应用网络拓扑结构模型和复杂网络模型对银行间市场结构进行模拟,Boss 等(2004)应用拓扑方法对奥地利银行间市场结构进行分析,发现其网络结构具有群体结构(community structure)和层次结构(hierarchy structure)。Humphrey(1996)和 Angelini 等(1996)应用复杂网络理论分别对美国、意大利银行间市场结构和传染风险进行了测度。

基于资产负债表关联的系统性风险评估方法的优势在于,能够通过对银行间网络结构的识别、模拟分析,对风险传染路径、冲击效应和资本损失进行衡量,并可以反映不同网络结构和异质性冲击的不同影响,是对风险直接传染效应的有效测度方法。但该模型的主要问题在于:一是月度或季度报表数据具有滞后性,数据频率较低,在危机发生时不能进行及时监测;二是未考虑风险的间接传染渠道和市场预期的影响,低估了系统性风险的传染影响程度及其损失。

2.1.2 基于市场数据的系统性风险评估方法

利用市场数据进行时间序列分析以度量风险传染性,是衡量系统性风险的主要测度方法。这类方法对计量模型和风险识别技术的要求较高,并通常选用股票债券价格、信用违约掉期(CDS)、期权和股指期货等金融高频数据。该方法的有效性取决于金融市场的有效性,如果金融市场为"强有效",市场数据分析法可以通过对股价的分析、模拟,得出较为准确的系统性风险状况;当金融市场为"半强势"有效时,通过对历史数据进行分析的准确性会有显著下降;当金融市场为"弱有效"时,该方法将几乎失去效用。

基于市场数据的系统性风险测度方法主要有两个研究方向:一是应用结构化方法,例如或有权益分析法(contingent claim analysis,CCA),基于默顿期权定价模型应用股票和风险债券价格数据衡量银行的时变违约概率、资产价值和波动性等风险指标;二是简约化方法,即力图从市场数据(包括股价、CDS 和评级变化)中推导出市场对银行风险相关性的预期,如动态相关性、CoVaR 方法和系统性风险保险定价法等。2007 年金融危机发生后,机构和学者对基于市场数据的系统性风险测度方法进行了广泛研究,并发现市场数据在识别即将到来的系统性风险时是有效的。本研究对金融危机后的一些进展进行了总结。

1. 边际期望损失和系统性期望损失。

Brownlees 和 Engle(2010)针对系统性风险的衡量和系统重要性金融机构的识别提出了边际期望损失(marginal expected shortfall, MES)的计算方法,与 VaR 方法不同,期望损失度量了在一定置信水平以上(损失分布的 α 分位数以上)银行所有损失的期望平均值,这一方法考虑到了极值风险,可以使得银行资本的计提更为充足,风险覆盖更为全面,且具有可加性,可以通过单个银行的风险贡献加总来估计整个银行体系的系统性风险。论文运用时间序列模型对 MES 进行估计,其大小取决于股票波动性、与市场收益的相关系数和尾部分布的相关性。在此基础上,Acharya 等(2010)基于微观经济理论和极值理论建立了一种测度单个金融机构对系统性风险贡献度的方法,即系统性期望损失(systemic expected shortfall, SES),衡量当整个金融体系发生危机时单个机构的边际风险贡献度,该指标与边际期望损失(MES)的区别在于它考虑了系统性风险发生时的损失分布和相应期望损失值,而边际期望损失只考虑了风险稳定状态和正常时期的情形。SES 与机构的杠杆率、边际期望损失及危机时增加的损失规模成正相关,研究还通过实证发现这一指标对 2007 年至 2009 年的金融危机具有较好的预测作用。

2. 或有权益分析法。

该方法基于风险调整后的资产负债表数据,应用默顿期权定价模型,对资产价值、资产波动率以及未定权益和风险债权进行定价,能够根据市场股价和财务数据计算得出动态的违约概率、信用利差和到期收益率等风险指标。

该模型假设银行资产 A 服从几何布朗运动,资产收益率为 μ_A,波动率为 σ_A,dZ 是维纳过程且服从标准正态分布,则有:

$$\frac{dA}{A} = \mu_A dt + \sigma_A dZ \qquad (2.1)$$

因此,在任一时刻 t 银行资产价值服从

$$A_t = A_0 \exp\left[\left(\mu_A - \frac{\sigma_A^2}{2}\right) + \sigma_A \varepsilon \sqrt{t}\right] \qquad (2.2)$$

假设当银行资产价值下降至 B_t 时银行面临破产风险,则违约概率表示为:

$$\text{Prob}(A_t \leqslant B_t) = \text{Prob}\left(A_0 \exp\left[\left(\mu_A - \frac{\sigma_A^2}{2}\right) + \sigma_A \varepsilon \sqrt{t}\right] \leqslant B_t\right) \tag{2.3}$$

整理即可得出,

$$\text{Prob}\left[\varepsilon \leqslant -\frac{\ln\left(\dfrac{A_0}{B_t}\right) + \left(\mu_A - \dfrac{\sigma_A^2}{2}\right)t}{\sigma_A \sqrt{t}}\right] = -d_\mu \tag{2.4}$$

由式(2.4)得出,d_μ 即为违约距离,且由于 ε 服从标准正态分布,$N(-d_\mu)$ 为相应的违约概率。应用股价和波动率等市场交易数据,CCA 法可以衡量动态信贷违约风险、银行资产价值及其波动率等风险测量指标,帮助监管者对系统性风险变化进行分析与判断。

3. CoVaR 方法。

Adrian 和 Brunnermeier(2009)在 VaR 模型基础上,建立了考虑金融机构之间风险传染影响的在险价值模型,称为 CoVaR 模型。其基本思想是:给定任一置信水平,当金融机构 i 处于最大损失水平时给另一金融机构 j 所增加的风险,以此反映每家机构的系统性影响和边际贡献,并对单个机构的系统性风险贡献度与其杠杆率高低、资产规模大小及长期匹配情况的相关性进行了实证检验。

Adrian 和 Brunnermeier(2009)定义在 q 分位数水平下,当银行 i 的资产损失等于其 VaR 值时,银行 j 的条件在险价值水平为 $CoVaR_q^{j|i}$,即有

$$\Pr(X^j \leqslant CoVaR_q^{j|i} \mid X^i = VaR_q^i) = q \tag{2.5}$$

因此,给定置信水平 $1-q$,当银行 i 遭受最大损失时其对银行 j 的边际风险贡献为:

$$\Delta CoVaR_q^{j|i} = CoVaR_q^{j|i} - VaR_q^j \tag{2.6}$$

与银行 j 的无条件 VaR_q^j 值相比,这一衡量方法考虑到了银行间风险的相互影响,能够反映危机时期机构间相关性增加的事实,是对传统 VaR 模型的改进。同理,银行 i 对系统性风险的边际贡献为当银行 i 在给定置信水平下发生最大损失时,银行体系的条件风险与稳定状态下的无条件风险之差:

$$\Delta CoVaR_q^{system|i} = CoVaR_q^{system|i} - VaR_q^{system} \tag{2.7}$$

CoVaR 模型试图在传统 VaR 模型基础上,用金融机构处于最大损失时导致其他机构或整个系统所增加的在险价值刻画其系统性风险贡献,因此模型的估计涉及资产

收益的极值分布,同时对于条件 VaR 的计算需要反映金融机构之间的关联性,即需要对金融机构资产收益的联合分布建模。Roengpitya 和 Rungcharoenkitkul(2009)应用 CoVaR 方法测度了 1996 年 2 季度至 2009 年 1 季度泰国银行机构的系统性风险及单个银行对系统整体的风险负外部溢出效应,实证研究表明在亚洲金融危机以后,单个金融机构对系统风险的贡献度随着资产规模的增加而递增。此外,文中还应用 CoVaR 方法测度了单个银行对其他银行的风险溢出效应及其时变特性。这一研究表明 CoVaR 测度方法可以作为衡量银行之间风险相依性及系统性风险贡献度的有效工具。

在 CoVaR 模型基础上,有学者应用多元极值理论对系统重要性金融机构进行识别,并提出了系统性影响指数(systemic impact index, SII)和脆弱性指数(vulnerability index, VI)作为系统重要性指标,SII 计算了当某一银行倒闭的情况下整个系统银行倒闭数量的期望值,而 VI 则计算了在给定其他至少一家银行倒闭的情况下,特定银行倒闭的概率。Segoviano 和 Goodhart(2009)则通过建立银行体系的多元密度分布,提出以特定银行倒闭条件下,其他银行倒闭的条件概率作为测度单一机构系统性风险影响的指标。

4. 动态相关性和波动机制指标。

通过动态计量模型监测股票收益率、股价波动性指数(VIX)、期权隐含波动率,以及 TED 利差[①]等市场指标的动态相关性和波动性区制变迁等特征,是衡量系统性风险状态和预测危机的有效方法。Patro,Qi 和 Sun(2010)提出大型金融机构的股票收益相关性可以作为系统性风险的有效衡量指标,通过检验 22 家大型银行 1988 至 2008年的日股票率收益相关系数和违约相关性,发现这一指标对系统性风险预测具有稳健性和前瞻性,应当作为早期监管预警指标。此外,对冲基金收益率和国际债券收益率在系统风险上升时其相关性也增大。有的学者基于期权定价公式通过衡量银行资产组合的动态相关性来测度系统性风险,并在此基础上测度银行的联合违约概率,实证研究发现这一指标对系统性风险的预测具有显著性和稳健性。也有学者则应用马尔科夫区制转移模型对波动性指数和 TED 利差的区制状态进行分析,发现高波动性状态可以预测系统性风险的发生。

5. 系统性风险保险金、Sharply 值及其他。

Huang,Zhou 和 Zhu(2009)对大型金融机构的系统性风险贡献度进行研究,提出

---

① TED 利差是指 3 个月伦敦银行间同业拆借利率和 3 个月期国库券利率之差。

了基于大额损失事件发生时的保险价格衡量系统性风险的测度指标,这一指标由银行的违约概率和资产相关性所决定。此外,文中应用日内高频数据估计出资产相关系数,并建立了基于宏观经济变量的违约函数估计方程,这一方法将宏观经济数据与微观市场数据相结合,提高了估计的准确性和解释力度,其计量结果显示2008年3月12家美国大型金融机构的系统性风险保险金额超过其总负债的15%,达1 100亿美元,而2008年6月时这一金额超过了2 500亿美金。Tarashev,Borio和Tsatsaronis(2010)应用博弈论方法对金融网络结构中单个机构的系统性风险贡献度进行了研究,将系统性风险贡献分为直接贡献和间接贡献两类,应用Sharply值进行理论证明和计算,并实证检验发现金融机构的行业集中度、资产规模、共同风险暴露等都会影响机构的系统性风险贡献度,并且两者之间并非是简单的线性关系而是具有凸函数性质,即随着单个金融机构的规模增大、行业份额占比增加,其系统性风险贡献度将以更快比例提高。Gauthier,Lehar和Souissi(2010)还对比了五种不同的系统性风险贡献度测度方法和相应计提的系统性附加资本,包括成分VaR、增量VaR、Shaply值和CoVaR方法等,通过模型分析认为对于金融机构征收的系统性风险资本充足率应满足不动点定理的条件。并通过实证发现基于系统性风险的资本金与银行实际资本充足率之间差异达50%,基于宏观审慎视角的资本监管将单个银行的违约概率和系统性危机的发生率降低了25%,从而显著提高了系统稳健性。

国际货币基金组织(IMF,2009)在其发布的全球金融稳定报告中总结了四种银行系统性风险的测度方法。第一种是网络模型,即使用银行间风险头寸数据,用数值模拟方法衡量信用违约和资产减值在系统中引发的风险传染途径和损失,以识别具有系统重要性的金融机构;第二种是联合风险(co-risk)模型,其理论与CoVaR模型类似,考虑到银行间风险相关性,用单个银行处于最大损失时导致其他银行或整个系统所增加的在险价值刻画其系统风险贡献值;第三种是困境相关矩阵(distress dependence matrix),应用CDS价差数据估计金融机构的违约联合概率分布,计算在一家机构违约的条件下另一家机构违约的概率是多少;第四种是违约强度模型(default intensity model),即通过历史违约数据拟合事先设定的违约强度模型,并对某一机构违约对其他金融机构信用状况造成的负面影响进行评估。表2.2对IMF(2009)提出的四种模型从所用数据、分析结果、模型优缺点及其政策含义等方面进行了总结。

表 2.2　国际货币基金组织四种系统风险衡量模型比较

	矩阵法和网络分析模型	违约强度模型	CoVaR 模型	时变多元密度模型/困境相关矩阵
数据	银行间风险敞口数据	银行违约风险数据	银行 CDS 或股票价格	银行 CDS 或股票价格
分析结果	1. 衡量传染路径和危机发生时的多米诺骨牌效应； 2. 确定系统性相关和脆弱的机构，衡量银行潜在资本损失	1. 为由于直接和间接系统性关联导致的潜在银行倒闭提供度量标准； 2. 为尾部事件提供概率计量	1. 在不同分位数下估计条件和非条件信用风险的计量； 2. 在压力状态下估计"源头"机构对被传染机构的风险传染效应	1. 建立系统内多元密度和压力函数； 2. 分析由任一银行倒闭所引起的系统性影响
模型优势	能够确定风险传染路径，识别出系统性风险和系统重要性机构	1. 捕捉金融机构间直接或间接相关性； 2. 为尾部实践提供概率计量	1. 从直接和间接两方面衡量金融机构将相互依赖风险； 2. 能够识别风险传染路径	1. 能够反映机构之间的线性、非线性相关性； 2. 时变困境依赖的内生性
模型缺点	1. 静态模型、数据频率低，反映信息滞后； 2. 银行间风险敞口数据难以获得	简化形式模型	模型的适用性很大程度受市场效率因素的制约	信用违约掉期可能高估了客观的违约概率
政策含义	帮助政策者确定： 1. 若倒闭将引发连锁反应的机构； 2. 识别易受其他机构影响冲击的机构； 3. 确定风险传染路径	测度由直接和间接金融关联所导致的尾部事件发生的概率	帮助政策制定者确定风险溢出效应在哪里最容易扩散，以及一个具体金融机构的困境如何影响其他机构	帮助政策制定者确定风险如何随时间演进，确定风险溢出效应的扩散方式，识别出具有系统重要性金融机构

资料来源：IMF(2009)。

2.1.3　基于经济和财务指标分析法

20 世纪 90 年代起，研究人员和监管者尝试通过分析银行机构财务报表以发现系统整体的不稳定性和脆弱性。大量研究表明，银行系统性风险的发生概率与经济慢速增长、高通货膨胀率、贸易赤字、法律和制度缺陷以及低资本收益有显著相关性。Demirguc-Kunt 和 Detragiache(1999)使用多变量 Logit 模型对 1980 年至 1994 年的 45 国和 60 国银行危机数据分析的结果表明，GDP 增长、实际利率和通货膨胀率均是非常显著的解释变量。Sundararajan 等(2002)从核心指标层和推荐指标层构建了基于财务指标的系统性风险评估框架。而 Lo(2008)提出应从杠杆率、业务集中度、风险复杂度和机构关联性等指标进行综合衡量。Illing 和 Liu(2006)提出了金融困境指数(financial stress index，FSI)，根据银行业、外汇、债券和股票市场指标构建，较好地预测了加拿大的金融困境事件。此外，Franke 和 Rose(1996)的 FR 模型，Borio 和 Lowe(2001)也分别构建了经济和财务指标对金融失衡和系统性风险进行评估。

IMF(2003)在亚洲金融危机后提出了金融稳健性指标体系(financial soundness indicators，FSI)，由基于"骆驼"原则(CAMELS)①的核心指标集和鼓励指标集组成，分别对银行体系风险和其他相关经济部门金融风险进行评估，以反映金融体系的稳健性。欧洲央行和亚洲开发银行分别在 FSI 基础上提出了一套宏观审慎指标体系(macro-prudential indicators，MPI)，将衡量单个机构风险状况的微观审慎指标和宏观经济变量相结合，以反映经济和金融体系面临的风险。IMF 在过去几年中一直推动

表 2.3　国际货币基金组织金融稳健指标体系

	核心组	鼓励组	指标预测能力
资本充足率	资本充足率 核心资本充足率	资本/资产	不能有效预测
杠杆率	债务/普通权益 短期债务/总债务		具有预测能力
资产质量	不良贷款率 扣除减值准备的不良资产/资本 贷款的部门分布/贷款总额 大额风险敞口/资本	贷款的地域分布/贷款总额 金融衍生产品总负债/资本	不能有效预测
收入和利润	ROA、ROE 利差收入/总收入 非利息收入/总收入	交易收入/总收入 人员支出/非利息支出	不能提供稳健结论
流动性	流动资产比率 流动性资产/短期负债	最高和最低同业拆借利差 客户存款/总贷款 外币贷款/贷款总额 外币负债/总负债	部分指标(如短期负债与总负债之比)可以提供有效信息
市场风险敏感性	资产久期 负债期限 外汇净敞口头寸/资本	股票净敞口头寸/资本	-----

注：-----表示 IMF(2009)报告中未对这一指标进行考察。
资料来源：IMF(2009)。

---

① CAMELS 系 capital adequacy(资本充足率)，asset quality(资产质量)，management soundness(管理成熟度)，earnings(收益)，liquidity(灵活性)，sensitivity to market risk(市场风险敏感度)的缩写。

建立金融稳健指标体系，并对 120 多个国家和地区进行了金融稳定评估。IMF(2009)的研究表明，杠杆比率和资产回报率是相对可靠的指标，而资本资产比率和不良贷款率则缺乏预测能力。但指标预警法的不足之处在于，财务指标的公布是低频率、相对静态和缺乏预见性的，其关注的是单个机构，忽略了其他机构的风险传染效应。

2.2 银行系统性风险的顺周期性与监管资本要求的顺周期性

2.2.1 金融加速器效应与银行系统性风险的顺周期性

顺周期性是指在时间维度上，金融机构与实体经济通过动态正反馈机制放大繁荣和衰退周期，加剧实际经济变量波动，并引发系统的不稳定性。关于系统性风险和银行体系顺周期性的研究可最早追溯至 Fisher(1933)等人在信贷周期领域提出的债务型通货紧缩理论，该理论强调了繁荣时期的过度负债所引起的债务清算在通货紧缩中的作用，并导致了美国 1929 年的大萧条危机。而 20 世纪 90 年代中期，Bernanke、Gertler 和 Gilchrist(1999)提出的金融加速器(financial accelerator)理论则从企业融资和信贷市场摩擦因素为切入点，建立了经济金融周期理论的框架体系，其研究表明，银行的贷款决策通常基于企业抵押品、资产净值和可观察的现金流，这使得贷款供给和定价易受到借款人资产负债表负面冲击的影响，在经济扩张时期资产价格上升导致抵押品价值增加，推动信贷扩张；而在经济衰退时期抵押品价格下跌导致信贷更大幅度收缩，并通过投资和支出缩减效应影响经济周期。Kiyotaki 和 Moore(1997)同样认为，企业抵押品价值因宏观经济形势的变化而变化，并影响企业贷款数量，这通过企业的投资水平反馈到宏观经济，并放大了原有经济波动。Craig，Davis 和 Pascual(2004)通过对亚洲国家银行体系顺周期性进行实证分析，研究表明房地产市场价格变化是导致亚洲银行体系顺周期性的最重要因素，并且这种加剧金融体系周期性波动的"加速器"效应在经济扩张和衰退时期并不对称，经济衰退时期的信贷收缩效应更为显著。在此基础上 Iacoviello(2005)、Christiano 等(2005)、Smets 和 Wouters(2003)等在"金融加速器"理论模型中引入房地产资产价格、银行的融资成本等变量进一步研究了经济金融体系的顺周期性和波动放大效应。此外，Borio，Furfine 和 Lowe(2001)指出，尽管金融加速器效应在经济周期波动中扮演重要角色,但不足以产生如此广泛的不稳定周期并给实体经济造成巨大损失,他们认为市场参与者对风险的认知随时间的不适当变化、真实风险的难以有效测量以及风险扩散过程中的"合成谬误"和羊群效应现象,是金融体系顺周期性的重要来源。

本轮金融危机发生后,银行系统性风险的顺周期性问题得到学界和政府机构的更多重视和关注。Demyanyk 和 Hemert(2008)研究认为,金融体系的顺周期性是美国次贷危机爆发的重要原因,经济周期性大幅波动成为银行体系所面临的重要系统风险。Willem(2007)、Goodhart(2008)也指出银行体系中的杠杆率变化和资本监管具有顺周期性,并缺乏相应缓释机制是导致次贷危机的重要原因。此外,国际货币基金组织、欧盟理事会、美国、英国等国发布的研究报告中均将金融体系的顺周期性作为导致国际金融危机的重要因素之一,并对顺周期性来源和缓解措施提出了相关建议。

次贷危机的爆发与深化发展也为银行顺周期性的研究带来更多理论创新。从信贷供给侧关注银行资本监管约束对银行借贷成本和贷款规模影响的"银行资本金融加速器"效应研究,成为在 Bernanke 的"金融加速器"研究基础上拓展的一片新领域。Liu 和 Seeiso(2011)在金融加速器模型基础上研究了银行资本监管对经济周期的影响,在存在信贷市场摩擦和银行最低资本充足率约束时,银行在利率上升或经济衰退时期面临的资本融资溢价会进一步增加企业的外部融资升水,从而放大了金融加速器效应,对实体经济变量造成更大实际冲击。由于《巴塞尔协议Ⅱ》内部评级法提高了监管资本计量参数的风险敏感度,导致了更大的经济波动和顺周期性。此外,Gerali、Neri 和 Signoretti(2009),Aguiar 和 Drumong(2006)等也对这一资本加速器效应进行了理论研究,为研究经济体中系统性的风险累积与银行体系的顺周期性建立了更为严格的理论基础,并凸显了在宏观审慎监管中探讨逆周期监管模式的必要性。

2.2.2 巴塞尔资本监管要求的顺周期性

银行资本监管的顺周期性主要源于《巴塞尔协议Ⅱ》大幅提高了资本监管的风险敏感性,允许商业银行使用违约概率(PD)、违约损失率(LGD)、违约风险暴露(EAD)和期限(M)等风险参数计算资本要求。风险参数与经济周期之间具有显著的相关性,当经济处于上升阶段时,借款人的违约概率、违约损失率和违约风险暴露均呈下降趋势,导致风险权重减少,资本要求降低,进一步推动银行信贷扩张,增加了经济过热风险;而当经济下行时,违约概率、违约损失率和违约风险暴露则呈现出上升趋势,导致风险权重增加,资本要求提高,此时资本市场融资困难且成本较高,银行被动紧缩信贷,从而进一步加剧经济衰退。

从理论上探讨资本约束对信贷波动以及经济周期的影响具有重要意义,能够更为系统地认识银行体系与实体经济之间通过信贷和资产价格渠道的相互作用关系。在 Bernanke 的基础上扩展起来的静态的 IS—LM 模型,通过引入新资本约束规则,并假设资产风险权重是借款人在整个经济周期违约概率的均值,研究得出经济下行时企业违约风险的增加限制了银行放贷能力。由于信用风险随经济周期的变动而变化,新资本协议使得银行放贷行为具有顺周期性,放大了宏观经济波动程度。研究还认为,在经济衰退时银行资本充足率降低,限制了信贷扩张能力,因此扩张性货币政策的刺激作用被削弱。在 Chami 和 Cosimano(2001)的局部均衡模型基础上,通过引入随宏观经济状态变动的资产风险权重,同样发现为了满足新协议的资本监管要求,银行在面对外部冲击时,会更大幅度地调整贷款规模,由此放大了经济波动。Meh 和 Moran(2007),Aguiar 和 Drumond(2007)从流动性溢价角度进行研究,认为经济衰退时资本监管约束使得信贷投放减少、企业面临的外部融资升水增加,进一步放大了实际冲击的影响。Van den Heuvel(2008)从福利损失角度量化了银行资本监管对其流动性转换功能的约束,认为监管者应有效权衡监管资本标准与流动性降低导致的社会福利损失以设定最优资本水平。此外,Kashyap 和 Stein(2004),Estrella(2004),Heid(2007)等学者的研究也表明《巴塞尔协议Ⅱ》下的资本监管约束具有顺周期性。

此外,很多研究文献也从实证方面对银行资本缓冲与经济周期之间的动态影响关系进行探讨。Ayuso,Perez 和 Saurince(2004)应用西班牙银行 1986 年至 2000 年间的数据,对经济周期与超额资本充足率之间的动态影响关系进行了实证分析,得出经济周期与超额资本充足率具有显著的负相关关系,GDP 每增长 1‰ 超额资本将减少 17‰,而且资本充足率对经济波动的调整具有非对称性。Jokipii 和 Milne(2006)通过对欧盟 15 国 1997 年至 2004 年的经济与银行数据,发现在控制银行成本与风险的基础上,超额资本充足率与经济周期具有显著的负相关关系;而对于欧盟新加入国则两者具有显著的正相关关系。此外,商业与储蓄银行、大银行均呈现顺经济周期效应,而小银行与合作银行则呈现出逆经济周期效应。而 Bikker 和 Metzemaker(2004)对 29 个 OECD 国家的跨国研究表明,银行的自身风险与经济波动关联微弱,风险加权的资本充足率计算标准并未引起显著的顺周期效应。此外,Ediz 等(1998)关于英国、Gambacorta 和 Mistrulli(2003)关于意大利、Watanabe(2007)关于日本的实证研究也得出类似结论。

随着研究的进一步深入,研究者逐渐关注到违约概率、违约损失率和违约风险暴露等资本计量参数的顺周期性和风险敏感性,对于加剧银行资本监管顺周期效应的重要作用。

对于违约概率而言,Taylor 和 Goodhart(2004)认为违约概率和违约损失率与宏观经济状况密切相关,内部评级法框架下银行监管资本的要求更具风险敏感性。Goodhart 和 Segoviano(2004)基于美国、挪威和墨西哥的银行数据分别采用时点评级法和跨周期评级法计算了监管资本要求的方差,得出跨周期评级法下监管资本的方差波动远远低于时点评级法下的资本计提结果。

对于违约损失率而言,实证分析表明,经济周期不同阶段回收率是波动的,在经济衰退时期短期无风险利率上升,压低了资产价格导致违约损失率也相应增加。穆迪公司的研究也表明,贷款违约损失的影响因素主要有四个方面,即宏观经济周期、行业因素、交易方式以及公司因素,这表明经济周期是影响违约损失率的一个重要变量,违约损失率具有一定的顺周期性。

对于违约风险暴露,巴塞尔委员会认为,违约风险暴露主要取决于两个方面因素:一是贷款特征,包括利率浮动方式、授信方式、贷款期限等;另一方面是债务人特征,包括债务人的信用级别、融资来源、违约行为历史等。这意味着违约风险暴露一定程度上具有顺周期性,在经济繁荣时期,信贷宽松且融资成本下降,债务人的债务偿还能力可以有效保证,因此违约风险暴露下降。

此外,本次金融危机发生后,人们也开始关注交易账户市场风险资本要求的顺周期性,市场风险主要采用 VaR 模型计量,VaR 模型关于正态分布、市场参与者不足以影响市场价格、行为独立和非同质性交易等假设,以及主要采用 1 年期数据作为输入参数等计算方法使得 VaR 值与实际情况存在差异,英国金融服务局对英国投资银行的调查显示,从 2007 年 3 月至 2008 年 6 月期间,VaR 模型计量的市场风险资本要求增加了 2.5 倍多,其表现出的顺周期性远远大于信用风险。

2.3 资本监管的宏观经济效应及其与货币政策的相互关系研究

2.3.1 资本监管的宏观经济效应研究

资本监管的宏观经济效应的相关文献研究基本上可以分为两个方向:一是研究银

行资本监管约束对于宏观经济的影响,二是研究资本监管对于宏观实际经济变量的作用方式和传导渠道。早期的研究主要集中于第一点上,最近的研究中对于后者的关注逐步增多。Chami 和 Cosimano(2001)最早提出了"银行资本加速器"概念,对银行资本监管对于宏观经济和货币政策的影响进行研究,他们假设信贷市场是寡头垄断市场,银行通过权衡贷款收益与边际成本来决定贷款规模和利率,紧缩性政策冲击会使存贷利差下降,导致银行总利润下降,使得银行在未来时期可能因资本不足而采取信贷紧缩措施。与 Bernanke 等(1999)基于企业资产负债表从贷款需求角度建立的"金融加速器"模型不同,Chami 和 Cosimano(2001)是从贷款供给端分析资本约束对于信贷规模和产出的影响。资本监管的信贷紧缩效应及其对宏观经济影响也得到了实证研究的支持,Bernanke 认为资本约束引致的信贷紧缩是导致美国 20 世纪 90 年代衰退的重要原因。Kishan 和 Opiela(2000)应用美国 1980 年至 1995 年数据实证研究发现,资本充足率水平越低的银行在货币政策紧缩条件下,其信贷紧缩的规模和程度越大。Van den Heuvel(2002)应用美国 1969 年至 1995 年的数据研究同样发现,当银行部门的资本充足率较低、面临监管约束压力时,紧缩性货币政策对产出增长的冲击影响更大,信贷紧缩效应更为显著。Gerali 等(2008,2010)建立了嵌入不完全竞争银行部门、信贷摩擦和资本约束的 DSGE 框架,研究发现此次危机中的产出下降主要由银行部门外生冲击所导致,宏观经济冲击只起到较小作用,且危机中的银行资本下降对于投资等实际经济变量具有显著的负面影响。

另一个角度是从银行资本监管对宏观经济的传导渠道和作用方式这一方面进行研究,探讨资本监管约束、资本权益成本和融资摩擦等因素对信贷扩张和宏观经济波动的影响机制,对动态经济周期理论研究框架和方法进行改进,以更为深入的拟合和理解经济波动中的各种"加速器"效应。Aguiar 和 Drumond(2006)在 Bernanke 等(1999)金融加速器模型基础上引入银行资本渠道的影响,研究认为银行资本约束对于货币政策冲击的放大效应主要通过企业外部融资的流动性溢价方式来实现,由于储户和银行的信息不对称效应,银行在紧缩性货币冲击下向储户进行外部融资时,需要支付更高的资本回报率以弥补储蓄的机会成本以进行融资,这提高了银行的流动性溢价并导致企业贷款的融资溢价提高,使得贷款需求和总产出下降。Liu 和 Seeiso(2011)在 Aguiar 和 Drumond(2006)基础上进一步比较了外部融资溢价和流动性溢价效应对于金融加速作用的影响,发现当企业面临负向的净资产冲击时,银行部门的最低资本监管要求越高,企业融资溢价上升也越高;此外,在《巴塞尔协议Ⅱ》顺周期资本监管情况下,货币政策对实际经济的冲击和影响作用比在《巴塞尔协议Ⅰ》时更大。而 Meh

和 Moran(2010)则引入道德风险的影响,认为紧缩政策冲击下外部投资人认为银行投资高风险项目的概率上升、道德风险增加,会要求银行提高项目中自有资本的比例,在资本监管和融资成本约束下,银行只能削减贷款供给,造成产出紧缩并放大政策负面冲击的影响。Zhang Longmei(2010)基于 DSGE 模型在一个统一的框架内研究了金融加速器和银行资本加速器效应,研究得出,货币紧缩政策下企业资产负债表和银行资产负债表的恶化导致信贷需求和供给均受到抑制,进一步放大了紧缩政策的效果。金融危机发生后在《巴塞尔协议Ⅲ》新资本协议实施的背景下,Angelini 等(2010)基于 DSGE 模型研究了《巴塞尔协议Ⅲ》新资本监管要求对于宏观经济及其波动的影响。结论发现,与基准情形相比,当资本监管要求每提高 1%,长期均衡的产出值将下降 0.09%;流动性监管要求每提高 1%,则长期均衡产出值下降 0.08%。此外,逆周期资本监管实施可以起到一定的降低产出波动的效应。巴塞尔委员会宏观经济评估组(macroeconomic assessment group, MAG)则提出了两步法(two-step approach)衡量《巴塞尔协议Ⅲ》资本监管的实施造成的宏观经济成本,以评估其宏观影响。

2.3.2 基于宏观审慎的资本监管政策与货币政策的相互关系研究

2008 年金融危机爆发后,宏观审慎政策成为金融监管和宏观调控改革的核心。传统上对于银行资本与货币政策相互关系的文献研究,主要关注货币政策通过利率渠道影响企业和银行的资产负债表以及外部融资溢价,并改变微观主体的投融资成本和银行信贷供给能力与意愿等角度。但在危机后,尤其随着对金融稳定目标的重视以及逆周期资本监管政策工具的提出,学者围绕如何协调基于宏观审慎的资本监管政策与货币政策的相互关系、区别政策的目标层次和建立相应的制度安排,进行了研究和探讨,总体上研究发现货币政策与审慎资本政策在政策目标上具有不同层次和侧重,如果制度制定合理,则两者在应对不同的外部宏观经济冲击上具有互补效应。

Christensen、Meh 和 Moran(2011)在 Meh 和 Moran(2010)模型基础上考察了逆周期资本监管的宏观经济效果及其与货币政策的相互关系,研究了银行资本监管对于缓解道德风险和内生化单个银行的贷款风险和规模,以降低银行业整体风险承担行为中的作用,研究发现当经济波动主要来自于金融外部冲击时,逆周期资本可以发挥显著的稳定作用,而对技术冲击导致的经济波动下,逆周期资本对于实际经济稳定作用的发挥取决于货币政策规则的设定。Collard 等(2012)在对最优货币政策与资本监管政策权衡关系的研究中,不仅考虑了信贷规模,还引入了不同贷款类型变量,认为审慎资本政策的目标是约束银行的过度风险承担行为(不仅包括信贷规模扩张也包括高风险项目),利率政策主要约束信贷和投资规模,两项政策的联合目标是既使得信贷和投资保持均衡增速,也使得项目风险处于最优水平。Angelini(2010)应用 DSGE 模型评估了货币政策与宏观审慎政策的相互关系,研究发现在正常状态(即供给冲击驱动经济周期波动)下,引入逆周期资本政策和逆周期资产抵押比工具对于稳定产出与信贷波动的作用较小,如果审慎资本监管政策与货币政策的制定不能相互协调合作甚至会产生政策抵消,则导致次优结果。而当外部冲击来自金融冲击或房地产市场冲击时,这两项逆周期政策通过影响信贷供给均会对平滑实际经济波动产生显著影响。此外,学者也对基于系统性风险的资本监管的政策目标及规则设定进行了研究。Hyunduk Suh(2012)通过对最优货币政策和审慎资本监管政策相互关系的研究发现,在福利最大化情况下,最优的货币政策应只关注通胀目标,逆周期政策应关注信贷稳定性,这种政策分工与合作可以有效降低实际经济变量的波动性,而在 Taylor 货币政策规则中引入信贷缺口变量则对于稳定信贷波动并不是最有效和最优的办法。Kannan 等(2009)在标准 DSGE 模型基础上引入房地产部门,对货币政策和审慎资本监管政策的效果进行评估,研究得出引入资产价格和信贷增长的最优货币政策有利于促进经济稳定,而逆周期资本工具的引入也能够平滑信贷及产出波动,但如果仅依赖最优货币政策实现金融稳定目标的话,则政策规则中对产出、通胀、信贷等经济变量的敏感系数需要很大,不仅不符合现实实践且增加了政策失误的风险,而逆周期审慎工具的引入则可以缓解货币政策压力,另外作者还认为在决策中应当保留部分相机决策的空间。此外,Benes 和 Kumhof、Vavra(2010)在 DSGE 框架下考察了新兴市场国家在内外利差冲击、贸易条件冲击和资产泡沫影响下,货币政策与宏观审慎政策的传导效应。

2.4　国内研究现状

由于历史原因,国内对于银行系统性风险的识别、测度和监管研究起步于 20 世纪 90 年代中旬,而对银行体系的顺周期性问题、截面维度上的系统重要性银行识别、银行体系与宏观经济间的相互作用等问题的研究直到本次金融危机发生后才成为学术界和政府机构关注的焦点。总的来说,目前国内学者研究的方向包括,一是总结国外关于系统性风险测度和宏观审慎监管领域的代表性理论与实证文献,提炼待深入研究的课题;二是对于我国系统重要性银行进行测度评估分析;三是对于我国银行资本监管与宏观经济和货币政策的相互关系进行研究。

谢平、邹传伟(2010)最早对金融危机后全球金融监管改革的文献从宏观审慎监管、顺周期性、资本充足率与杠杆率、期限转化等九个角度进行梳理,认为应当关注我国的金融与实体经济通过信贷供给与资产价格相互作用产生的系统性风险,并重视金融机构的相互关联对系统性风险的传染和放大作用。张晓朴(2010)从系统性风险的含义、演进过程、成因和监管等角度出发,对系统性风险理论和时间进行了框架性的研究。张健华、贾彦东(2012)对宏观审慎政策的理论和实践进展进行综述,梳理和总结了宏观审慎政策在目标、工具、有效性和作用机制方面的前沿研究,认为现有研究对于政策目标、工具设计、效性评估及基础分析方面均不充分,难以为整个宏观审慎政策的实施提供扎实有效的理论支撑。关于系统性风险的识别方法,龚明华、宋彤(2010)将目前全球识别系统性风险的方法论和技术手段总结为指标预警法、前瞻性市场分析法和状态转换法,认为系统风险的识别应建立在动态、相互关联的网络理念基础上,需将定性与定量分析结合。徐超(2011)将后危机时代识别系统重要性银行的主要方法和指标总结为两类:一类是指标法,即根据金融体系发展状况界定不同指标值;一类是市场法,即基于金融市场的风险管理模型,衡量单个机构对整体的风险贡献度。此外,苗永旺、王亮亮(2010)、李文泓(2009)、王力伟(2010)等也对金融危机后宏观审慎政策研究的最新进展进行全面梳理,探讨了系统性风险的度量监管方法,并为我国的政策实施提供建议。

关于我国系统重要性银行的评估与测度方面,黄聪、贾彦东(2010)构建了中国金融网络的风险传递模型,并应用单一时点压力测试方法衡量了其稳定性,研究发现,银行的网络稳定状态具有存在性和唯一性,基于银行间支付结算数据的实证发现我国银行间网络结构呈现出重要结点与局部团状结构共存的特征,网络稳定性只在一定条件和范围内存在。在此基础上,贾彦东(2011)进一步应用金融网络模型和我国银行间支付结算数据构建了"系统风险曲线",分别应用"冲击测试"和"Shapley—Value"测算了两种效应造成的全系统损失,对主要银行的系统重要性水平进行综合测评。马君潞等(2007)也应用金融网络分析法估算了我国银行体系的双边传染风险,分析了不同损失水平下单个银行倒闭与多个银行同时倒闭所引起的传染性,研究得出中国银行是拆借市场上流动性结构的中心,中国建设银行为次中心,其他银行间的联系远小于这两家银行。刘春航、朱元倩(2011)基于指标法,从宏观经济冲击、银行自身经营脆弱性以及传染和扩散的角度提出了构建多层次中国的银行业系统性风险的度量框架和指标。

麦强盛、刘洪波（2011）应用主成分分析方法构建了基于宏观审慎的金融监管指标体系，以识别金融系统性风险。而范小云、王道平和方意（2011）则应用市场法，借鉴Acharya等提出的边际期望损失方法，测算了我国金融机构在美国次贷危机期间以及危机前后的边际风险贡献度，研究发现我国证券公司对金融系统的风险边际贡献最大，其次为保险公司，银行的边际风险相对最小。

关于我国银行体系顺周期效应方面的研究，朱民（2009）认为，银行信贷与经济周期和房产市场相互攀升的正反馈循环是我国顺周期模式的典型特征和结果。李文泓、罗猛（2010）参照国外资本监管顺周期性的实证研究模型，对我国16家商业银行在1998至2008年间资本充足率与经济周期的关系进行了实证分析，其结论表明，我国商业银行的资本充足率具有一定的顺周期性。方芳、刘鹏（2010）关注了我国信贷周期与经济周期之间的相互关系，发现顺周期效应在20世纪90年代以后逐渐增强，信贷与经济波动之间存在较强的格兰杰因果关系。王靖国（2011）检验了中国金融体系的顺周期特征，研究发现我国商业银行的信贷投放、资本监管制度和贷款拨备制度不同程度存在顺周期效应。

关于我国资本监管与宏观经济和货币政策的相互关系方面，刘斌（2005）基于我国商业银行的数据实证研究认为，资本约束对不同银行贷款的影响程度不同，对于资本相对不足的银行约束性更大。这一结果证明了资本监管对信贷渠道的影响，但并未对顺周期性进行直接研究。黄宪和鲁丹（2008）认为中国的资本监管政策在经济萧条时期会进一步加剧宏观经济紧缩，但在繁荣时期却不会推动其高涨，具有非对称性。黄宪等（2012）应用随机前沿分析方法实证检验了货币政策与银行资本监管的联合效率，得出为了达到稳定物价和产出的总目标，货币政策反应函数中需考虑银行资本及其监管状况。江曙霞、何建勇（2011）在 Chami 和 Cosimano（2001）静态局部均衡理论模型基础上，研究了银行资本、银行信贷与宏观经济波动之间的关系，指出信贷风险和存贷比约束具有双重强化银行信贷和银行资本顺周期性的特征。黄宪、熊启跃（2011）研究了银行资本约束下货币政策传导机理的扭曲效应，认为当银行体系的资本不足时，扩张性货币政策的效果会被弱化，而紧缩性货币政策的效果则被加强。国内学者在对模拟中国经济的 DSGE 系统中引入银行中介部门和内生资本约束机制的相关研究还较少，许伟、陈斌开（2009），周炎、陈昆亭（2012）等将金融信贷机制和银行部门引入DSGE 框架，但未考虑内生资本监管约束的影响。

在对货币政策与宏观审慎监管目标协调研究方面，吴培新（2011）通过总结2008年金融危机后引发的资产价格泡沫与货币政策、宏观审慎监管政策之间关系的研究，认为现有的通胀指标不能全面准确衡量货币购买力变动,忽视了资产价格因素;货币政策应当关注资产价格泡沫的形成,但调整后的货币政策仍不足以应对金融失衡,需要与宏观审慎政策一起共同应对实现金融平衡。周源(2011)比较了货币政策目标与宏观审慎政策的共同点、不同点,分析了两者目标协调的必要性,需要建立起目标兼容的政策框架体系,且中央银行须在审慎政策和金融管理方面担负起更为重要的职责。

2.5 对相关文献的评述及本书的研究问题

从总体上看,以上文献从不同角度对我国银行截面维度和时间维度上的系统性风险进行了识别和测度,提出了逆周期资本监管和系统重要性银行资本监管等政策建议,并对资本监管的宏观经济效应进行了讨论,但对于问题的研究还不够系统,都只是关注某个单一方面,未能对自上而下的基于系统性风险资本监管的工具设计、制度安排、经济影响和与其他政策协调等问题做出全面系统的分析。

本书的研究将着重从系统性风险和整个宏观经济的角度,建立自上而下的风险识别方法以及相应的资本监管措施,在一般均衡框架内研究基于系统风险的新资本监管要求的宏观经济成本和福利损失,并在该统一框架下探讨其与货币政策的权衡与协调关系。研究的目标主要是为了弥补在银行资本监管研究体系中以下几个方面的不足。

第一,在研究内容上,虽然有学者对我国的系统重要性银行这一问题做过相应的研究,但仅限于应用单一金融网络法或市场法从某一侧面对问题进行探讨,未能够综合考虑风险传染的直接影响和间接影响,以及银行机构的规模、系统关联性、可替代性、复杂性等因素,也未建立起更为系统的整体分析框架,以及对银行的系统重要性类型进行有效区分。此外,现有文献对于我国逆周期资本监管的研究也多局限于应用《巴塞尔协议Ⅲ》中提出的单一"信贷/GDP"指标进行计算,未能反映出金融体系和社会整体的信用融资水平,目前文献中构建基于逆周期资本监管的宏观系统性风险的度量框架研究基本上还处于刚起步阶段。

第二,在研究方法上,过去针对我国资本监管的宏观经济影响的研究,大多应用的是静态或比较静态的局部均衡模型,静态分析最大的不足是假定变量外生,且没有考虑到其他经济部门的行为影响,目前尚未有在一般均衡框架下应用 DSGE 模型对于我国银行资本监管的宏观经济效应进行探讨的研究。由于 DSGE 模型具有理论一致性、宏微观分析结合以及长短期分析相结合等特征,使问题的研究能够建立在微观主体行为最优化基础之上,因此是对于理论框架方法上的创新和改进。

第三,在理论贡献上,现有文献对在模拟中国经济的 DSGE 系统中引入银行中介部门和内生资本约束机制的相关研究还较少,未能够在 DSGE 框架下纳入金融和信贷市场因素,对于银行资本监管约束、资本权益成本和融资摩擦等因素对信贷扩张和宏观经济波动的影响还有待在一般均衡框架下进行建模和研究,以能够更为深入地拟合和理解经济波动中的各种"加速器"效应,分析政策效果和传导机制。

第四,在政策讨论方面,目前国内研究对于我国审慎政策和货币政策相互关系的讨论仅限于定性分析和政策建议方面,并未应用有效的理论分析框架和政策校准模拟分析等研究方法进行深入系统的探讨,而对于货币政策与逆周期审慎资本监管政策在应对不同宏观经济情形下的效果差异,以及两者在应对不同政策目标上的层次顺序等问题,国内的研究还尚未有学者涉及。有效政策的制定需基于对市场微观结构和传导机制的深刻理解,在此背景下,本研究致力于应用动态随机一般均衡模型,从福利影响角度探讨政策选择问题。

第 3 章　我国系统重要性银行评估分析与系统性附加资本监管

本章从系统性风险的截面维度（cross-sectional dimension），即大型银行机构的相互关联性和共同行为等引发的传染风险和扩散风险出发，研究我国系统重要性银行的识别度量框架和量化分析方法，对单个银行机构对于金融体系的系统性风险贡献度进行衡量和排序，并在此基础上建立有差别的系统重要性银行附加资本，为约束"大而不能倒"机构的道德风险和负外部性，建立自上而下的基于系统性风险的审慎资本监管提供实证依据。

根据金融稳定理事会（FSB）等机构的定义，系统重要性银行（systemically important financial institutions，简称 SIFIs）是指那些由于自身规模、复杂性、系统性关联度、可替代性等原因，一旦无序倒闭将会对整个银行体系和实体经济造成显著传染效应和负面冲击的银行机构。尽管银行体系的"大而不能倒"问题很早就是学术界和监管机构的关注重点，但本次金融危机发生后，系统重要性影响的概念已突破之前仅关注规模因素的"大而不能倒"问题，研究者还相继提出了"太关联而不能倒"（too interconnected to fail）、"太复杂而不能倒"（too complex to fail）、"太相似而不能倒"（too similar to fail）、"太系统而不能倒"（too systemic to fail）等多种表现形式。对于系统重要性机构的识别和度量方法，国际货币基金组织、国际清算银行和金融稳定理事会（IMF—BIS—FSB，2009）提出评估单家金融机构的系统重要性应同时考虑直接和间接影响，并提出从规模、可替代性和系统关联性三方面进行衡量。2010 年美国通过的金融监管改革框架中认定系统重要性机构的界定标准，包括规模、交易对手总债务暴露程度、与其他金融机构之间的相互依赖关系及相互影响程度等衡量因素。与此同时,一些模型和统计分析方法也被应用到系统重要性的评估之中,如网络分析法(Degryse and Nguyen,2004;Upper and Worms,2004;Mervi Toivanen,2009)、Co-VaR(Adrian and Brunnermeier,2009)、PAO(Segoviano and Goodhart,2009)、SII和 VI(Zhou,2010)以及 Shapley 值(Drehmann and Tarashev,2011)等。

在本章我们从风险传染的直接影响和间接影响两方面,分别应用基于资产负债表关联数据的金融网络分析法,和基于市场价格数据的 CoVaR 方法对我国银行的系统重要性水平和风险传染效应进行测度,并综合考虑银行机构的规模、系统关联性、可替代性、复杂性、同质性和跨境活跃度六类指标,建立了银行业系统性风险的综合度量框架,并对我国 63 家银行的系统重要性进行评估和排序,在此基础上将银行区分为高度系统性银行、部分系统重要性银行、非系统性大型金融机构与非系统性中小银行等,为系统重要性银行附加资本的计提提供了量化基础和实证参考。

3.1 基于资产负债表关联的系统重要性银行测度[①]

本节应用金融网络分析方法,以我国银行间资产负债表关联情况为研究对象,对银行间市场的直接风险传染效应进行监测和分析。基于我国 61 家银行 2009 年年报数据,对因资产负债表关联引起的银行间市场双边传染风险进行研究和实证,在假定银行体系遭受随机事件冲击引发同业拆借市场清算条件下,从信用违约和流动性风险角度对传染路径和资本损失进行估测,并模拟了银行间市场的不同结构对传染效应的影响,在此基础上,对我国主要银行的系统重要性及其对系统性风险的贡献度进行了排序和测度,并进一步探讨了系统重要性银行和易被传染银行的微观特征和影响因素,以期对资本监管政策的设计提供有益建议。

在理论上,基于金融网络结构的分析方法来研究银行间系统关联性和风险传染效应,可以衡量单一银行机构对系统风险影响的"直接贡献",世界很多国家的中央银行和监管机构,如英国央行、德意志银行、瑞士央行、墨西哥央行和比利时国家银行等定期应用这一方法对银行业系统性风险进行测试。

① 本节内容发表在《管理工程学报》,2012 年 04,vol.26。

3.1.1 基于金融网络模型的风险传染效应测度方法

1. 单个银行倒闭的信用违约传染风险度量。

假设研究对象为 N 家银行,银行间市场的资金拆放关系可表示为 $N \times N$ 矩阵,矩阵元素 x_{ij} 表示银行 i 对银行 j 的同业资产头寸,设银行倒闭所导致的外部资产损失率为 θ,$\theta \in [0, 1]$,银行可用于最后清偿的剩余资本总额为 c_i。如果外部冲击因素导致银行 j 倒闭,由于银行 i 持有银行 j 的 x_{ij} 数量资产,因此当 $\theta x_{ij} > c_i$ 时,银行 i 也随之倒闭,这是银行 j 倒闭所导致的第一轮传染冲击效应。在第二轮传染冲击中,假设银行 k 持有银行 i 和银行 j 的资产,数量为 x_{ki} 和 x_{kj},当银行 i 和银行 j 倒闭所导致银行 k 的损失满足 $\theta(x_{ki} + x_{kj}) > c_k$ 条件时,则银行 k 倒闭。第二轮银行倒闭的发生累计了第一轮银行的损失,第三轮银行倒闭累计第一轮和第二轮倒闭银行资产损失的影响。随着传染的进行,银行倒闭的速度和资产规模也将越来越大。从传染过程看,银行间拆借资金规模、剩余资本额和违约损失率是影响传染效应的最主要因素,由于违约损失率受宏观经济环境、银行信贷质量和抵押品价值等影响,为简化起见,假定违约损失率 θ 对各个银行相同且在不同传染轮次内无差异,并且不考虑政府的危机救助措施及破产成本等因素。

2. 违约风险和流动性风险联合冲击下的传染效应。

在金融危机条件下,由于货币市场和资本市场流动性急剧恶化,银行机构往往不能对从破产银行借入的全部资金进行再融资,为恢复资产负债表的平衡,银行通常需要卖掉部分金融资产,并由此引发资产的减价出售。在这种情况下,一个银行机构的脆弱性不单来源于它对其他银行的直接风险敞口,也来源于它不能够在银行间市场展期的全部或部分资金。已有研究往往忽视了流动性风险对传染效应的影响,低估了系统性风险的影响范围和损失规模。

假定在金融危机时银行机构 i 不能对从违约银行 h 拆入的所有资金 x_{hi} 进行再融资,并由此引发资产的减价出售(fire sale),设银行 i 只能重置 $(1-\rho)$ 比例从银行 h 拆入的资金,并且其资产以一个折扣价交易(即市场价值低于账面价值),因此银行 i 被迫卖出账面价值为 $(1+\delta)\rho x_{hi}$ 的资产,假定因资产减价出售所导致的损失 $\delta \rho x_{hi}$ 由银行 i 的资本金吸收(如图 3.1 所示)。则当外部因素导致银行 j 倒闭时,在违约风险和流动性风险联合冲击下,如果满足 $\theta x_{ij} + \delta \rho x_{ji} > c_i$,银行 i 也随之倒闭,流动性风险的计入降低了银行的破产阈值。依次进行风险传递分析,即可评估同业拆借市场在共同冲击下受到的传染效应。

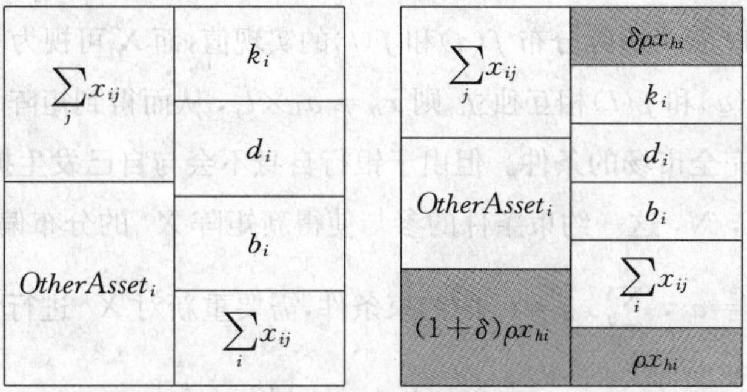

注：x_{ij} 表示银行 i 对银行 j 的同业资产头寸，$OtherAsset_i$ 表示银行 i 的其他资产，k_i 表示银行 i 的资本金，b_i 表示长期和短期借款，d_i 表示存款。

图 3.1　资产减价销售导致的损失由资本吸收

3.1.2　模型与数据

1. 银行间市场债权债务结构估计。

因为无法获得银行同业交易中的双边交易完整信息，而只能从财务报表中获取各银行在拆借市场上的总资产和总负债数据。所以，必须对银行在其他银行的存放同业和拆放同业头寸的概率分布做出假设。我们假定银行间市场为完全的市场结构，以测算最小的系统性风险传染概率。其在数学上的实现就是对银行在其他银行的存放同业和拆放同业头寸的概率分布做出相互独立的假设，并要求其概率分布尽可能分散。假定银行间同业拆借关系可以由 $N \times N$ 矩阵 X 来表示：

$$X_{N \times N} = \begin{bmatrix} x_{11} & K & x_{1j} & K & x_{1N} \\ M & O & M & N & \\ x_{i1} & K & x_{ij} & K & x_{iN} \\ M & N & M & O & M \\ x_{N1} & L & x_{Nj} & L & x_{NN} \end{bmatrix} \begin{matrix} a_1 \\ M \\ a_i \\ M \\ a_N \end{matrix} \tag{3.1}$$

$$\sum_i \quad l_1 \quad L \quad l_j \quad L \quad l_N$$

其中，N 为银行数目，x_{ij} 为银行 i 对银行 j 的信用资产头寸。通常 x_{ij} 的具体数值是无法观察到的，但是每家银行的银行间总资产和总负债的数值是可以知道的，设 a_i 代表银行 i 对其他所有银行资产总额，l_j 代表银行 j 对其他所有银行负债总额，则有 $\sum_{j=1}^{N} x_{ij}$

$=a_i$，$\sum\limits_{i=1}^{N} x_{ij}=l_j$，因此矩阵 X 共有 N^2-2N 个元素未知。根据独立性假设并通过适当标准化，可将 a 和 l 视为边际分布 $f(a)$ 和 $f(l)$ 的实现值，而 X 可视为联合分布 $f(a,l)$ 的实现值，如果 $f(a)$ 和 $f(l)$ 相互独立，则 $x_{ij}=a_i\times l_j$，从而得到矩阵 X 并使得同业拆借市场结构满足完全市场的条件。但由于银行自身不会与自己发生拆借，所以我们令 $x_{ii}=0$，$i=1$，K，N，这一约束条件的参与使得新矩阵 X^* 的分布偏离先验分布矩阵 X，为满足 $\sum\limits_{j=1}^{N} x_{ij}=a_i$，$\sum\limits_{i=1}^{N} x_{ij}=l_j$ 的约束条件，需要重新对 X^* 进行估计：

$$X^*_{N\times N}=\begin{bmatrix} 0 & \mathrm{K} & x^*_{1j} & \mathrm{K} & x^*_{1N} \\ \mathrm{M} & \mathrm{O} & \mathrm{M} & \mathrm{N} \\ x^*_{i1} & \mathrm{K} & \mathrm{O} & \mathrm{K} & x^*_{ij} \\ \mathrm{M} & \mathrm{N} & \mathrm{M} & \mathrm{O} \\ x^*_{N1} & \mathrm{L} & x^*_{Nj} & \mathrm{L} & 0 \end{bmatrix}\begin{matrix} a_1 \\ \mathrm{M} \\ a_i \\ \mathrm{M} \\ a_N \end{matrix}$$

$$\sum_i \quad l_1 \quad \mathrm{L} \quad l_j \quad \mathrm{L} \quad l_N \tag{3.2}$$

根据 Blien 和 Graef(1997)，我们使用最小叉熵原理求得新矩阵 X^* 的元素，最小叉熵函数优化原理可以在服从已知信息（矩约束）条件下求出最接近先验分布矩阵 X 的一组分布 X^*，是处理非平衡矩阵问题的有利工具。根据最小叉熵原理，X^* 的求解等同于下述问题的求解：

$$\min\sum_{i=1}^{n}\sum_{j=1}^{n} x^*_{ij}\ln\frac{x^*_{ij}}{x_{ij}}$$

$$\mathrm{s.t.}\ \sum_{j=1}^{N} x_{ij}=a_i,\ \sum_{i=1}^{N} x_{ij}=l_j,\ x_{ij}\geqslant 0 \tag{3.3}$$

根据 Blien 和 Graef(1997)的证明，模型(3.3)的求解可以应用 RAS 算法解决最优化问题，从而得到银行间同业拆借市场的双边头寸数据。

2. 数据选取与描述统计。

根据年报公布情况，本文收集了国内 61 家银行 2009 年资产负债表信息，其中包括 3 家政策性银行、5 家国有商业银行、12 家股份制银行和 41 家城市商业银行。根据银监会统计数据，2009 年这 61 家银行的总资产占我国商业银行资产总额的比例为 82.6%，所以这 61 家银行具有很好的代表性。在数据处理上，同业拆借市场中银行资产对应于资产负债表中存放同业和拆放同业款项之和，负债对应于资产负债表中同业存放款和同业拆放款项之和。样本数据来源于 Wind 数据库。

表 3.1 给出了银行间资产负债的描述性统计,数据显示,同业资产负债总额与银行的类型和规模有关,其中有银行是同业拆借交易的主体,其银行间资产、负债头寸规模占比为 48% 和 62%。此外,统计还显示银行间同业拆借交易处于净负债状态,表明资本金作为最终偿付手段,其价值的稳定对银行系统性风险大小以及银行体系的稳健性起到了重要作用。

表 3.1　银行间资产负债分类型统计表

银行类型	样本数目	银行间资产总计		银行间负债总计	
		数额(亿元)	占总资产比	数额(亿元)	占总资产比
政策性银行	3	3 094.84	4.428%	5 515.25	7.890%
国有银行	5	11 148.31	2.632%	40 553.3	9.575%
股份制银行	12	7 062.79	5.878%	16 397.19	13.645%
城市商业银行	41	1 884.28	5.078%	3 050.04	8.221%

3.1.3　银行间市场传染风险模拟结果

1. 完全分散型市场结构传染效应分析。

本研究模拟了 61 家银行单独倒闭导致银行间负债违约而引起的风险传染效应,模拟结果如表 3.2 所示。总体来看,在本研究所作的各个维度和不同违约损失率设置的分析框架下,所有政策性银行、股份制银行和城市商业银行单独倒闭均不具有传染效应,只有中国银行和中国工商银行倒闭引致传染效应,但冲击性较小,只引发一轮传染且倒闭银行资产占比为 1.2%。其中,中国银行在对银行系统的冲击、资本损失数量和对违约损失率敏感性等方面均大于中国工商银行。与马君潞等(2007)应用 2003 年数据得出大范围传染效应的模拟结果不同,2009 年银行间市场受违约冲击所导致的破产银行数量、银行倒闭轮数和资产损失额等显著下降,市场传染性风险较小。这意味着我国银行业在历经坏账剥离、政府注资、引进战略投资者和股改上市等一系列改革措施后,资本金实力大幅提高,抵御风险的能力明显增强。

表 3.2 模拟结果还表明,尽管银行破产概率很低,但单个银行倒闭仍会使银行体系的核心资本出现大规模损失,其中在违约损失率为 100% 时,核心资本损失 50% 以上的银行为 3 家,资产占比为 5.6%,核心资本损失 20% 以上的银行为 20 家,总波及机构数量比例达 32.8%,涉及银行资产占比达 26.9%。从银行类型看,具有系统重要性

表 3.2 模拟结果 I

违约损失率(%)	具有传染效应的银行		银行倒闭数		核心资本损失 50%—100%的银行		核心资本损失 20%—50%的银行		核心资本损失 10%—20%的银行		核心资本损失 10%以下的银行	
	银行名称	数目	数目	资产占比	数目	资产占比	数目	资产占比	数目	资产占比	数目	资产占比
100	中国银行、中国工商银行	2	1	1.22%	2	4.39%	17	21.29%	13	9.86%	27	63.25%
90	中国银行、中国工商银行	2	1	1.22%	2	4.39%	13	10.30%	13	28.81%	31	55.28%
80	中国银行、中国工商银行	2	1	1.22%	1	2.55%	13	11.35%	10	29.19%	35	55.69%
70	中国银行	1	1	1.22%	0	0.00%	12	8.03%	20	34.23%	27	56.53%
60	中国银行	1	1	1.22%	0	0.00%	8	7.69%	22	29.48%	29	61.62%
50	中国银行	1	1	1.22%	0	0.00%	8	7.32%	17	26.46%	34	65.01%
40	中国银行	1	1	1.22%	0	0.00%	7	7.19%	9	6.98%	43	84.62%
30		0	0	0.00%	1	1.22%	3	0.00%	7	4.87%	49	93.91%
20		0	0	0.00%	1	1.22%	0	0.00%	7	7.19%	52	91.59%

影响的主要是国有银行和股份制银行，如图 3.2 所示，中国银行、中国工商银行、中国建设银行、交通银行和中国农业银行倒闭所引致的其他银行资本损失在 10% 以上的银行数目均超过 25 家，而中信银行、招商银行、进出口银行、光大银行和兴业银行等能够影响的银行数目为 10 家左右。而易受传染类型银行主要为政策性银行和城市商业银行，如图 3.3 所示，其中进出口银行、农业发展银行、盛京银行和攀枝花银行最易受到波及，主要因其资本充足水平较低且银行间市场交易参与程度较深，对拆借融资的依赖程度较大。

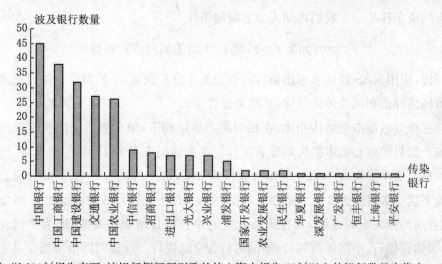

注：以 100% 损失率下，该银行倒闭所引致的核心资本损失 10% 以上的银行数目为代表。

图 3.2　银行间市场上具有系统性影响银行排序

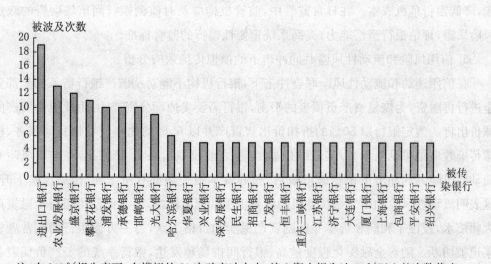

注：在 100% 损失率下，在模拟的 60 次破产冲击中，核心资本损失达 10% 以上的次数代表。

图 3.3　银行间市场易受传染银行排序

2. 相对集中型同业拆借市场结构下传染效应分析。

完全分散型银行间市场结构假设要求银行同业拆借的概率尽可能分散，这会造成对传染风险的低估，统计数据也表明，同业拆借市场具有一定集中度，国有银行和股份制银行处于银行间资本流动结构的中心位置，城市商业银行等中小银行为降低信用风险和资金成本更多与国有银行及股份制银行发生拆借交易。因此，我们对完全分散型结构假设进行修正，假定城市商业银行只与政策性银行、国有银行和股份制银行进行资金交易，城市商业银行之间不进行拆借。为此，在求解银行间信用拆借矩阵 X^* 时，在原有约束条件基础上我们再加入如下限制条件：

$$x_{ij} = 0, \text{如果 } i = j, \text{或 } i, j \text{ 均为城市商业银行}$$

同样，应用 RAS 算法求解出银行间双边头寸分布数据，并模拟单家银行倒闭对银行间市场的冲击和风险传染效应，其结果见表 3.3。

与完全分散型市场结构相比，在相对集中型结构下，单个银行倒闭所引发的其他银行破产数目和核心资本损失均显著上升。在违约损失率为 100% 的情况下，传染效应导致核心资本损失 50% 以上的银行数目为 8 家，资产占比为 8.41%，而在完全分散型结构下这一数目仅为 3 家。核心资本损失 20% 以上的银行数目也增加至 26 家。此外，随着违约损失率的递增，具有传染效应的银行数目增加至 5 家，即为中国农业银行、中国建设银行、中国工商银行、中国银行和交通银行。这说明拆借市场交易主体的集中度和违约损失率大小对冲击破坏的广度和深度有重要影响，政府部门可以通过及时干预破产进程、救助危机银行等方式，降低违约损失率，从而控制危机波及的范围，降低银行危机成本。在日常监管中，监管机构应及时监测银行间市场融资的双边风险暴露，评估银行清偿能力，提高系统重要性银行的监管标准。

3. 信用风险和流动性风险共同冲击下的模拟传染效应分析。

在信用违约和流动性风险联合冲击下，银行机构不能对从破产银行借入的全部资金进行再融资，为恢复资产负债表的平衡，银行需要卖掉部分资产，并由此引发资产的减价出售。假定银行以 50% 的折扣价出售资产并以 65% 的比率展期银行间债务，模拟传染效应结果见表 3.4。实证结果显示，与之前模拟结果 I、II 相比，在信用风险和流动性风险共同冲击下银行破产数目、核心资本损失额都有所增加，传染风险上升。这表明流动性风险加剧了系统危机的波及范围和损失影响，一方面使得银行金融资产大幅缩水，侵蚀了利润和资本并加剧资产甩卖和价格下跌，另一方面银行的正常融资渠道被切断。随着金融深化程度越高、银行间市场越发达，银行系统的资产负债表关联度越高，共同风险冲击下的扩散效应也将越激烈。

表 3.3　模拟结果 II

违约损失率(%)	具有传染效应的银行		银行倒闭数		核心资本损失 50%—100%的银行		核心资本损失 20%—50%的银行		核心资本损失 10%—20%的银行		核心资本损失 10%以下的银行	
	数目	银行名称	数目	资产占比	数目	资产占比	数目	资产占比	数目	资产占比	数目	资产占比
100	5	中国农业银行,中国建设银行,中国工商银行,交通银行	2	3.76%	6	4.64%	18	26.59%	17	10.02%	17	54.98%
90	5		1	1.22%	5	2.86%	16	12.21%	17	28.50%	21	55.22%
80	5		1	1.22%	3	2.82%	14	11.37%	19	29.26%	23	55.35%
70	5		1	1.22%	1	2.55%	11	5.53%	20	34.41%	27	56.30%
60	5		1	1.22%	1	2.55%	9	5.14%	20	29.48%	29	61.62%
50	3	中国建设银行,中国工商银行,中国银行	1	1.22%	0	0.00%	8	7.32%	17	26.46%	34	65.01%
40	2	中国工商银行,中国银行	1	1.22%	0	0.00%	7	7.19%	10	6.99%	42	84.60%
30	1	中国银行	1	1.22%	0	0.00%	3	2.82%	7	4.87%	49	91.09%
20	0		0	0.00%	1	1.22%	0	0.00%	7	7.19%	52	91.59%

表 3.4 模拟结果 III

违约损失率(%)	具有传染效应的银行 数目	具有传染效应的银行 银行名称	银行倒闭数 数目	银行倒闭数 资产占比	核心资本损失 50%—100%的银行 数目	核心资本损失 50%—100%的银行 资产占比	核心资本损失 20%—50%的银行 数目	核心资本损失 20%—50%的银行 资产占比	核心资本损失 10%—20%的银行 数目	核心资本损失 10%—20%的银行 资产占比	核心资本损失 10%以下的银行 数目	核心资本损失 10%以下的银行 资产占比
100	5	中国农业银行、中国建设银行、中国工商银行、中国银行、交通银行	2	3.76%	6	4.64%	22	34.90%	16	20.32%	14	36.37%
90	5		2	3.76%	6	4.64%	21	34.65%	13	20.04%	18	36.90%
80	5		1	1.22%	4	4.66%	17	13.16%	19	43.95%	19	37.03%
70	5		1	1.22%	2	2.79%	16	12.58%	18	28.09%	23	55.32%
60	5		1	1.22%	1	2.55%	15	13.63%	16	26.31%	27	56.30%
50	4	中国建设银行、中国工商银行、中国银行、交通银行	1	1.22%	1	2.55%	10	6.72%	19	32.95%	29	56.57%
40	3	中国建设银行、中国工商银行、中国银行	1	1.22%	1	2.55%	6	4.64%	20	34.86%	32	56.76%
30	2	中国工商银行、中国银行	1	1.22%	0	0.00%	5	7.15%	17	18.35%	37	73.28%
20	1	中国银行	1	1.22%	0	0.00%	2	4.39%	14	16.83%	43	77.57%

3.1.4 对银行系统关联性与风险贡献影响因素的进一步讨论

在识别出银行同业市场上的系统重要性银行和易受传染银行后，我们进一步对影响其风险传染效应的财务特征和银行类型等因素进行实证研究和讨论，以分析资产规模、风险头寸和不良贷款率等微观因素对银行系统关联性与风险贡献度的影响。

我们以 100％违约损失率假设下，单个银行倒闭所引致的核心资本损失 10％以上的银行数目作为衡量银行系统性影响的代理变量 Num_1。以 100％违约损失率假设下，在模拟的 60 次银行破产冲击中（自身破产冲击除外），银行资本损失达 10％以上的次数作为银行易受传染特征的代理变量 Num_2。建立回归方程如下：

$$Num_1 = \beta_0 + \beta_1 Type1 + \beta_2 Type2 + \beta_3 Type3 + \beta_4 Tier1Ratio \\ + \beta_5 \ln asset + \beta_6 npl + \beta_7 interratio, \, i = 1, 2 \tag{3.4}$$

其中，$Type1$、$Type2$ 和 $Type3$ 均为虚拟变量，分别代表政策性银行、国有银行和股份制银行，银行特征变量选取核心资本充足率 $Tier1Ratio$、资产规模的对数值 $\ln asset$，不良贷款率 npl 和银行间资产负债总额占总资产之比 interratio。这些变量从资产风险、相对规模和其在系统中的风险暴露程度等方面对潜在影响因素进行衡量。

由于数据类型为事件发生数目，我们选取计数模型（count model）进行估计。计数模型适用于当因变量为事件发生数目且取值为离散整数时的情况，原则上我们也可以利用多元线性回归分析这些数据，但由于因变量中零和较小数字的大量存在，以及其明显的离散性质，意味着可以通过一个解释这些特征的设定以改进最小二乘法和线性回归模型。在计数模型中应用较广泛的是泊松模型（Poisson model），其模型设定如下：

设每个观测值 y_i 都来自一个服从参数为 $m(x_i, \beta)$ 的泊松分布的总体

$$m(x_i, \beta) \equiv E(y_i \mid x_i, \beta) = e^{x\beta} \tag{3.5}$$

对于泊松模型，给定 x_i 时 y_i 的条件密度是泊松分布：

$$f(y_i \mid x_i, \beta) = \frac{e^{-m(x_i, \beta)} m(x_i, \beta)^{y_i}}{y_i!} \tag{3.6}$$

但泊松分布的假定要求序列的条件均值和条件方差相等，这在经验应用中经常不成立，因此在实践中常用一个负二项式（negative binomial）分布的似然函数极大化来

估计模型的参数 β，负二项式分布下对数似然函数如下：

$$L(\beta, \eta) = \sum_{i=1}^{N} \{y_i \ln[\eta^2 m(x_i, \beta)] - (y_i + 1/\eta^2) \ln[1 + \eta^2 m(x_i, \beta)] \eqno(3.7)$$
$$+ \ln \Gamma(y_i + 1/\eta^2) - \ln(y_i!) - \ln \Gamma(1/\eta^2)\}$$

其中，η^2 是和参数 β 一起估计的参数，它测量了条件方差超过条件均值的程度。

实证结果如表 3.5 所示，作为稳健性检验，我们也同时计算了最小二乘法回归的结果。

表 3.5　回归结果

	常数项	Type1	Type2	Type3	Tier1Ratio	Lnasset	npl	interatio	Adj-R²
回归变量：传染银行特征 Num₁									
负二项式计数模型	-7.457^{***} (-4.296)	1.322 (0.765)	3.511^{***} (2.451)	2.236^{*} (1.662)	-0.097 (-0.694)	0.767^{***} (3.415)	-0.345 (-1.517)	6.229^{*} (1.675)	0.974
OLS线性回归	-6.503^{***} (-2.07)	0.916 (0.757)	28.045^{***} (8.622)	1.676^{*} (1.692)	0.129 (1.594)	0.766^{***} (2.174)	-0.207 (-0.331)	9.461 (1.406)	0.927
回归变量：被传染银行特征 Num₂									
负二项式计数模型	0.945 (0.824)	-1.894^{***} (-2.91)	-1.22^{**} (-2.13)	-0.474^{*} (-1.65)	-0.219^{***} (-3.448)	0.156^{*} (1.76)	0.034 (0.218)	18.58^{***} (8.9)	0.805
OLS线性回归	0.252 (0.192)	7.71^{***} (8.86)	-1.83^{**} (-1.98)	0.573 (0.975)	-0.209^{***} (-4.05)	0.24 (1.63)	0.301 (1.25)	49.66^{***} (11.39)	0.903

注：$***$，$**$，$*$ 分别表示在 1%，5%，10% 的水平统计显著，负二项式模型中括号内的值为相应的 z 统计量，OLS 回归模型中括号内的值为相应 t 统计量。

实证结果表明，影响银行在同业拆借市场中系统重要性的因素主要有银行类型、总资产规模和银行间资产负债头寸占比，而银行自身的资本充足状况和运作风险影响并不显著。其中国有银行 Type2 和股份制银行 Type3 类型与银行的风险传染效应显著正相关，回归结果分别在 10% 和 1% 置信水平下统计显著。而资产规模越大、银行间资产负债比例越高的银行在拆借市场中的系统性影响也越大，这表明大型银行机构因其中心支付地位、复杂网络联系以及风险暴露程度较高，对银行间市场系统性风险的贡献率最为重要。

而影响易受传染银行的主要特征指标有银行类型、核心资本充足率和银行间资产负债比例。其中国有银行和股份制银行（Type2 和 Type3）均不易受到风险传染，而资本充足率越高的银行也越不易遭受传染效应的影响，其回归结果均在 1% 的置信水平下统计显著。此外,银行持有的风险头寸规模与其受到的传染概率成正比,这意味着在银行间拆借市场上短期融资规模过大将降低银行清偿能力,增加其脆弱性,并有可能演化为更大的连锁性的传染危机。

作为稳健性检验,我们同时汇报了线性最小二乘法回归的结果,其结论与负二项式计数模型基本一致,且方程拟合优度均在90%以上,证明了研究采用的回归模型是合适的,回归结果也是稳健的。

3.1.5　数据的稳健性检验

考虑到数据的稳健性,我们还对于2010年银行间同业市场数据进行了测算,应用金融网络模型模拟信用事件冲击引发的直接传染效应,并识别具有系统重要性的银行机构,其测算结果如表3.6所示。

表3.6　银行间市场上具有系统重要性的银行机构

银行名称	排名	资本损失10% 以上的银行		银行名称	排名	资本损失10% 以上的银行	
		数目	资产占比			数目	资产占比
中国银行	1	48	38.8%	国家开发银行	11	2	1.6%
中国工商银行	2	31	37.2%	进出口银行	12	1	1.1%
中国建设银行	3	21	27.2%	渤海银行	13	1	1.1%
交通银行	4	20	25.3%	华夏银行	14	1	1.1%
中国农业银行	5	17	21.9%	深圳发展银行	15	1	1.1%
兴业银行	6	10	3.1%	中信银行	16	1	1.1%
浦发银行	7	4	1.8%	广东发展银行	17	1	1.1%
光大银行	8	2	1.6%	恒丰银行	18	1	1.1%
民生银行	9	2	1.6%	北京银行	19	1	1.1%
招商银行	10	2	1.6%	上海银行	20	1	1.1%

注:基于2010年数据。

稳健性检验发现,根据2010年资产负债数据在银行间市场上具有系统重要性的银行仍然以中国银行、中国工商银行、中国建设银行、交通银行和农业银行为主,且其风险传染的银行损失数目和资产占比与2009年基本一致,尽管部分股份制银行在银行间市场的系统重要性排名有所变化,但整体上银行影响数目和资产占比变化较小,证明了前文结果的稳健性。

3.1.6　小结

本小节基于 2009 年和 2010 年国内商业银行资产负债表数据，应用金融网络分析方法来研究银行间系统关联性和风险传染效应，衡量了单一银行机构对系统风险影响的"直接贡献"，研究发现大型国有银行处于银行间资本流动的中心环节，尤其中国银行、中国工商银行和中国建设银行是传染风险发生的重要诱导来源，并对银行间市场上具有系统重要性的银行机构进行了排序。

此外，本小节还分析了银行间市场的不同结构对传染效应的影响，并对系统重要性银行和易被传染银行的微观特征进行了实证和进一步讨论。研究发现：在"完全分散型"市场结构假设下，我国银行间市场传染性风险极小；当考虑交易主体集中度并假设"相对集中型结构"时，系统性风险和传染效应将上升；当考虑违约风险和流动性风险联合冲击时，资本损失和风险传染的范围显著扩大。此外，影响银行在拆借市场中系统重要性的因素有银行类型、资产规模和风险头寸；而影响银行易受传染性的因素有银行类型、资本充足状况和风险暴露程度。

3.2　基于动态 CoVaR 方法的系统重要性银行研究[①]

上一节金融网络模型对于银行系统性风险贡献度的研究主要是基于银行间市场的双边债务头寸数据，测算的是风险传染路径和资本损失的直接影响及风险贡献，且所需数据基于资产负债表来源，是低频率、相对静态和缺乏预见性的。作为网络模型的补充，市场数据分析法能够更为全面地反映投资者对所有潜在风险来源的观点，提供有关系统性风险的实时信息，可以更好地刻画风险的动态关联性、波动集聚性和尖峰厚尾特征。市场数据分析方法的有效与否取决于金融市场的有效性，如果金融市场为"强有效"，市场数据分析法可以通过对股价的分析、模拟，得出较为准确的系统性风险状况；当金融市场为"半强势"有效时，通过对历史数据进行分析的准确性会有显著下降；当金融市场为"弱有效"时，该方法将几乎失去效用。2007 年金融危机发生后，

---

①　本小节内容发表在《上海交通大学学报(自然科学版)》2011 年 12 月。

机构和学者对基于市场数据的系统性风险测度方法进行了广泛研究，并发现市场数据在识别即将到来的系统性风险时是有效的。

本节应用基于市场数据的动态 CoVaR 方法对我国银行系统性风险贡献度进行实证研究，是对上一节金融网络分析方法的有益补充，不仅考虑了单个机构的直接风险贡献，也包含了因市场预期变化、交易行为改变等引发的间接风险传染效应的影响。CoVaR 模型是 Adrian 和 Brunnermeier(2009)在 VaR 模型基础上建立的、考虑到金融机构之间风险联动关系的在险价值模型。CoVaR 主要用于测度一家银行的倒闭给其他银行或银行体系带来的溢出效应，识别出有系统性重要影响的金融机构，可捕捉一个机构系统性风险的边际贡献。

3.2.1 基于 GARCH 模型的 CoVaR 方法测度银行系统性风险

1. CoVaR 模型。

在传统度量市场风险的方法中，VaR(Value at Risk)在险价值方法是主流方法，其代表一定的概率水平下，资产或投资组合在未来特定时间内的最大可能损失。若 X 代表某一资产或投资的损失，其密度函数是 $f(x)$，则 VaR 可表示为：

$$VaR_p = \inf \mid x \mid f(X \leqslant x) > p \mid \tag{3.8}$$

Adrian 和 Brunnermeier(2009)在 VaR 模型基础上，建立了考虑金融机构之间风险溢出关系的在险价值模型，称为 CoVaR 模型，它表示在一定概率水平下，当某一资产在未来特定时间内的损失等于 VaR 时，其他资产或投资组合的最大可能损失。因此，给定置信水平 $1 - q$，当银行 i 的损失值为 VaR 时银行 j 的条件在险价值 $CoVaR_q^{j|i}$ 为：

$$\Pr(X^j \leqslant CoVaR_q^{j|i} \mid X^i = VaR_q^i) = q \tag{3.9}$$

这一定义意味着，$CoVaR_q^{j|i}$ 本质上是条件 VaR，代表了银行 i 对 j 的风险溢出效应。$CoVaR_q^{j|i}$ 反映了银行 j 的总风险价值，包含了无条件在险价值和溢出风险价值，为了更真实地反映当银行 i 出现最大可能损失这一极值事件发生时，银行 j 的风险增加值，定义溢出风险价值 $\Delta CoVaR_q^{j|i}$ 为：

$$\Delta CoVaR_q^{j|i} = CoVaR_q^{j|i} - VaR_q^j \tag{3.10}$$

与无条件 VaR_q^j 值相比，CoVaR 方法考虑了银行间市场风险的溢出性和传导性，能够反映危机时期机构间相关性增加的事实，是对传统 VaR 模型的改进。同理，银行 i 对系统性风险的边际贡献为当银行 i 发生最大可能损失时的条件风险与无条件风险之差：

$$\Delta CoVaR_q^{system|i} = CoVaR_q^{system|i} - VaR_q^{system} \tag{3.11}$$

2. 基于 GARCH 模型的动态 CoVaR 计算方法。

基于 GARCH 模型的动态 VaR 方法可以给出在一定置信水平下资产每日的最大损失值，而且充分考虑了发生极端事件时的风险状况。这为投资者和监管机构实时准确评价各家银行的风险状况，并判断各银行的系统性风险贡献度提供了标准和依据。研究发现应用 AR(1)—GARCH(1, 1)对收益率序列建模并假设残差序列服从 t 分布的参数估计结果，比传统分位数回归的效果更好。因此，本研究引入基于 GARCH 模型的 CoVaR 方法来度量我国银行体系的潜在系统风险贡献度，实证过程步骤如下：

第一步：应用 AR—GARCH 模型计算银行 j 和银行体系整体收益率在一定概率水平下的 VaR 值，其模型设定如下：

$$R_t^j = \gamma^j + a_p^j A_p(L)R_{t-1}^j + \alpha^j M_{t-1} + b_q^j B_q(L)\varepsilon_t \tag{3.12}$$

$$\sigma_t^2 = \delta^j + \beta_0^j \varepsilon_{t-1}^2 + \beta_1^j \sigma_{t-1}^2 + \beta_2^j M_{t-1} \tag{3.13}$$

其中，R_t^j、σ_t^2 表示银行 j 的股票收益率和方差。$A(L)$、$B(L)$是滞后算子，其阶数 p、q 分别根据 AIC、BIC 等准则确定，M_{t-1} 为状态变量，参照前人学者的研究，选取上证指数收益率、上证综指 30 天滚动方差和 7 天同业拆借利率来表示。在 GARCH 模型设定下，银行 j 在未来特定时间内的最大可能损失 $VaR_{q,t}^j$ 为：

$$VaR_{q,t}^j = \hat{R}_t^j + Q(q)\hat{\sigma}_t \tag{3.14}$$

其中，$Q(q)$为显著性标准，即为标准正态分布中概率水平 q 所对应的分位点，在 5% 的显著性水平下，$VaR_{q,t}^j$ 的向前一步预测值为 $\hat{R}_t^j - 1.645\hat{\sigma}_t$。

第二步：应用 AR—GARCH 模型对代表银行体系整体的银行指数收益率进行建模，在解释变量中加入银行 j 的收益率这一影响因素，以反映风险传染效应：

$$R_t^{system} = \gamma^{sys} + a_p^{sys} A_p(L)R_{t-1}^{sys} + \alpha^{sys} M_{t-1} + \theta^{sys|j} R_t^j + b_q^{sys} B_q(L)\varepsilon_t \tag{3.15}$$

$$h_t^2 = \delta^{sys} + \beta_0^{sys} u_{t-1}^2 + \beta_1^{sys} h_{t-1}^2 + \beta_2^{sys} M_{t-1} \tag{3.16}$$

第三步：将 $R_t^j = VaR_t^j$ 代入方程(3.15)和方程(3.16)，在第二步计算得到的系数基础上，均值方程变为：

$$\hat{R}_t^{system} = \hat{\gamma}^{sys} + \hat{a}_p^{sys} A_p(L) R_{t-1}^{sys} + \hat{\alpha}^{sys} M_{t-1} + \hat{\theta}^{sys|j} VaR_t^j + \hat{b}_q^{sys} B_q(L) \varepsilon_t \quad (3.17)$$

$$\hat{h}_t^2 = \hat{\delta}^{sys} + \hat{\beta}_0^{sys} u_{t-1}^2 + \hat{\beta}_1^{sys} h_{t-1}^2 + \hat{\beta}_2^{sys} M_{t-1} \quad (3.18)$$

因此，在银行 j 出现最大可能损失 VaR 时，整个银行系统的条件在险价值 $CoVaR_{q,t}^{sys|i}$ 和风险增加值 $\Delta CoVaR_{q,t}^{system|i}$ 可分别表示为：

$$CoVaR_{q,t}^{sys|j} = \hat{R}_t^j + Q(q) \hat{h}_t \quad (3.19)$$

$$\Delta CoVaR_{q,t}^{system|i} = CoVaR_{q,t}^{system|i} - VaR_{q,t}^{system} \quad (3.20)$$

最后，以时变 $CoVaR$ 和 $\Delta CoVaR$ 为主要风险测度指标，即可对我国上市银行系统性风险的贡献度、影响因素及原因进行分析。

3.2.2 实证结果分析

1. 数据选取和描述统计。

本研究选取 2002 年 11 月 12 日至 2010 年 11 月 18 日沪深两市 14 家上市银行的收盘价作为样本数据，其中包括 4 家国有银行，10 家股份制银行。2003—2010 年间这 14 家银行的总资产占我国商业银行资产总额的比例高达 75%以上[①]，在 2003 年以前该比例可能更高，所以这 14 家银行具有很好的代表性。数据来源是 Wind 数据库，数据处理使用 Eviews 6.0 和 Splus。

首先对样本序列 X_{it}（$i=1, 2, \cdots 14$，表示 14 家上市银行）的平稳性进行检验，单位根检验结果表明，在 95%和 99%的置信水平下，所有收益率数据均拒绝存在单位根，即收益率序列均为平稳序列，可以直接建立 GARCH 模型计算 VaR 和 $CoVaR$ 等值。

2. 实证结果分析。

实证分析结果详见表 3.7—表 3.10。我们从中可以发现：

(1) 从总体来看，在本研究所作的各个不同尾部分布假设和不同概率水平的分析

---

① 沪深两市 14 家上市银行为深发展 A、宁波银行、浦发银行、华夏银行、民生银行、招商银行、南京银行、兴业银行、北京银行、交通银行、中国工商银行、中国建设银行、中国银行、中信银行。根据银监会统计数据，14 家上市银行在 2004 年至 2010 年的总资产占比分别为 75.1%，76.5%，76.7%，77.3%，78.%，76.4%，76.3%。

框架下,中国工商银行、中国建设银行和招商银行的平均每日 *VaR* 值的绝对量较小,这意味着这些银行在未来特定时间内资产收益率的最大可能损失值较低,表现出良好的稳健性和风险控制能力;而宁波银行和兴业银行在正态分布下的日均 *VaR* 绝对值最大,南京银行、深圳发展银行和宁波银行在 t 分布假设下潜在的市场绝对风险较大。可见,中小商业银行潜在的绝对风险较大,具有更大的损失可能。

表 3.7 我国上市银行收益率 *VaR*

VaR	正态分布均值	5.00%中位数	正态分布均值	1.00%中位数	t 分布均值	5.00%中位数	t 分布均值	1.00%中位数
深圳发展银行	−4.58%	−4.24%	−6.48%	−5.97%	−5.73%	−5.28%	−9.46%	−8.71%
浦发银行	−4.34%	−3.81%	−5.91%	−5.19%	−5.21%	−4.57%	−8.39%	−7.36%
宁波银行	−4.95%	−4.72%	−7.00%	−6.73%	−5.89%	−5.72%	−9.50%	−9.25%
民生银行	−4.03%	−3.71%	−5.73%	−5.29%	−4.91%	−4.54%	−7.99%	−7.44%
招商银行	−3.95%	−3.60%	−5.63%	−5.13%	−4.83%	−4.31%	−7.83%	−6.98%
南京银行	−4.63%	−4.48%	−6.55%	−6.36%	−5.71%	−5.52%	−9.33%	−9.08%
兴业银行	−5.26%	−5.13%	−7.46%	−7.31%	−5.69%	−5.57%	−5.69%	−5.57%
北京银行	−4.65%	−4.47%	−6.58%	−6.39%	−5.22%	−5.09%	−7.89%	−7.73%
交通银行	−4.46%	−4.26%	−6.28%	−6.05%	−5.42%	−5.25%	−8.84%	−8.60%
中国工商银行	−3.63%	−3.52%	−5.15%	−5.00%	−4.67%	−4.51%	−7.89%	−7.61%
中国建设银行	−3.71%	−3.51%	−5.21%	−4.91%	−4.58%	−4.59%	−7.51%	−7.57%
中国银行	−3.52%	−3.34%	−4.96%	−4.73%	−5.01%	−4.80%	−9.08%	−8.69%
中信银行	−4.60%	−4.50%	−6.52%	−6.37%	−5.50%	−5.34%	−9.04%	−8.89%
华夏银行	−4.47%	−3.94%	−6.35%	−5.62%	−5.30%	−4.69%	−8.47%	−7.50%

(2)表 3.8 列出了当单家银行发生最大损失这一小概率事件时,整个银行系统所面临的损失风险,危机前监管的注意力集中于单个银行及其资产,其主要风险管理工具即 *VaR* 方法没有考虑到风险溢出效应的影响,而 *CoVaR* 能够有效地反映单个银行对系统风险的影响和贡献度。计算结果显示,在正态分布假设下,建设银行对整个银行系统的风险贡献度最为显著,在 5% 和 1% 的置信水平下其日均 *CoVaR* 值分别 −21.4% 和 −32.7%,远高于系统性影响位于第二位的中国工商银行。而在 t 分布假设下,中国银行、中国工商银行、中国建设银行的系统性风险贡献度最为显著,其日均 *CoVaR* 绝对值在 30% 以上,不同分布假设下的结论基本吻合,表明我们的结果具有稳健性。

表 3.8　我国上市银行 *CoVaR*

CoVaR	正态分布 均值	0.05 中位数	正态分布 均值	0.01 中位数	t 分布 均值	0.05 中位数	t 分布 均值	0.01 中位数
深圳发展银行	-10.84%	-10.14%	-19.21%	-17.95%	-13.00%	-12.03%	-30.30%	-27.98%
浦发银行	-8.91%	-7.94%	-14.10%	-12.54%	-11.21%	-9.91%	-23.47%	-20.66%
宁波银行	-7.48%	-7.07%	-12.05%	-11.35%	-9.45%	-9.11%	-18.39%	-17.82%
民生银行	-8.06%	-7.55%	-13.45%	-12.60%	-11.07%	-10.40%	-23.74%	-22.35%
招商银行	-8.10%	-7.47%	-13.53%	-12.48%	-10.24%	-9.23%	-21.67%	-19.41%
南京银行	-8.77%	-8.51%	-14.48%	-14.04%	-11.14%	-10.69%	-22.81%	-22.10%
兴业银行	-9.52%	-9.68%	-15.87%	-16.23%	-11.46%	-11.66%	-11.46%	-11.66%
北京银行	-8.80%	-8.18%	-14.52%	-13.63%	-10.76%	-10.17%	-20.72%	-19.62%
交通银行	-9.98%	-9.87%	-17.28%	-17.13%	-12.54%	-12.52%	-25.88%	-25.83%
中国工商银行	-10.41%	-10.24%	-17.55%	-17.24%	-15.49%	-15.48%	-35.08%	-35.23%
中国建设银行	-21.40%	-20.76%	-32.69%	-32.78%	-15.05%	-15.25%	-33.57%	-34.57%
中国银行	-9.34%	-9.25%	-15.58%	-15.50%	-14.65%	-14.32%	-36.26%	-35.57%
中信银行	-7.89%	-7.62%	-12.93%	-12.39%	-10.27%	-9.99%	-21.80%	-21.20%
华夏银行	-8.41%	-7.52%	-14.06%	-12.54%	-11.38%	-10.15%	-24.15%	-21.51%

（3）$\Delta CoVaR_{q,t}^{system|i}$ 衡量了当某一银行发生最大可能损失时，其对银行系统的风险溢出大小，与 *CoVaR* 相比，这一指标减去了银行系统本身在正常状态下的无条件风险值，能更准确地反映单个银行对系统性风险的真实贡献度。计算结果显示，在正态分布假设下，中国建设银行、深圳发展银行、中国工商银行、交通银行的系统性风险贡献程度最大，尤以中国建设银行最为显著，在 5% 置信水平下，其对银行系统的溢出风险值为 -17.4%，比系统性影响最小的宁波银行高出 14 个百分点；在 t 分布下，中国工商银行、中国建设银行、中国银行、深圳发展银行对系统性风险的影响最为显著。可见，对我国银行体系而言，系统重要性银行主要是四大国有银行，尤其以中国建设银行和中国银行最为突出。

表 3.9　我国上市银行 $\Delta CoVaR_{q,t}^{system|i}$ 值

$\Delta CoVaR_{q,t}^{system|i}$	正态分布 均值	0.05 中位数	正态分布 均值	0.01 中位数	t 分布 均值	0.05 中位数	t 分布 均值	0.01 中位数
深圳发展银行	-7.32%	-7.00%	-13.47%	-13.47%	-8.83%	-8.28%	-23.67%	-21.92%
浦发银行	-5.41%	-4.83%	-8.32%	-8.32%	-7.13%	-6.29%	-17.01%	-14.90%
宁波银行	-3.51%	-3.52%	-6.54%	-6.54%	-4.83%	-4.83%	-12.37%	-12.41%
民生银行	-4.55%	-4.29%	-7.97%	-7.97%	-6.92%	-6.52%	-17.13%	-16.20%
招商银行	-4.57%	-4.24%	-7.91%	-7.91%	-6.07%	-5.48%	-15.03%	-13.50%
南京银行	-4.82%	-4.64%	-9.10%	-9.10%	-6.60%	-6.35%	-15.71%	-15.25%

（续表）

$\Delta CoVaR_{q,t}^{system\mid i}$	正态分布均值	0.05中位数	正态分布均值	0.01中位数	t分布均值	0.05中位数	t分布均值	0.01中位数
兴业银行	−5.44%	−5.32%	−9.96%	−9.96%	−6.83%	−6.72%	−6.83%	−6.72%
北京银行	−4.74%	−4.64%	−8.63%	−8.63%	−6.55%	−6.28%	−14.59%	−14.01%
交通银行	−5.95%	−5.76%	−11.31%	−11.31%	−7.81%	−7.79%	−18.38%	−18.39%
中国工商银行	−6.43%	−5.95%	−11.08%	−11.08%	−11.24%	−10.54%	−28.83%	−27.67%
中国建设银行	−17.40%	−16.08%	−28.25%	−28.25%	−10.66%	−10.62%	−27.03%	−27.23%
中国银行	−5.39%	−4.92%	−9.24%	−9.24%	−10.50%	−9.78%	−30.16%	−28.51%
中信银行	−3.82%	−3.79%	−7.08%	−7.08%	−5.96%	−5.88%	−15.36%	−15.01%
华夏银行	−4.85%	−4.41%	−8.11%	−8.11%	−7.31%	−6.62%	−17.80%	−15.92%

（4）作为稳健性检验，本研究计算了 CoVaR 相对风险衡量指标即 $\Delta CoVaR_{q,t}^{system\mid i}$ / $VaR_{q,t}^{system}$。表 3.10 结果显示，中国建设银行、中国工商银行、中国银行、交通银行和深圳发展银行的系统性贡献度仍然最大，而中小股份制银行的该项指标一般在 1.5 以下，意味着其对系统性风险的贡献度较低。其中，在正态分布 1% 的假设条件下，中国建设银行的在险风险值增长 1%，会导致银行系统性风险增加 5.68%；考虑到收益率"尖峰厚尾"的情况下，在 t 分布条件下，中国银行的相对系统性贡献度最为明显，这意味着当市场面临下跌极值时，中国银行对系统性风险的影响将迅速上升甚至超过中国建设银行，这一结果与表 3.9 的结论类似，显示了我们的模型和结论是稳健的。

表 3.10 我国上市银行系统性风险贡献度——相对风险衡量指标

P	正态分布均值	0.05中位数	正态分布均值	0.01中位数	t分布均值	0.05中位数	t分布均值	0.01中位数
深圳发展银行	2.10	2.06	2.86	2.83	2.12	2.05	3.59	3.42
浦发银行	1.56	1.55	1.98	1.98	1.74	1.73	2.63	2.62
宁波银行	1.01	0.88	1.31	1.08	1.21	1.02	2.31	1.87
民生银行	1.32	1.31	1.73	1.73	1.69	1.68	2.63	2.61
招商银行	1.31	1.28	1.73	1.70	1.45	1.44	2.27	2.25
南京银行	1.38	1.23	2.32	1.62	1.66	1.39	2.51	2.05
兴业银行	1.44	1.33	1.89	1.71	1.61	1.42	1.61	1.42
北京银行	1.31	1.18	1.73	1.50	1.71	1.54	2.61	2.26
交通银行	1.57	1.55	2.15	2.13	1.75	1.75	2.60	2.56
中国工商银行	1.66	1.65	2.17	2.18	2.71	2.65	4.72	4.65
中国建设银行	5.49	3.91	5.68	4.89	2.55	2.49	4.31	4.18
中国银行	1.41	1.36	1.83	1.78	2.63	2.55	5.12	5.03
中信银行	1.04	0.95	1.38	1.22	1.59	1.30	2.69	2.22
华夏银行	1.36	1.34	1.78	1.76	1.79	1.76	2.80	2.75

图 3.4 给出了单个银行的系统性风险贡献度均值与其自身 VaR 平均值之间相关关系的散点图。由图 3.4 显示,银行系统性风险贡献度与其自身 VaR 之间并无显著线性关系,这意味着对单个机构的微观审慎监管由于未考虑到风险在行业内的总体分布,并不能保证金融体系的稳定。当今的金融体系已形成一个由资产负债表相互关联的网络。大型金融机构处于支付的中心环节,一旦出现问题,会通过网络关联关系放大溢出效应,给其他金融机构带来冲击。因此,根据 CoVaR 方法得出的市场风险指标可以为判断哪些金融机构具有系统重要性及其风险在金融体系中的分布情况提供实证依据。

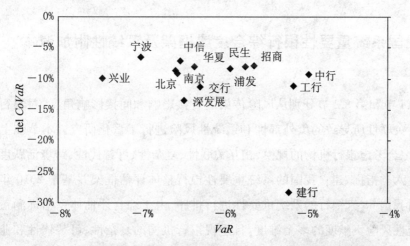

图 3.4 银行系统性风险贡献度与其自身 VaR 平均值之间相关关系图

3.2.3 小结

本小节应用基于市场价格数据的动态 CoVaR 方法考察了我国上市银行的系统性风险贡献度,作为金融网络分析法的有益补充,CoVaR 方法不仅考虑到单个机构的直接风险贡献,也包含了间接风险传染效应的影响。研究发现:(1)基于市场数据计算出的我国单个银行的系统性风险贡献度与其自身在险风险价值 VaR 之间并无显著正相关关系,这也证明了仅关注微观银行风险指标(主要风险指标如 VaR 等)的资本监管不能有效约束机构的负外部性;(2)系统重要性银行主要是四大国有银行,尤其以中国建设银行和中国银行的系统性影响最为显著,其他股份制银行的风险溢出和传染效应远小于中国建设银行和中国银行。

基于市场数据的方法和指标可以为监管部门在信息不对称条件下有效衡量银行

体系中的系统性风险提供预警和参考,但需要注意的是,尽管 CoVaR 模型简洁明了并反映了风险的间接传染效应,但该方法只适用于在股票交易所上市的银行,并且要求资本市场是有效的,即全部信息都被反映到股价上,且股价的变动包含了该银行资产质量和风险状况的变化,这一条件对于大多数证券市场而言很难满足。因此,中央银行和监管部门还应结合银行的信贷增长、杠杆率、复杂性和流动性变化情况,对系统性风险的特征、水平和变动趋势进行判断,拓展信息来源渠道并增加系统性风险的监测工具。

3.3　我国系统重要性银行综合度量框架及系统性附加资本

第 3.1 节和第 3.2 节分别从风险传染的直接影响和间接影响角度,对银行机构之间的相互关联性所导致的负外部性和系统性风险进行了量化研究。本节在上述研究基础上,综合考虑银行机构的规模、相互关联性、复杂性、可替代性、跨境活跃度以及业务同质性六类指标,建立我国的系统重要性银行整体评估框架并基于 2010 年财务报表数据对我国 63 家银行的系统重要性进行排序,由于综合评估体系指标涵盖了影响银行系统性风险贡献度的多个维度,且重视银行机构的复杂性、可替代性和业务同质性的影响,因此对单家银行系统重要性的排序相对更为合理,也为系统性附加资本的实施提供有效的判断衡量标准。

2008 年国际金融危机发生后,国际货币基金组织、国际清算银行和金融稳定理事会(IMF、BIS、FSB,2009)在对 30 多个主要国家关于"系统重要性"识别及分析技术进行汇总比较后,提出了从规模、可替代性和系统关联性三个维度对金融机构、金融市场和金融工具的系统重要性进行综合评估的建议(见表 3.11),其中每个维度下包含若干衡量指标,通过各机构相对指标得分的大小决定其系统重要性。美国于 2010 年 7 月通过的金融改革法案中,采用专家投票方式对系统重要性机构进行认定,其评判因素主要为资产规模、交易对手总债务暴露程度、系统关联性和传染风险大小等。2010 年 12 月,巴塞尔银行监督管理委员会(BCBS,2010)下属的宏观审慎小组提交了全球系统性重要银行评估方法,该方法主要关注总资产、金融机构之间的系统性关联、金融基础设施的可替代性、全球活跃度及复杂性五大类指标,并给予相同的 20% 权重,同时这一指标衡量体系得到了中国人民银行、银监会等部门较高的认同。

表 3.11 系统重要性机构的衡量指标

		基 本 指 标
金融机构	规 模	金融中介：总资产和负债占 GDP 比重，不同市场的集中度
		风险控制与管理：可出售资产与交易账户资产占总资产比重等
	关联性	支付交易的市场份额、离岸衍生产品风险暴露等
金融市场和工具	规 模	证券数量、衍生品占 GDP 比重，证券和衍生品的日均交易量等
	关联性	衍生品市场名义价值占现货价值比重，不同市场之间价格和利差的相关性等
金融基础设施	规 模	结算与清算体系：结算和清算交易总价值和数量占 GDP 的百分比等
		风险控制与管理：清算体系中所要求的抵押品的类型与水平等
	关联性	清算体系支撑的机构和市场规模，与其他体系联系的数量和类型等

资料来源：根据 IMF-BIS-FSB(2009)的资料整理，巴曙松(2010)。

3.3.1 综合评估体系指标设计

在上述文献提出的指标基础上，我们结合中国银行业自身特征和数据可得性，给出了中国银行业系统重要性综合评价指标度量框架，共包括资产规模、系统关联度、不可替代性、复杂性、跨境活跃程度和业务同质性六个维度：

第一，资产规模。规模变量是量化"大而不倒金融机构"的最重要变量，本研究选择表内资产余额、表内负债余额和营业收入指标来表示。截至 2010 年 12 月，我国五大商业银行(中国工商银行、中国建设银行、中国银行、中国农业银行、交通银行)的资产总额和负债总额分别为 53.63 万亿和 50.26 万亿，占银行业比例为 47%，显示了五大商业银行在我国金融体系中的重要地位。

第二，系统关联度。系统性关联和网络效应的不断增强是导致金融机构行为具有负外部性的重要原因，这在风险传染和形成系统性损失的扩散中也起到了重要的助推作用。同 BCBS(2010)的指标相似，本研究选择银行间资产头寸、银行间负债头寸、批发性融资占比，以及根据第 3.1 节中基于金融网络模型得出的银行间市场系统重要性排名指标，作为系统相关性的衡量指标。其中，银行间资产头寸对应于资产负债表中"存放同业和其他金融机构"和"拆出资金"之和，银行间负债头寸对应于资产负债表中"同业和其他金融机构存放款"和"拆入资金"之和，而批发性融资比例由批发性融资

（同业存放＋同业拆入＋卖出回购＋债券发行）/总负债表示。

第三，不可替代性。BCBS（2010）的指标体系中将不可替代性解释为提供重要金融基础服务且功能不能替代的金融机构，其指标以提供资产托管、资金清算和股票承销服务的规模表示；实际上，在我国一些系统重要性大银行在接受居民储蓄存款和为国家基础建设提供信贷资金方面发挥着不可替代的作用，一旦出现问题，将危及金融体系和实体经济的正常运转并造成巨大冲击。因此，我们选择客户存款总额、客户贷款总额，以及手续费及佣金指标来分别反映单个银行机构在存储、借贷和提供结算担保代理等中间业务服务中的不可替代性。

第四，复杂性。复杂金融产品的交易增加了银行流动性风险，市场价格的大幅波动、高杠杆的运用以及较低的信息披露等特征导致银行难以全面评估其风险，并放大了收益波动。同BCBS（2010）一致，本研究选择交易性金融资产、可供出售金融资产以及衍生金融资产作为衡量指标。

第五，跨境活跃程度。与国际银行相比，目前中国银行业的跨境活跃程度尚不显著，但是随着全球化的加快和企业对外投资的增加，银行机构提供跨境业务服务的规模和速度在迅速扩展，外部关联度的分析和量化也日益重要，我们选择银行境外分支机构数量作为衡量指标。

第六，业务同质性。对银行同质性的衡量在理论和实践上均无成熟经验，本书借鉴了刘春航、朱元倩（2011）的研究，从商业银行的经营范围和资金来源与运用入手，选取盈利结构和资产结构作为代表指标。其中盈利结构反映了银行对传统存贷业务的依赖程度，其数值越高意味着银行拓展其他业务的力度越低，以利息净收入/营业收入衡量；资产结构指标反映银行贷款投向具有较高系统性风险的行业情况，风险敞口与政府投资、房地产资产价格的密切相关反映了信贷方向选择的同质性，以住房按揭贷款/各项贷款、房地产开发贷款/各项贷款、固定资产投资类贷款（铁路、公路和基建类贷款）/各项贷款指标来衡量。

研究中在权重分配上，将规模、系统关联度、不可替代性和复杂性四类指标各设为20％，跨境活跃程度和业务同质性两类指标分别设为10％，这是由于我国银行业整体跨境活跃程度较低而信贷业务同质性较高；为稳健起见，我们也对不同权重（六类指标权重平均）数值同样进行了测算，最终结果并无显著影响，具体指标体系及与BCBS（2010）评估指标的对比如表3.12所示。

表 3.12　我国系统重要性银行评估指标体系及权重

指标分类及权重	巴塞尔委员会的评估方法 （全球系统重要性银行）	调整的评估指标 （国内系统重要性银行）	权重设计
规　　模	调整后的总资产（扣除商誉、从一级资本中扣除投资项和递延税项）	表内资产余额 表内负债余额 营业收入	20%
系统关联度	银行间资产头寸 银行间负债头寸 批发性融资占比	银行间资产头寸 银行间负债头寸 批发性融资占比 金融网络模型衡量的系统重要性贡献	20%
不可替代性	受托管资产比重 清算资金规模 承销债券、股票规模	客户存款总额 客户贷款总额 手续费及佣金收入	20%
复杂性	衍生产品名义价值 交易性金融资产 可供出售金融资产	衍生金融资产 交易性金融资产 可供出售金融资产	20%
跨境活跃程度	跨境银行资产 跨境银行负债	境外分支机构数量	10%
业务同质性	不包含	利息收入/营业净收入 住房按揭贷款/各项贷款 房地产开发贷款/各项贷款 固定资产投资类贷款（铁路、公路和基建贷款等）/各项贷款	10%

3.3.2　对我国银行系统重要性评估测算结果

基于表 3.12 的指标体系，本研究选取我国 63 家银行机构 2010 年年报财务数据进行系统重要性评估，其中包含 5 家大型商业银行、12 家股份制银行和 46 家城市商业银行，其资产总额为 69.83 万亿，占比达到 85.17%，数据来源为 Wind 数据库。此外，由于指标体系中的各类指标值均有不同量纲，首先对数据进行归一化处理，转化为闭区间[0,1]上的无量纲性指标值。本研究应用的归一化处理方法是：每一指标值减去该指标序列的最大值，然后除以该指标序列的最大值与最小值之差。即：

$$Y_{ij} = \frac{X_{ij} - \min(X_i)}{\max(X_i) - \min(X_i)} \tag{3.21}$$

式(3.21)中，i 为第 i 项指标，j 为第 j 家银行；X_{ij} 为第 j 家银行第 i 项指标的原始数值；Y_{ij} 为第 j 家银行第 i 项指标归一化后的数据。

我国 63 家商业银行所对应的系统重要性水平的综合评估分值如表 3.13 所示，这里列示了前 12 家银行分值，全部银行评估结果详见本章附录 3-1。

表 3.13　系统重要性银行综合指标评估结果(2010 年)

排序	银　行	规模	系统关联度	可替代性	复杂性	同质性	跨境活跃程度	加总
1	中国银行	0.15	0.18	0.15	0.18	0.03	0.10	0.79
2	中国工商银行	0.20	0.11	0.20	0.10	0.05	0.05	0.71
3	中国建设银行	0.16	0.08	0.17	0.08	0.05	0.03	0.57
4	中国农业银行	0.15	0.07	0.14	0.11	0.06	0.02	0.55
5	交通银行	0.06	0.10	0.05	0.05	0.05	0.03	0.34
6	招商银行	0.04	0.04	0.04	0.04	0.05	0.01	0.21
7	兴业银行	0.03	0.07	0.02	0.02	0.07	0.00	0.20
8	浦发银行	0.03	0.06	0.03	0.01	0.06	0.00	0.19
9	中信银行	0.03	0.04	0.03	0.02	0.06	0.00	0.18
10	光大银行	0.02	0.05	0.03	0.03	0.05	0.00	0.18
11	民生银行	0.03	0.04	0.03	0.02	0.04	0.00	0.16
12	北京银行	0.01	0.03	0.01	0.02	0.07	0.01	0.14

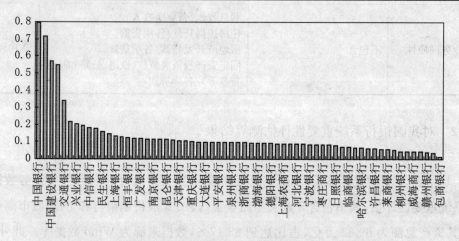

图 3.5　我国 63 家银行系统重要性水平的综合评估分值排序图

由表 3.13 和图 3.5 可知，我国银行按系统重要性程度可分为不同的阶梯水平和层次：中国银行、中国工商银行、中国建设银行和中国农业银行属于高度系统性银行（highly and individually systemic)，其重要性水平的综合评估分值远高于其他股份制银行和城市商业银行，其中中国银行在系统关联性、复杂性和跨境活跃程度指标上具有最为重要的地位，而中国工商银行在资产规模和可替代性指标上均位于第一位，这意味着其在资产总额和提供金融基础服务功能方面具有最为重要的作用。中国建设银行和中国农业银行的系统性影响相近,但与中国银行和中国工商银行相比具有一定差距。总体而言,这四家银行在各个维度上均具有很强的风险溢出效应并且在金融体系中具有系统重要性。

与国有四大银行相比,交通银行属于部分系统重要性银行,其在资产规模和金融基础服务功能指标上的重要性水平分值与前四大银行相比具有差距,但在系统关联性和风险传染方面分值较高,这意味着其在银行间市场上持有较大规模的资产负债头寸,因此在金融网络机构中具有较强关联性和溢出效应。

12家股份制银行的重要性水平分值总体而言差别较小,其中招商银行、兴业银行、浦发银行、中信银行和光大银行排名前列,但其规模影响、系统关联性、可替代性和业务复杂程度均显示出较低的系统重要性水平,可以归类为非系统性的大型金融机构(non-systemic large);但在业务同质性方面,股份制银行除招商银行外得分值普遍高于五大国有银行,这意味着其盈利结构同质性较强,在系统层面风险分布的分散程度较低,易受到宏观经济的共同冲击。

其他股份制银行和城市商业银行、农村商业银行等机构重要性水平的分值均比较低,属于小型银行机构(tinies),负外部性溢出风险很低,不具有系统性重要性。

以上分类为监管部门对具有系统性影响的大型银行机构的监管提供了客观依据,其中对于高度系统性银行应当加强审慎监管,提取最高要求的系统性附加资本,例如在巴塞尔委员会规定的基础上设定为1%至1.5%;并且应提高资本质量要求,加强二级资本向一级资本的转化;必要时甚至应控制金融机构的业务规模,权衡其道德风险和系统性风险之间的矛盾,要求大型金融机构让渡补贴溢价,该溢价的大小根据该银行对金融市场系统性风险贡献大小来确定,以控制"大而不倒金融机构"对经济金融体系造成的影响。对于部分系统重要性银行,既可根据其风险来源(如系统关联度等)将其系统溢出效应的负外部性内部化,也可以提取一定的系统性附加资本,如0.5%—1%。而对于非系统性的大型金融机构则应对其动态风险进行有效监测和评估,发挥市场自律功能,加强债权人监督和对风险的承担作用,以降低大型银行机构对于过度偏好风险的动机。

3.4　系统重要性银行的其他资本监管工具

除计提系统重要性附加资本外,对于"太大而不能倒闭"银行机构的资本监管工具和措施还包括杠杆率监管、发行自救债券(bail-in-debts)与或有可转换债券(contingent convertible bonds)、建立资本保险等方法,以提高银行的损失吸收能力,发挥债权人的市场监督作用并承担系统重要性银行倒闭带来的部分风险,减少系统性事件发生时转嫁给政府和纳税人的风险成本,强化市场纪律,防止重要银行倒闭对金融体系和实体经济造成的损害。

3.4.1 杠杆率监管

在本轮金融危机中,由于金融创新和监管套利导致的大型银行核心资本充足率与杠杆率出现较大程度的背离是引发系统性风险的重要原因,根据世界银行的研究报告,德意志银行、瑞士信贷银行和瑞士银行3家主要欧洲银行2008年按新资本协议计算的核心资本充足率分别为10.1%、13.1%和11.5%,而杠杆比率却只有2.8%、2.9%和2.6%,相差高达8—10个百分点,这表明以风险为基础的资本监管可能会高估资本充足水平,导致表内外资产杠杆率的过度积累。危机时期银行被迫降低杠杆率,"减价出售"(fire sale)资产,并进一步恶化了损失增加、银行资本下降和信贷紧缩之间的负反馈效应。因此,危机之后巴塞尔委员会等国际银行业监管机构在《巴塞尔协议 II》的资本框架基础上,增加杠杆率监管作为资本充足率的补充,成为银行资本监管的新指标。杠杆率定义为一级资本与总资产(表内与表外)的比率,与资本监管相比,其计算方法简单,不需要复杂的风险计量模型,可以减少银行的监管套利,防止银行资产负债规模的过度扩张,确保银行具有最低的资本缓冲来吸收损失。

从风险衡量角度分析,由于杠杆率是表内外资产总和,而资本充足率是表内外风险加权的资产之和,因此资本充足率主要约束的是系统重要性银行的风险选择行为,降低其持有的高风险资产,而杠杆率监管约束的是系统重要性银行的资产总规模过度扩张行为,以降低银行的资产规模和杠杆程度,使得银行在适度规模下更为合理地配置风险资产,提高经营效率并减少潜在系统性风险累积。

此外,杠杆率监管在经济繁荣时期对银行风险过度积累的约束作用大于危机时期,当风险被低估时,杠杆率指标的非风险敏感性特征可避免内部评级法下资本充足率的顺周期性,成为对银行资产过度扩张的最有约束力的资本监管要求。2011年4月我国银监会颁布的中国银行业实施新监管指标指导意见中提出我国银行业引入4%的杠杆率监管标准,从我国上市银行业2009年、2010年杠杆率指标来看(如表3.14所示),在2009年信贷快速扩张时期,有四家上市银行的杠杆率指标低于4%的标准,可见杠杆率指标的引入将成为银行总资产膨胀时期的最具约束力的限制工具。

表 3.14　我国上市银行 2009—2010 年杠杆率和资本充足率

	2009 年			2010 年		
	杠杆率（倍）	核心资本充足率(%)	资本充足率(%)	杠杆率（倍）	核心资本充足率(%)	资本充足率(%)
中国工商银行	20.1	9.9	12.36	19.0	9.97	12.27
中国建设银行	19.6	9.31	11.7	17.0	10.4	12.68
中国银行	26.4	7.69	10.01	16.7	10.09	12.58
中国农业银行	17.4	9.07	11.14	19.7	9.75	11.59
交通银行	21.4	8.15	12	17.4	9.37	12.36
招商银行	23.4	6.63	10.45	17.9	8.04	11.47
浦发银行	18.8	9.17	10.14	18.3	9.37	12.02
中信银行	24.9	6.9	10.34	17.8	8.45	11.31
兴业银行	16.1	8.92	10.83	20.9	8.8	11.22
民生银行	23.3	7.91	10.75	17.6	8.07	10.44
光大银行	25.8	6.84	10.39	19.1	8.15	11.02
华夏银行	28.6	6.84	10.2	30.2	6.65	10.58
北京银行	29.6	5.52	8.88	17.6	10.51	12.62
深发展	14.7	12.38	14.35	22.1	7.1	10.19
宁波银行	17.6	9.58	10.75	16.9	12.5	16.2
南京银行	13.0	12.77	13.9	12.4	13.75	14.63

3.4.2　发行自救债券与或有可转换债券

对于系统重要性银行而言,政府救助的道德风险问题在于其削弱了债权人对银行的市场自律和风险承担。尤其在危机中政府部门通过一级资本的方式为银行注入资金,导致二级资本和其他混合资本工具未发挥损失吸收作用,加剧了债权人的道德风险。因此,本次金融危机过后,或有可转换债券(contingent convertible bonds)和自救债券(bail-in-debts)开始进入资本结构框架。或有可转换债券是一种混合资本债券,具有股本资本和债务工具的双重特性,这种债券可以在特定触发条件下转换为股权,当银行经营恶化或处于危机状态时,通过债权自动转换为股权可以吸收银行的损失,提升资本充足率,从而减少或避免政府对于危机企业的救助。或有资本工具是基于"保险原理"的一种资本结构安排,相当于银行向资本工具的持有者购买了一份保险,当危机触发事件发生时,银行获得普通股的补偿,而投资者则面临转换可能带来的损失。这类应急资本管理工具可以在危机时刻提高资本质量和数量,从而减轻银行在正常经营时期的融资成本负担；并通过银行自我救助，降低政府救助成本，对系统重要性银行的道德风险进行约束；此外，债权人承担部分风险的资本结构机制强化了市场纪律，促使债权人发挥风险识别和监督作用。

或有可转换债券的触发条件一般具有透明性、客观性和及时性，主要包括三类指标：银行指标（如资本充足率）、市场指标（如股价、CDS价格）及系统性指标（如宏观经济指标）。由于不同指标对信息的反映有差别，在实际应用中一般选取两类指标相互结合、相互印证，或设立高水平和低水平两类门槛值，以全面反映危机事件进展。或有可转换债券按触发条件所处阶段的先后，可分为持续经营条件下的或有可转债，即在银行尚能正常经营时通过债务工具转股以优化资本结构，和非持续经营条件下的或有可转债，即在银行面临资不抵债和破产困境时增加其资本来源，降低政府救助成本。

金融危机发生后，或有可转换债券和自救债务工具作为大型银行的新型资本工具已在银行业内付诸实践，2009年11月3日英国劳埃德银行集团（Lloyds Banking Group）将70亿英镑的存量债券转为或有可转债，成为世界上首批或有可转债，其触发条件是当劳埃德银行核心资本充足率低于5％即转股。2010年3月，荷兰合作银行发行了面值12.5亿欧元的或有债务工具，触发条件是当股权资本充足率低于7％时，债券面值的75％将被核销，投资者仅获得价值的25％。此外包括美联储、加拿大审慎监理署、瑞士银行和英格兰银行等在内的各国监管部门也对系统重要性银行发行或有可转债资本工具表示支持，认为这是解决银行"太大而不能倒"问题，提高资本充足率，降低政府对危机企业大规模救助的有效资本工具（Bernanke，2009等）。

3.4.3 建立资本保险

资本保险机制就是通过交纳一定的资本保险来替代银行资本融资，当系统性风险发生时，银行通过获得保险金来补充资本，保险提供商可以由主权财富基金、养老基金等机构投资者担任。这一机制将增加银行在危机时期的资本来源，减少银行在资产负债表上无条件预留额外资本的成本，缓解银行进行资本监管套利的激励，并减少对市场的冲击。《巴塞尔协议Ⅲ》实施后，全球系统重要性银行资本达标面临巨大的融资需求，根据瑞士银行（2010）估算，资金缺口达上千亿美元，而通过资本保险这种或有资本投入，仅仅通过支付小额保费的方式即可获得大额或有资本的适时补充，为小概率事件导致的非预期损失提供了安全保障。

对于我国系统重要性银行而言，资本保险工具可以缓解《巴塞尔协议Ⅲ》资本监管改革过程中持续的资本压力,在坚持刚性资本监管约束的前提下降低系统重要性银行资本达标的成本和难度,避免银行业为资本达标进行过度融资而对企业产业资本需求造成挤出效应,并对实体经济造成信贷紧缩和经济衰退。

3.5　我国系统重要性银行金融风险隐患生成的制度原因及资本监管的局限性

在我国,系统重要性银行的风险特征和影响不仅体现在资产规模、系统关联性、提供有系统重要性的基础服务(即可替代性)和业务同质性等方面,更体现在其作为国家宏观调控的重要载体和政策传导的关键渠道,在国家信誉的显性和隐性担保下,有很强激励向政府偏好的产业和项目提供金融支持,从而导致过度投资、信贷集中、不良贷款上升和道德风险行为并形成潜在金融风险隐患的积累。宏观经济政策特别是地方政府行为的外在驱动,以及隐性担保和利差收益内在刺激下的信贷扩张冲动,是我国银行体系系统性风险生成的重要原因,其中具有系统重要性的国有银行受政府的影响程度更高,因此除了研究规模、关联性、替代性等微观表现外,还有必要结合中国实际深入分析其面临的潜在金融风险隐患及其制度性原因,对建立更为有效的系统重要性银行监管措施,把握系统性附加资本监管的优点和局限性具有重要意义。

3.5.1　我国银行体系的潜在系统性风险隐患分析

一、金融危机后地方投融资平台贷款风险隐患上升

地方政府融资平台是由地方政府及其相关机构通过财政拨款或注入土地、股权等资产设立,承担政府投融资功能的实体。2008 年以来,地方融资平台贷款的非理性扩张极大地推动了银行体系潜在风险的累积,根据银监会统计,截至 2011 年 9 月全国共有地方融资平台超过 1 万家,贷款余额 9.1 万亿元。其中,县级(含县级市)平台约占70%,在贷款期限方面,5 年期以上的中长期贷款比重超过 50%,贷款主要投向是公路与市政基础设施;而国有商业银行和政策性银行成为平台贷款的信贷供给主力,如表 3.15 所示。

表 3.15　2010 年年末部分上市银行政府融资平台贷款情况

	政府融资平台贷款余额(亿元)	占贷款总额比重(%)
中国工商银行	6 496	9.6
中国银行	3 800	6.7
中国建设银行	4 000	6.8
中国农业银行	3 900	7.9
交通银行	1 517	6.5
招商银行	1 288.31	9
中信银行	1 184	9.4
兴业银行	795	9.3
浦发银行	1 146.49	10
民生银行	1 792	16.5
光大银行	1 169	15
南京银行	190	22.6

资料来源:各上市银行 2010 年年报。

　　进一步分析地方融资平台贷款在政策性银行、国有商业银行、股份制银行、城市商业银行和农村商业银行等金融机构的分布情况,可以看出国有银行、股份制银行和政策性银行是政府融资平台信贷膨胀过程中最为主要的信贷供给者。根据中央银行的专项调查数据,2009 年年末地方融资平台贷款余额在不同类型金融机构间的分布状况为:国家开发银行、中国农业发展银行、中国进出口银行三家政策性银行的融资平台贷款余额占全部金融机构融资平台贷款余额的比重分别为 23.3%、7.8% 和 0.2%;中国工商银行、中国银行、中国建设银行和中国农业银行四大国有银行占比为 10.4%、7.3%、8.8% 和 6.8%;包括交通银行在内的十三家股份制银行融资平台贷款余额占比约为 22.4%;城市商业银行占比约为 7%。而从 2009 年新增地方融资平台贷款情况来看,"工农中建"四大国有商业银行占比达 40.8%,十三家股份制银行合计占比为 29.1%,而国家开发银行、中国农业发展银行和中国进出口银行占比分别为 13.9%、4.9% 和 0.3%。从 2009 年地方融资平台贷款余额增速情况看,全部金融机构融资平台贷款余额增速达 70.4%,其中,国家开发银行和中国农业发展银行的增速仅为 32.6% 和 35.1%,而国有商业银行和股份制银行的贷款增速远远高于政策性银行。这意味着,从宏观角度来看,在我国无论是作为系统重要性银行的四大国有银行,还是进行市场化经营和风险管理的股份制银行以及股权结构分散的城市商业银行,其贷款投向和信贷扩张的集体行为均具有亲政府性,受到宏观经济政策和地方政府行为驱动的显著影响,这导致银行体系的共同风险敞口具有很强同质性和羊群效应,一旦发生金融风险,这种同质化特征将使得风险无法在整个金融体系内进行有效分散,最终导致风险的波动性大为增强。

从微观角度分析,地方融资平台贷款潜在风险主要包括以下三点:一是融资平台运作的信息不对称、不透明、贷款责任主体不清和预算软约束机制易导致债务风险,地方政府往往从多家银行借贷,形成"多头融资、多头授信"的格局,商业银行不能准确掌握政府融资平台的实际负债率,同时缺乏有约束力的动态信息披露机制,导致银行无法有效评估地方政府及其融资平台的资本金、资金运用、资产负债状况和偿还能力,难以对其偿债能力和信用风险实行有效监管。二是政府融资平台贷款大多用于公益性项目,主要投向城市基础设施和公共事业等非经营性项目或准经营性项目,项目普遍资本金不足,商业运作程度不高,偿债能力低下,贷款集中度高,时间跨度周期长,银行信贷资产风险凸显。三是地方融资平台贷款在发放时依靠政府的违规担保承诺,其主要以土地储备作为抵押支持,以土地转让收入作为财政收入和偿还平台负债的主要资金来源,因此地方政府客观上有强烈的动力推高土地价格,推动房地产泡沫的形成。而一旦经济下行或土地财政受到遏制,大量平台贷款导致的政府隐性财务问题就会爆发,投资风险将转移到银行体系而埋下大规模金融风险隐患。

二、经济增速下行风险导致银行业不良贷款上升

我国银行体系贷款质量自 1999 年以来不断改善,不良贷款余额从 1999 年的 34 682 亿元,下降至 2010 年的 4 293 亿元,不良贷款率从 37％下降至 1.14％。银行业不良贷款质量的大幅改善主要依赖于政策性坏账剥离和经济高速增长下的资产迅速扩张等外部因素,相比之下银行风险管理的加强和盈利能力改善等内在因素的作用较小。

1999 年以来我国银行业进行了三次大规模不良贷款剥离:第一次是 1999 年至 2000 年国家成立金融资产管理公司,剥离四家国有商业银行不良贷款 13 939 亿元,约占 1999 年银行业不良贷款总额的 40％;第二次是 2003 年至 2005 年,中国建设银行、中国银行、中国工商银行先后启动股改上市,再次剥离划转不良资产 11 807 亿元,约占 2003 年银行业不良资产总额的 38％;第三次是 2008 年,中国农业银行最终完成股改上市,又剥离划转不良资产 8 157 亿元,约占 2007 年银行业不良总额 50％。以上剥离划转合计 33 903 亿元,大幅降低了不良贷款率,这是形成我国不良贷款占比不断下降的关键原因。

表 3.16　我国银行业不良贷款余额(2007—2011 年)

年　　份	2007 年		2008 年		2009 年		2010 年		2011 年	
项　　目	余额(亿元)	不良贷款率(%)	余额(亿元)	不良贷款率(%)	余额(亿元)	不良贷款率(%)	余额(亿元)	不良贷款率(%)	余额(亿元)	不良贷款率(%)
商业银行总量	12 701.9	6.1	5 635.4	2.4	5 066.8	1.6	4 336	1.1	4 279	1
大型商业银行	11 149.5	8	4 208.23	2.8	3 627.3	1.8	3 125.2	1.3	2 996	1.1
股份制银行	860.3	2.1	657.08	1.3	637.2	1	565.7	0.7	563	0.6
城市商业银行	511.5	3	484.82	2.3	376.9	1.3	325.6	0.9	339	0.8
农村商业银行	130.6	4	191.45	3.9	270.1	2.8	270.8	1.9	341	1.6
其他金融机构	32.2	0.5	60.97	0.8	61.8	0.9	48.6	0.5	40	0.4

自 1999 年以来我国经济处于景气周期,信贷问题在经济高速增长环境下未充分暴露。但从不良贷款的结构看,近些年不良贷款呈现增加趋势。2007 年损失类贷款占不良贷款的比重从 2003 年的 27.64% 大幅上升到 46.33%。2008 年商业银行损失类贷款余额 570 亿元,比年初的 5 877 亿元减少了 5 307 亿元,但考虑到中国农业银行上市剥离的 5 494 亿元的损失类贷款,商业银行整体损失类贷款反而增加了 187 亿元。而 2009 年以来 15 万亿新增贷款中有相当大比例投放到了地方融资平台项目、产能过剩企业和房地产市场,表外风险敞口同时也大幅增加。从中长期看,随着我国经济增速系统性下降,这些潜在的信贷风险可能被剧烈放大并危害到银行体系安全。

此外,银行业贷款结构偏好制造业、交通运输业和房地产业等周期性行业,"贷大、贷长、贷集中"问题明显,再加之银行信贷行为的亲周期特征,使得宏观经济的系统性风险进一步被引入到整个银行业中,即经济高涨时期的信贷扩张将以贷款质量下滑的形式在经济下行阶段显现出来。截至 2010 年,我国中长期贷款同比增速连续 19 个月超过 30%,全年新增贷款中中长期贷款占比 83.2%。从贷款投向看,制造业、交通运输业、批发和零售业以及个人贷款占新增贷款比例达 66.7%,大量资金集中进入这些行业,不仅会导致制造业和基础设施领域出现严重产能过剩,也将使商业银行面临较大的信用风险和流动性风险。

宏观经济是影响银行业资产质量变化的主要决定因素,20 世纪 90 年代日本银行业和次贷危机后的美国银行业均由于经济放缓、流动性紧缩、资产价格快速下跌和大量中小企业客户违约而形成大量不良资产。尽管我国商业银行还未真正经历过经济下行周期,但系统性风险在逐步集聚,随着经济减速和资产扩张受到约束,不良贷款将进入上行周期。

三、房地产贷款快速增长,信贷资产风险隐患面临考验

近年来房地产价格快速上涨,涉房类贷款盈利能力较强和资产质量较高,成为银行重点发展的贷款业务。2001年以来我国房地产开发贷款一直保持25%以上的增速,远远超过同期其他类贷款增速,截至2010年末我国商业性地产贷款余额10.73万亿,占各项贷款余额的20%,再加之以房地产为抵押物的住房抵押贷款、政府融资平台土地抵押贷款及与房地产产业链相关的其他种类贷款,其贷款额度将更大。可见,我国银行信贷风险敞口迅速聚集于房地产业,导致地产行业的周期性波动风险转化成为银行信贷风险。张晓晶、孙涛(2006)指出,本轮房地产周期对银行体系的影响主要体现在房地产信贷风险暴露、政府担保风险以及长存贷短的期限错配风险。目前,我国房地产资产价格还处于单边上涨区间,尚未经历过完整的周期考验,再加之推动房地产价格膨胀的资金主要来源于银行信贷,因此一旦地产价格出现大幅调整,将使银行信贷资产质量严重恶化,引发系统性风险。

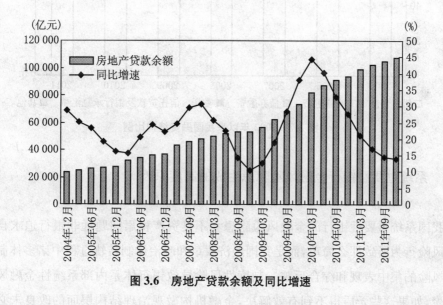

图3.6 房地产贷款余额及同比增速

四、金融风险高度集中于银行体系

金融控制是政府主导型经济发展的一个必要条件,金融控制的结果必然导致金融资源向银行业集中(张杰,1997)。在我国,企业融资高度依赖于银行体系,2011年银行信贷占企业融资总额的比重超过80%,来自股票、债券市场等直接融资的比重仅为14%(如图3.7),银行承担了一些本应由资本市场承担的风险,导致金融风险高度集中

于银行体系,形成潜在金融风险的累积。此外,政府凭借国家信誉和最后救助者的身份为银行体系提供隐性风险担保,而国有银行以"准财政"的角色为国有企业和政府的优先项目提供信贷支持,使得经济转型的渐进式改革成本通过国有银行系统向金融体系转移,这种制度错配不仅刺激了银行的贷款冲动,也对地方政府的投资扩张意愿形成很强激励效应,易导致信贷规模的无节制扩张和政府对于银行资源的争夺以转嫁改革成本。因此,政府作为金融和非金融资产的主要投资者、金融政策的制定者和金融市场的监管者,其多重职能的集权是当前银行体系所面临的重要制度性、系统性风险来源。

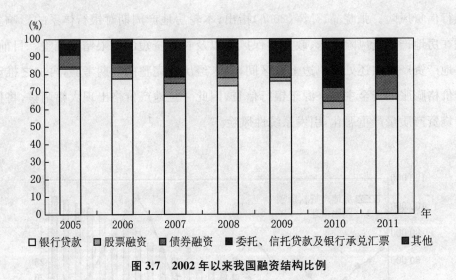

图 3.7　2002 年以来我国融资结构比例

3.5.2　系统重要性银行金融风险隐患生成的制度原因

我国系统重要性银行的金融风险隐患和不良资产积累问题远非银行追求自身利益和风险行为所致那么简单,而是我国经济改革和政治体制转轨过程中诸多体制性矛盾和风险的集中表现和综合反映。制度性风险导致银行体系内部系统性金融风险日益积聚,如果这些矛盾得不到有效解决,金融机构微观治理结构层面的改良未必能够保证银行体系发挥有效资源配置作用,系统性风险也将不断积累。

一、地方政府行为影响下的财政金融化是银行体系信贷扩张的外在驱动

改革以来,地方政府以 GDP 增长为目标的绩效考核体系和嵌入经济竞争中的政治晋升博弈在中国经济增长过程中起到至关重要的作用(周黎安,2004),这激励地方政府通过大量基础设施建设投资推进地区经济增长,并扩张政府干预边界以获取金融

资源。尽管 2003 年后我国国有银行体系历经坏账剥离、政府注资、引进战略投资者、上市融资和加强风险管理等措施后，市场化经营模式逐步建立，但政府仍保持对银行的隐性政治控制：一方面政府在五大国有银行中处于控股地位，在其人事任免晋升和发展战略管理中起到决定作用，另一方面决定着对银行的财政补贴数额，财政补贴以多种显性或隐性方式体现，例如核销不良资产、补充资本金、政策性补偿、上缴利润扣除、资产担保等（俞乔等，2008）。由于地方政府的经济增长目标主要依赖于投资扩张，在目前"弱财政、强金融"的地方财政收入背景下，其有激励利用行政权力主动介入信贷市场，对微观银行主体行为进行干预，将政府意志方便地加入到银行的经营活动之中，以满足其强烈的融资需求，形成地方政府财政风险金融化，导致银行系统风险的形成和积累。

此外，商业银行对于地方政府的依赖也加强了银行与政府的密切关系。一方面政府基础设施项目贷款由于具有期限长、贷款规模大、政府隐性担保等原因，受到银行青睐；另一方面由于政府控制了土地、能源等重要资源，掌握着庞大的建设项目，且能够为当地重点企业提供隐性担保，导致银行贷款投向和贷款扩张偏好政府相关项目。2005 年至 2006 年全国商业银行曾兴起向地方政府大规模授信的热潮，对基建投资实施"打包贷款"；2009 年地方政府通过划拨土地、股权等组建地方融资平台公司以获取银行贷款资金，支持公共项目建设，这种贷款投向与贷款扩张偏好不仅容易造成地方政府过度举债问题，也将积累财政风险和金融风险。

二、利率非市场化下的利差补贴是银行体系信贷扩张的内在激励

我国实行的利率管制为银行体系的存贷款业务提供了利差保护，央行在人民币存贷款领域一直实行控制存款利率上限和贷款利率下限，为商业银行的贷款经营提供了稳定而丰厚的利润来源。在高利差保护下，银行可以轻易获得巨额利息收入，这一激励机制导致银行收益对利差收入的刚性依赖，刺激国有银行体系进行信贷扩张的内生冲动。根据银监会统计，2011 年全年中国商业银行累计实现利润 10 412 亿元，同比增长 36%。其中中国工商银行、中国建设银行、中国银行、中国农业银行和交通银行的利息收入占比分别为：79.7%、77.75%、70%、83.4% 和 81.5%，对股份制银行、城市商业银行和农村商业银行而言，其利息收入占比更高。根据李扬、彭兴韵（2007）的研究，自 1996 年以来，因货币当局扩大利差，商业银行至少向存款人转嫁了 3 万亿的损失。因此，在国家利差补贴和隐性破产担保的制度安排下，银行体系尤其是国有银行

有极大的信贷扩张冲动,从而导致潜在系统性风险不断积累。

图 3.8　我国银行体系存贷款利差

三、国家隐性担保下的高储蓄率提供了信贷扩张的流动性支持

国内银行体系对于经济增长的金融支持和其信贷资产快速扩张所对应的负债面是典型的具有潜在"提现"可置信威胁的私人部门,因此银行业激进的信贷扩张行为需要有相应的流动性保护或风险承担机制,而中央政府作为其主要注资人,凭借国家信誉和最后救助者的身份为其提供了隐性风险担保,成为银行体系最终破产成本和风险的承担者。这一机制安排能够有效动员全社会的居民高储蓄率,便利国家对于金融资源的支配,并通过隐性担保降低存款的风险补偿,保持较低的融资成本,为银行体系的信贷扩张提供了充分的流动性支持。

但这一机制安排引发的道德风险是:中央政府对于银行的监管不具有硬约束和可置信的威慑力,一方面在与地方政府的利益博弈中,地方政府将这一由中央担保的银行体系资源看作有极大外溢效应的"公共物品",寻求其财政风险缺口的金融化和国家化,引发投资扩张和干预获取金融资源的冲动;另一方面,银行体系表现出一种"超稳定机制",尽管其信贷扩张和资产质量积累了较大金融风险,尤其在 1999 年银行业从技术层面上已经资不抵债,但由于具有充裕的现金流动性,大银行始终未出现发生系统性危机的苗头,银行危机隐而不发。但正是中央政府的这一隐性担保的制度安排使得银行系统性风险的积累程度不断加深,担保的运行成本越来越高昂,银行体系发生的大量隐性损失和后摊成本以各种显性与隐性的税收增加或通货膨胀方式由全社会承担。随着银行部门和政府、企业部门的道德风险上升,中央政府控制银行系统性风险、保持金融稳定的难度也在不断加大。

四、政府主导下的资源配置体系和预算软约束导致信贷集中与结构失衡

政府对于经济的主导，尤其是对于经济资源要素的掌控使得其拥有大量的资本、土地和自然资源要素，以及税收、市场准入等优惠政策和行政垄断权力，这些要素是银行体系最为可靠的抵押物和政治担保，直接促使银行体系对政府基础建设和相关国有企业的过度信贷投放，使得我国银行体系信贷投放具有内生性的政府主导特征，增加了地方政府信用风险和贷款信用风险，容易造成产能过剩和重复低效建设等经济失衡因素的累积。

此外，由于政府对于银行的政策性贷款亏损具有责无旁贷的责任，必然需要对其不良贷款亏损进行补贴，林毅夫等（2004）指出，在激励不相容的情况下，银行会将各种亏损，包括政策性贷款和道德风险、管理不当造成的亏损均归咎于政策性负担，在政府无法区分两种亏损的差别而又不能推脱政策性损失的责任时，只好将所有亏损的责任都承担起来，由此增加了银行体系的道德风险和预算软约束。

从银行角度看，政府垄断部门和大企业、大客户具有更多更优质的抵押物资源，是银行竞争的重要客户。对于少数优质客户的过度竞争一方面将引发企业道德风险，压缩银行利润空间；另一方面导致银行贷款投向和贷款结构具有同质性和行业集中趋势，例如2003—2007年间钢铁、电解铝、房地产和汽车等热点行业信贷涌入并快速增长，造成了投资盲目扩张，2008年后地方开发区贷款、土地储备贷款等基础设施贷款又成为银行争相授信的贷款项目，导致政府融资平台债务激增。一旦经济增长出现下行风险，银行体系不仅面临信贷资产质量下降的问题，还将因其信贷行业和结构的集中度与同质性很高，从而引发系统性风险传染和损失放大效应，增加了银行体系的脆弱性。

综上，银行业这些深层风险的化解需要从制度设计、金融深化和监管改革等多方面推进，仅依赖银行资本监管工具具有很大局限性，主要体现在：一是资本监管无法约束信贷投放的内生性的政府主导偏好；二是对显性和隐性担保下的银行扩张冲动、风险集中倾向和贷款结构隐患约束性较弱。短期而言，资本监管可以建立透明、有效的外生约束倒逼银行限制自身微观风险、外部传染风险及顺周期风险的积聚，提高金融稳健性；但长期而言，还需从顶层设计上推进相应的制度改革与金融深化，防范和化解总量的结构风险与系统性风险。

3.6　本章小结

本章主要研究了我国系统重要性银行的测度和评估方法,并在此基础上提出了有差别的系统重要性银行附加资本的计提和计算方法,为真正约束"大而不倒"机构的道德风险和负外部性,建立基于系统性风险的宏观审慎资本监管提供量化依据,也为系统重要性附加资本的设计、开发和进一步运用打下了基础。具体而言,我们首先从风险传染的直接影响和间接影响两方面,分别应用基于资产负债表关联数据的金融网络分析法,和基于市场价格数据的 CoVaR 方法对我国银行的系统重要性水平和风险传染效应进行测度,并综合考虑银行机构的规模、系统关联性、可替代性、复杂性、同质性和跨境活跃度六类指标,建立了银行业系统性风险的综合度量框架,并对我国 63 家银行的系统重要性进行评估和排序,在此基础上将银行区分为高度系统重要性银行、部分系统重要性银行、非系统重要性大型金融机构与非系统重要性中小银行等,为系统重要性银行附加资本的计提提供了量化依据。最后,本章还深入分析了我国银行体系的潜在系统性风险及其生成的制度性原因,这些深层金融风险隐患还需从制度设计、金融深化和监管改革等多方面来进行防范和约束,这有助于把握系统性附加资本监管的局限性。本章主要结论如下:

结论一:通过应用网络分析法,对基于资产负债表关联的银行间市场系统性风险传染效应进行研究,从信用违约和流动性风险角度估测了直接传染路径和资本损失,并深入分析银行间市场的不同结构对传染效应的影响,研究发现:(1)在"完全分散型"市场结构假设下,我国银行间市场传染性风险极小;当考虑交易主体集中度并假设"相对集中型结构"时,系统性风险和传染效应将上升;当考虑违约风险和流动性风险联合冲击时,资本损失和风险传染的范围显著扩大。(2)大型国有银行处于银行间资本流动的中心环节,尤其中国银行和中国工商银行是传染风险发生的重要诱导来源。

结论二:应用基于市场价格数据的动态 CoVaR 方法考察了我国银行系统性风险贡献度,作为网络分析法的有益补充,CoVaR 方法不仅考虑到单个机构的直接风险贡献,也包含了间接风险传染效应的影响。研究发现:(1)基于市场数据计算出的我国单个银行的系统性风险贡献度与其自身 VaR 之间并无显著正相关关系,这也证明了仅关注微观银行风险指标(主要包括 VaR 等)的资本监管不能有效约束机构的负外部性;(2)系统重要性银行主要是四大国有银行,尤其以中国建设银行和中国银行的系统性影响最为显著,其他股份制银行的风险溢出和传染效应远小于中国建设银行和中国银行。

结论三:通过综合考虑银行机构的规模、相互关联性、复杂性、可替代性、跨境活跃程度和业务同质性六类指标,建立了我国系统重要性银行的整体评估框架,并对单家银行的系统性风险贡献度进行测度和排序,根据评估结果,我国银行的系统重要性程度可分为不同的阶梯水平,其中中国银行、中国工商银行、中国建设银行和中国农业银行属于高度系统重要性银行(highly and individually systemic);交通银行属于部分系统重要性银行;12家股份制银行的重要性水平分值总体而言差别较小,其中招商银行、兴业银行、浦发银行、中信银行和光大银行排名前列,可以归类为非系统重要性的大型金融机构;而其他股份制银行和城市商业银行、农村商业银行等机构属于小型银行机构,负外部性溢出风险很低,不具有系统性重要性。

结论四:系统重要性银行的其他资本监管工具还包括杠杆率监管、发行自救债券与或有可转换债券以及建立资本保险等,这些工具分别从约束银行资产总规模过度扩张、提高银行在危机时刻的资本质量与数量,以及分担银行资本募集成本和压力等层面对基于审慎视角的资本充足率监管进行补充。

结论五:我国银行体系的潜在系统性风险还包括:金融危机后地方投融资平台风险隐患、经济增速系统下行导致的不良贷款上升、房地产资产价格膨胀和房地产贷款过快增长导致的风险,以及金融风险高度集中于银行体系所导致的制度性和系统性风险。银行系统性风险积累的深层制度性原因主要有:一是地方政府行为影响下的财政金融化,二是利率非市场化下的利差补贴,三是政府隐性担保下的高储蓄率,四是政府主导下的资源配置与预算软约束等。这些深层风险的化解需要从制度设计、金融深化和监管改革等多方面推进,对此微观层面的银行资本监管工具具有一定局限性。

附录 3.1　我国 63 家商业银行系统重要性综合指标评估结果

附表　我国 63 家商业银行系统重要性综合指标评估结果(基于 2010 年数据)

排序	银　　行	规模	系统关联度	可替代性	复杂性	同质性	跨境活跃程度	加总
1	中国银行	0.152	0.178	0.151	0.182	0.031	0.100	0.794
2	中国工商银行	0.200	0.111	0.200	0.100	0.050	0.055	0.715
3	中国建设银行	0.163	0.085	0.168	0.084	0.046	0.025	0.572
4	中国农业银行	0.154	0.072	0.142	0.106	0.057	0.018	0.549
5	交通银行	0.057	0.096	0.054	0.054	0.053	0.027	0.342
6	招商银行	0.036	0.043	0.036	0.035	0.050	0.014	0.215
7	兴业银行	0.026	0.073	0.020	0.019	0.065	0.000	0.203
8	浦发银行	0.030	0.055	0.025	0.009	0.071	0.002	0.193
9	中信银行	0.030	0.038	0.028	0.020	0.063	0.002	0.181
10	光大银行	0.021	0.048	0.018	0.029	0.061	0.000	0.178
11	民生银行	0.028	0.041	0.026	0.008	0.058	0.000	0.161
12	北京银行	0.010	0.025	0.008	0.020	0.075	0.007	0.144
13	上海银行	0.008	0.034	0.006	0.006	0.078	0.000	0.132
14	华夏银行	0.015	0.026	0.011	0.001	0.076	0.000	0.129
15	恒丰银行	0.004	0.053	0.002	0.003	0.063	0.000	0.125
16	深发展银行	0.010	0.029	0.009	0.003	0.066	0.002	0.119
17	广发银行	0.012	0.022	0.011	0.003	0.066	0.005	0.119
18	盛京银行	0.003	0.028	0.002	0.002	0.081	0.000	0.115
19	南京银行	0.003	0.036	0.002	0.009	0.064	0.000	0.114
20	杭州银行	0.003	0.030	0.002	0.006	0.072	0.000	0.113
21	昆仑银行	0.001	0.030	0.000	0.002	0.080	0.000	0.113
22	厦门银行	0.001	0.007	0.000	0.002	0.100	0.000	0.110
23	天津银行	0.003	0.019	0.002	0.008	0.076	0.000	0.108
24	重庆农村银行	0.004	0.010	0.003	0.007	0.082	0.000	0.105
25	重庆银行	0.001	0.026	0.001	0.001	0.074	0.000	0.103
26	锦州银行	0.001	0.014	0.002	0.003	0.086	0.000	0.099
27	大连银行	0.002	0.014	0.002	0.003	0.077	0.000	0.099
28	江苏银行	0.006	0.011	0.005	0.003	0.074	0.000	0.098
29	平安银行	0.004	0.023	0.003	0.008	0.061	0.000	0.098
30	富滇银行	0.001	0.022	0.001	0.001	0.073	0.000	0.098
31	泉州银行	0.000	0.002	0.000	0.001	0.094	0.000	0.097
32	重庆三峡银行	0.000	0.023	0.000	0.000	0.072	0.000	0.096
33	浙商银行	0.003	0.021	0.002	0.001	0.068	0.000	0.096

排序	银　　行	规模	系统关联度	可替代性	复杂性	同质性	跨境活跃程度	加总
34	浙江稠州银行	0.001	0.023	0.000	0.000	0.071	0.000	0.095
35	渤海银行	0.003	0.053	0.002	0.001	0.034	0.000	0.093
36	温州银行	0.001	0.009	0.001	0.000	0.082	0.000	0.092
37	德阳银行	0.000	0.012	0.000	0.001	0.078	0.000	0.092
38	邯郸银行	0.000	0.019	0.000	0.000	0.069	0.000	0.089
39	上海农村商业银行	0.003	0.001	0.003	0.001	0.080	0.000	0.089
40	攀枝花银行	0.000	0.012	0.000	0.000	0.076	0.000	0.088
41	河北银行	0.001	0.000	0.001	0.002	0.084	0.000	0.088
42	齐商银行	0.000	0.001	0.000	0.000	0.084	0.000	0.087
43	宁波银行	0.004	0.013	0.002	0.004	0.063	0.000	0.086
44	东营商业银行	0.000	0.004	0.000	0.000	0.080	0.000	0.084
45	枣庄商业银行	0.000	0.002	0.000	0.000	0.082	0.000	0.084
46	东莞银行	0.001	0.025	0.001	0.001	0.054	0.000	0.082
47	日照银行	0.000	0.003	0.000	0.001	0.075	0.000	0.080
48	承德银行	0.000	0.008	0.000	0.000	0.064	0.000	0.072
49	临商银行	0.000	0.003	0.000	0.000	0.067	0.000	0.070
50	兰州银行	0.001	0.009	0.000	0.001	0.056	0.000	0.067
51	哈尔滨银行	0.002	0.005	0.001	0.005	0.054	0.000	0.066
52	潍坊银行	0.001	0.001	0.000	0.000	0.058	0.000	0.060
53	许昌银行	0.000	0.000	0.000	0.000	0.059	0.000	0.060
54	徽商银行	0.003	0.011	0.002	0.004	0.037	0.000	0.057
55	莱商银行	0.000	0.006	0.000	0.000	0.049	0.000	0.056
56	上饶银行	0.000	0.001	0.000	0.000	0.051	0.000	0.051
57	柳州银行	0.000	0.003	0.000	0.000	0.042	0.000	0.045
58	郑州银行	0.001	0.006	0.000	0.005	0.033	0.000	0.045
59	威海商业银行	0.001	0.000	0.000	0.000	0.041	0.000	0.042
60	贵阳银行	0.001	0.000	0.001	0.003	0.037	0.000	0.042
61	赣州银行	0.000	0.002	0.000	0.000	0.038	0.000	0.041
62	焦作商业银行	0.000	0.000	0.000	0.000	0.034	0.000	0.035
63	包商银行	0.002	0.007	0.001	0.002	0.000	0.000	0.012

第 4 章　宏观审慎框架下的逆周期银行资本监管：
指标体系构建与预警研究

　　本章从系统性风险的时间维度，即顺周期问题的角度出发，对我国银行业资本监管的顺周期性以及相应的逆周期资本监管框架设计进行深入研究。逆周期银行资本监管是实现银行体系宏观审慎监管的核心内容，但如何准确地判断经济周期和识别宏观系统性风险的特征、水平和变化趋势，以及如何把握逆周期工具计提的时点和程度则是实施该项监管的难点所在，尽管《巴塞尔协议Ⅲ》给出了逆周期资本的执行建议，但其计算方法中存在对于系统性风险的衡量指标单一，风险状态识别以绝对化阈值方式给出等缺陷，因此，需要从中国银行业和宏观金融风险的实际情况出发，构建多层次、多维度的宏观系统性风险度量指标框架，以反映我国金融体系和社会整体的信用融资水平，以此作为逆周期缓冲资本的指导变量；在识别系统性风险状态和判断逆周期资本工具的应用时点方面，本章引入了 Markov 机制转移模型对周期转变和风险状态的阶段性变迁进行识别和分析，以确定逆周期资本的计提时点和程度，为风险判别和逆周期监管建立系统性的定量分析方法作支撑。

　　具体章节安排如下，首先对我国商业银行资本充足率的顺周期效应进行分析和实证检验，在此基础上，对《巴塞尔协议Ⅲ》框架下提出的逆周期资本监管要求的计算方法、实际应用以及缺陷进行分析，并应用 1992 年以来中国的实际信贷数据计算我国逆周期资本的计提比例。针对《巴塞尔协议Ⅲ》框架下，逆周期资本设定方法的挂钩指标单一、系统风险的识别以绝对化方式给出等缺陷，本章第三节分别从宏观经济风险、货币流动性风险、信贷扩张风险、资产泡沫风险和金融杠杆风险五个层面，构建了适合中国银行业宏观系统性风险的度量指标框架，然后在第四节中应用 Markov 机制转换模型对系统性风险状态进行识别和分析,并作为触发和释放逆周期资本要求的门槛值,最后是本章的结论部分。

4.1 我国商业银行资本充足率顺周期效应实证研究[①]

本节首先对我国商业银行资本充足率的顺周期效应进行分析和实证检验,为后文相应的逆周期资本监管框架设计提供实证基础。基于我国商业银行 2003 年至 2008 年的季度面板数据,本部分实证研究银行资本充足率与经济周期的动态关系,并分别考察不同规模的银行在经济上行、下行不同阶段银行资本充足率的顺周期变动是否具有非对称性。

4.1.1 研究设计

为了反映资本管理的动态特征,我们借鉴 Ayuso 等人(2004)和 Estrella(2004)等人的研究方法,采用式(4.1)所示的调整模型来描述银行的动态资本管理行为:

$$\Delta Cap_{i,t} = \gamma(Cap_{it}^* - Cap_{it-1}) \tag{4.1}$$

其中,Cap_{it-1} 表示银行期初资本充足水平,Cap_{it}^* 表示最优资本充足率。资本调整的快慢取决于调整系数 γ,调整成本的存在使得该值介于 0 和 1 之间。虽然目标资本充足率 Cap_{it}^* 不可观测,但我们有多种候选代理指标可供选用,如历史均值、行业均值等,但以公司特征为基础来估算最优资本充足水平可以在很大程度上提高估算结果的准确性和有效性。因此,本研究借鉴 Ayuso 等人(2004)的设定方法,用一系列理论上预期对银行资本充足水平产生影响的变量来线性拟合目标资本充足率:

$$Cap_{it}^* = \alpha_0 + \sum_k \beta_k x_{kit} + \alpha_1 cycle_t + u_i + e_t + v_{it} \tag{4.2}$$

其中,α_0 为常数项,u_i 和 e_t 分别为表示个体效应和时间效应的虚拟变量,v_{it} 为干扰项,x_{kit} 为银行特征变量,$cycle$ 代表经济周期变量。$cycle$ 是本研究主要的考察对象,若其

---

① 本节相关内容发表于《经济与管理研究》,2010 年 12 月。

回归系数 $\alpha_1 > 0$，则表示银行资本充足率与经济周期之间具有顺周期效应；反之，则意味着资本充足率的变动具有逆周期性。x_{kit} 则包括资产规模（$\ln asset$）、盈利能力（roa）、不良贷款率（npl）等指标。将模型（4.2）代入模型（4.1），整理可得：

$$Cap_{it} = \lambda_0 + \delta_0 Cap_{it-1} + \delta_1 cycle + \sum_k \delta_k x_{kit} + \eta_i + \varphi_t + \varepsilon_{it} \qquad (4.3)$$

其中，$\lambda_0 = \alpha\gamma$，$\delta_0 = 1-\gamma$，$\delta_1 = \gamma\alpha_1$，$\delta_k = \gamma\beta_k$，$\eta_i = \gamma u_i$，$\varphi_t = \gamma e_t$，$\varepsilon_{it} = \gamma\nu_{it}$。

模型（4.3）的右边包含了被解释变量的一阶滞后项 Cap_{it-1}，是一个典型的动态面板模型。内生性问题使得 OLS 和固定效应估计量都是有偏的。为此，本研究采用"系统 GMM"法进行估计。该方法的一个关键假设是，模型（4.3）中的干扰项不存在序列相关。如果差分后的干扰项只存在一阶自相关而不存在二阶自相关，则表明这一结果是合理的。在实证分析结果中，本研究给出了与该检验相关的 AR（2）统计量。同时，为了检验工具变量的合理性，本研究还给出了检验过度识别约束的 Sargan 统计量。

4.1.2　实证研究结果及分析

1. 基本统计分析。

本研究选取沪深两市 14 家上市银行 2003 年至 2010 年间 32 个季度面板数据作为研究基础，其中包括 4 家国有银行、10 家股份制银行，样本量共计 392 个。2003 年至 2010 年间这 14 家银行的总资产占我国商业银行资产总额的比例高达 75% 以上[1]，在 2003 年以前该比例可能更高，所以这 14 家银行具有很好的代表性。样本数据来源于 Wind 数据库，本研究使用的计量分析软件为 Stata10。

经济周期变量 cycle 是本研究的主要考察变量，为了保证实证结果的稳健性，研究中分别选取 GDP 增长率、GDP 产出缺口的绝对值和相对值来分别代表经济周期指标。其中 GDP 产出缺口绝对值的计算是对 1998 年至 2010 年季度 GDP 数值经季节调整后，应用 HP 滤波方法将其分解为趋势成分和周期成分，其中的趋势成分为潜在 GDP 产出，而经季节调整后的实际 GDP 与潜在 GDP 产出之差即为产出缺口。产出缺口的相对值是在绝对数值基础上除以潜在 GDP 产出来进行估算。

---

① 沪深两市 14 家上市银行为深发展 A、宁波银行、浦发银行、华夏银行、民生银行、招商银行、南京银行、兴业银行、北京银行、交通银行、工商银行、建设银行、中国银行、中信银行，根据银监会统计数据，2004—2010 年 14 家上市银行总资产占比分别为 75.1%，76.5%，76.7%，77.3%，78.%，76.4%，76.3%。

表 4.1　变量的基本统计量和计算方法

（2003 年至 2010 年间季度数据，14 家银行，N = 392）

变　量	含　　义	平均值	标准差	最小值	最大值	计算方法
Cap	资本充足率	10.955	3.434	2.3	30.67	资本/加权风险资产
roa	盈利能力	0.958 7	0.402 3	0.01	2.01	净利润/总资产
$\ln asset$	银行规模	9.121 6	1.365 5	5.689	11.807	总资产的对数值
npl	资产风险	2.492	2.835	0.33	24.24	不良贷款率
$gdpg$	经济周期变量 1	10.61	1.694	6.2	13.4	GDP 季度增长率
$outputgap1$	经济周期变量 2	500.344	5 587.514	−1 504.648	17 821.67	GDP 产出缺口的绝对值
$outputgap2$	经济周期变量 3	−0.188 2	3.151	−3.731	8.267	GDP 产出缺口的相对值

2. 资本充足率调整的顺周期效应检验。

根据以上分析，我们使用模型（4.4）来检验资本充足率的顺周期效应是否存在：

$$Cap_{i,t} = \alpha_0 + \alpha_1 Cap_{i,t-1} + \alpha_2 cycle_t + \alpha_3 roa_{i,t-1} + \alpha_4 roa_{i,t} + \alpha_5 \ln asset_{i,t}$$
$$+ \alpha_6 npl_{i,t-1} + \alpha_7 npl_{i,t} + \varepsilon_{i,t} \tag{4.4}$$

检验结果如表 4.2 所示：

表 4.2　我国商业银行资本充足率调整的顺周期效应检验

解释变量	GDP 增长率	GDP 产出缺口（绝对值）	GDP 产出缺口（相对值）
Cap_{t-1}	0.758***	0.750***	0.75***
	(27.22)	(28.55)	(27.95)
$Cycle$	0.052 8**	0.000 020 8*	0.041 8*
	(2.01)	(1.95)	(1.93)
roa_t	−0.241	−0.365	−0.400
	(−0.74)	(−1.29)	(−1.42)
roa_{t-1}	0.726***	0.561**	0.541**
	(2.58)	(2.19)	(2.1)
$\ln asset_t$	−0.020 2	−0.354	−0.336
	(−0.08)	(−0.81)	(−0.79)
npl_t	0.343***	0.345***	0.349***
	(2.35)	(2.38)	(2.43)
npl_{t-1}	−0.31***	−0.322***	−0.33**
	(2.41)	(−2.89)	(−2.98)
Constant	−0.042 5	0.548***	0.587***
	(−0.12)	(2.42)	(2.60)
AR(2) p 值	0.778	0.711	0.698
Sargan test p 值	0.30	0.268	0.268

注：***、**、*分别表示 1%，5%和 10%水平上显著。

表 4.2 显示,无论经济周期指标选取 GDP 增长率还是 GDP 产出缺口(包括绝对值和相对值),其对商业银行资本充足率的影响均在 10% 的置信水平下统计显著,且方向为正,这表明我国商业银行资本充足率与经济周期变量具有同向变动关系,即存在一定的顺周期性。在经济繁荣时期,银行资本充足状况提高,可以支持更大幅度的信贷扩张,推动经济的进一步高涨;在经济下行时,资本充足水平降低,而此时银行股权融资成本亦较高,不得不收缩资产负债表,减少信贷供给从而加剧了实体经济的周期性波动。同时,由 AR(2) 的 p 值可知,在应用系统 GMM 方法估计动态模型(4.4)时,均不存在二阶序列相关,而 Sargan 检验得到的 p 值则进一步表明,我们选择的工具变量是合理的,不存在过度识别问题。

3. 资本充足率顺周期变动的非对称性检验。

在验证了银行资本充足率的顺周期效应后,本研究继续考察对于资本充裕程度不同的银行,以及在经济上行和下行不同阶段,资本充足率对经济周期的敏感性是否会有所不同。

在检验资本充足率对经济周期敏感性的非对称调整效应部分,我们引入两个虚拟变量 up 和 big,其中 up 衡量经济是否处于上升周期,当 GDP 产出缺口的增加值为正或本期 GDP 增长率超过上期时,经济处于上行阶段则 up 值取 1,否则取 0。变量 big 对银行资产规模进行了区分,将 4 家国有大型银行取值为 1,10 家股份制银行取值为 0,从而对不同规模银行的调整行为进行区别研究。

在引入虚拟变量后,我们使用模型(4.5)、(4.6)来验证非对称效应是否存在,实证结果如表 4.3 所示。

表 4.3　资本充足率顺周期效应的非对称性检验

解释变量	GDP 增长率	GDP 产出缺口(绝对值)	GDP 产出缺口(相对值)	GDP 增长率	GDP 产出缺口(绝对值)	GDP 产出缺口(相对值)
Cap_{t-1}	0.781*** (25.55)	0.776*** (24.4)	0.777*** (24.30)	0.765*** (25.55)	0.772*** (24.4)	0.773*** (24.30)
$cycle_t \times up$	0.038 9 (1.31)	−0.000 001 67 (−0.13)	0.000 123 (0.00)			
$cycle_t \times (1-up)$	0.061 1** (2.23)	0.000 061 7** (2.21)	0.111** (2.20)			
$cycle_t \times up \times big$				0.057 7*** (2.33)	−0.000 003 76 (−0.18)	−0.001 27 (−0.03)
$cycle_t \times up \times (1-big)$				0.025 4 (0.03)	−0.000 013 4 (−0.08)	0.002 64 (0.07)

解释变量	GDP增长率	GDP产出缺口（绝对值）	GDP产出缺口（相对值）	GDP增长率	GDP产出缺口（绝对值）	GDP产出缺口（相对值）
$cycle_t \times (1-up) \times big$				0.066 6***	0.000 025 4	0.04
				(3.92)	(1.14)	(0.95)
$cycle_t \times (1-up) \times (1-big)$				0.055 3*	0.000 088 8***	0.154***
				(1.90)	(2.41)	(2.33)
roa_t	−0.099 6	−0.093	−0.133	−0.129	−0.155	−0.208
	(−0.31)	(−0.28)	(−0.39)	(−0.4)	(−0.46)	(−0.63)
roa_{t-1}	0.596*	0.570*	0.555*	0.631**	0.584***	0.569***
	(1.89)	(1.83)	(1.78)	(2.17)	(2.52)	(2.46)
$\ln asset_t$	0.136***	0.134***	0.132***	0.086 1***	0.113***	0.111***
	(3.38)	(3.29)	(3.24)	(2.43)	(2.94)	(2.99)
npl_t	0.171	0.176	0.195	0.184	0.213	0.239
	(1.03)	(1.04)	(1.15)	(1.33)	(1.39)	(1.56)
npl_{t-1}	−0.243	−0.232	−0.244	−0.274**	−0.275*	−0.289**
	(−1.51)	(−1.42)	(−1.49)	(−2.24)	(−1.98)	(−2.08)
Constant	0.099 4	0.781*	0.832*	0.801	1.107**	1.168***
	(0.19)	(1.71)	(1.80)	(1.27)	(2.28)	(2.36)
AR(2) p 值	0.993	0.647	0.645	0.934	0.578	0.592
Sargan test p 值	0.294	0.342	0.352	0.231	0.359	0.366

$$Cap_{i,t} = \alpha_0 + \alpha_1 Cap_{i,t-1} + \alpha_2 cycle_t \times up + \alpha_3 cycle_t \times (1-up) + \alpha_4 roa_{i,t}$$
$$+ \alpha_5 roa_{i,t-1} + \alpha_6 \ln asset_{i,t} + \alpha_7 npl_{i,t} + \alpha_8 npl_{i,t-1} + \varepsilon_{i,t} \qquad (4.5)$$

$$Cap_{i,t} = \alpha_0 + \alpha_1 Cap_{i,t-1} + \alpha_2 cycle_t \times up \times big + \alpha_3 cycle_t \times (1-up) \times big$$
$$+ \alpha_4 cycle_t \times up \times (1-big) + \alpha_5 cycle_t \times (1-up) \times (1-big) + \alpha_6 roa_{i,t}$$
$$+ \alpha_6 roa_{i,t-1} + \alpha_7 \ln asset_{i,t} + \alpha_8 npl_{i,t} + \alpha_9 npl_{i,t-1} + v_{i,t} \qquad (4.6)$$

表 4.3 的实证结果表明,资本充足率的变动具有一定非对称效应,表现为经济上升时期资本充足率的增加小于经济下降时期资本充足率的降低幅度,应用 Wald 统计量进行检验,这一差别在 1% 的置信水平下统计显著,这意味着在经济下行时期资本约束引致的信贷紧缩和经济衰退效应更为明显。我们也检验了大银行和中小银行在资本充足率顺周期变动敏感性上的差异。回归结果显示,大银行资本充足率变动的顺周期性更为剧烈,尤其是在经济衰退时期,大银行资本充足率的下降幅度显著大于中小银行。事实上,我国大银行主要贷款投向为房地产、基础设施建设及国有大型企业

等,营利模式与贷款结构决定了其资本充足水平与经济景气程度紧密相关。而中小银行更为灵活多元化的经营方式一定程度上平滑了宏观周期波动的风险。

4.2 《巴塞尔协议Ⅲ》框架下的逆周期资本监管:方法、应用及缺陷

此次国际金融危机发生后,如何防范银行业及其监管所暴露出的顺周期性形成的冲击,成为金融监管改革的核心议题之一。以《巴塞尔协议Ⅲ》为代表,各国在危机之后均努力探索建立逆周期的资本监管指标。2010年9月,巴塞尔委员会正式宣布了国际银行资本监管制度改革的总体方案,2010年12月,巴塞尔委员会公布了《第三版巴塞尔协议》和《各国监管当局实行逆周期资本缓冲指引》,确定了各国监管当局实行逆周期资本缓冲政策的实施原则和框架。

4.2.1 《巴塞尔协议Ⅲ》框架下的逆周期资本监管计提方法

对于金融体系存在的各类顺周期因素和源于总量的宏观风险,《巴塞尔协议Ⅲ》引入了反映经济金融健康发展的代表性指标,在微观银行层面建立逆风向的调节机制,发挥银行资本对信贷增长的约束作用,平抑信贷周期。在《巴塞尔协议Ⅲ》的新规定中,银行必须在信贷快速扩张和系统性风险不断累积的情况下,计提逆周期资本缓冲,其标准为风险加权资产的0—2.5%,并将信贷余额/GDP指标对自身长期趋势的偏离值(GAP),作为确定经济上行周期应计提的逆周期资本缓冲的挂钩变量指标。当GAP高于设定的临界值时,表明信贷过度增长,系统性风险累积,银行应按照要求计提逆周期资本缓冲;当GAP低于设定的下限值时,表明信贷风险较低逆周期资本缓冲设定为零。其具体判断和计算方法如下:

首先,计算信贷余额/GDP。

$$Ratio_t = Credit_t / GDP_t \tag{4.7}$$

其中,$Credit_t$为t期的名义信贷余额,GDP_t为t期的名义GDP。

其次,计算信贷余额/GDP与其长期趋势值的偏离值(GAP)。

$$GAP_t = Ratio_t - Trend_t \tag{4.8}$$

其中，$Trend_t$ 是根据 H-P 滤波单边趋势法计算的长期趋势值，根据巴塞尔委员会的研究，平滑因子 λ 取 40 000 可以达到最优的平滑效果。

最后，将偏离值 GAP_t 转换为逆周期资本缓冲。根据巴塞尔委员会的建议，当偏离值 GAP_t 低于下限 2% 时，逆周期资本缓冲为 0；当偏离值 GAP_t 高于上限 10% 时，逆周期资本缓冲取上限 2.5%；当偏离值 GAP_t 在下限与上限之间时，逆周期资本缓冲在 0—2.5%。

$$
VB_t = \begin{cases} 0 & \text{若} & GAP_t \leqslant L \\ 0.25 & \text{若} & L < GAP_t \leqslant TH_1 \\ 0.5 & \text{若} & TH_1 < GAP_t \leqslant TH_2 \\ \cdots \\ k \times 0.25 & \text{若} & TH_{k-1} < GAP_t \leqslant TH_k \\ \cdots \\ VB_{\max} & \text{若} & H < GAP_t \end{cases} \tag{4.9}
$$

其中，VB_t 是 t 时期的增量资本缓冲要求；GAP_t 是 t 时期的信贷余额/GDP 偏离值；$VB_{\max}$ 是最大的资本缓冲要求；L、H 分别是信贷余额/GDP 偏离值的最低、最高临界值。当偏离值低于临界值 L 时，VB_t 为零；当偏离值超过 L 时，VB_t 开始增加，直至偏离值超过上限 H，VB_t 达到最大值 $VB_{\max}$。临界值 L、H 在决定增量资本缓冲的调整幅度和速度上至关重要。国际清算银行（2010）通过对一系列系统性银行危机爆发前 5 年信贷余额/GDP 偏离值走势的研究显示，当 L＝2、H＝10 时，这一临界值可以确保所有重大银行危机爆发的 2—3 年前开始累积逆周期资本，能够在 I 类错误（危机发生，但 GAP_t 未超过临界值）和 II 类错误（GAP_t 超过临界值，但危机没有发生）之间达到较为稳健的平衡。

4.2.2 《巴塞尔协议Ⅲ》框架下我国逆周期资本缓冲计算与分析

根据这一框架规则，利用我国 1992—2011 年的银行贷款和宏观经济季度数据进行实证测算，其中，银行业的数据为广义信贷余额数据，其口径与巴塞尔委员指引保持一致，GDP 数据为相应时点上的季度年化数据[1]。

---

① 参照李文泓（2010），GDP 数据为相应时点上的 4 个季度数据移动时间窗口加总，例如 2006 年二季度的 GDP 年化数据为 2005 年第三季度、2005 年第四季度、2006 年第一季度和 2006 年第二季度的 GDP 总额。

表 4.4 以信贷余额/GDP偏离值为挂钩指标的我国银行业逆周期资本缓冲计算结果

年份	季度	信贷余额 （亿元）	GDP （亿元）	信贷余额/ GDP（%）	趋势值 （%）	偏离值 （GAP）（%）	逆周期 资本（%）
1992	Q4	26 323	2 692	97.77	82.49	15.28	2.50
1993	Q1	24 535	2 845	86.24	83.02	3.22	0.63
	Q2	25 480	3 013	84.55	83.55	1.00	0
	Q3	26 607	3 206	82.98	84.08	−1.10	0
	Q4	32 943	3 533	93.23	84.61	8.62	2.19
1994	Q1	30 369	3 790	80.13	85.14	−5.01	0
	Q2	32 038	4 094	78.26	85.67	−7.41	0
	Q3	33 582	4 434	75.74	86.20	−10.46	0
	Q4	39 976	4 820	82.94	86.73	−3.79	0
1995	Q1	37 576	5 099	73.69	87.26	−13.57	0
	Q2	37 749	5 402	69.88	87.80	−17.91	0
	Q3	40 917	5 710	71.65	88.33	−16.67	0
	Q4	50 544	6 079	83.14	88.86	−5.72	0
1996	Q1	51 902	6 320	82.13	89.39	−7.27	0
	Q2	54 381	6 569	82.79	89.93	−7.14	0
	Q3	56 933	6 782	83.94	90.46	−6.52	0
	Q4	61 157	7 118	85.92	90.99	−5.07	0
1997	Q1	65 965	7 317	90.15	91.52	−1.37	0
	Q2	68 155	7 527	90.55	92.05	−1.50	0
	Q3	70 564	7 675	91.95	92.58	−0.64	0
	Q4	74 914	7 897	94.86	93.11	1.75	0
1998	Q1	75 929	8 022	94.65	93.64	1.02	0
	Q2	78 806	8 124	97.00	94.16	2.84	0.31
	Q3	82 645	8 247	100.22	94.69	5.53	1.25
	Q4	86 524	8 440	102.51	95.21	7.30	1.88
1999	Q1	87 526	8 569	102.14	95.73	6.41	1.56
	Q2	90 620	8 673	104.48	96.25	8.23	2.19
	Q3	93 390	8 822	105.86	96.76	9.10	2.50
	Q4	93 734	8 968	104.52	97.28	7.25	1.88
2000	Q1	95 777	9 153	104.63	97.79	6.85	1.56
	Q2	94 848	9 387	101.04	98.29	2.75	0.31
	Q3	95 996	9 635	99.63	98.80	0.83	0
	Q4	99 371	9 921	100.16	99.30	0.86	0

年份	季度	信贷余额 （亿元）	GDP （亿元）	信贷余额/ GDP（%）	趋势值 （%）	偏离值 （GAP）（%）	逆周期 资本（%）
2001	Q1	102 471	10 187	100.59	99.80	0.79	0
	Q2	106 553	10 442	102.05	100.29	1.75	0
	Q3	108 973	10 695	101.90	100.79	1.11	0
	Q4	112 315	10 966	102.43	101.28	1.15	0
2002	Q1	116 255	11 173	104.05	101.76	2.29	0.31
	Q2	121 138	11 405	106.22	102.25	3.97	0.63
	Q3	126 367	11 689	108.10	102.73	5.38	1.25
	Q4	131 294	12 033	109.11	103.20	5.90	1.25
2003	Q1	139 437	12 382	112.61	103.68	8.94	2.19
	Q2	149 157	12 686	117.58	104.15	13.43	2.50
	Q3	156 060	13 061	119.49	104.62	14.87	2.50
	Q4	158 996	13 582	117.06	105.08	11.98	2.50
2004	Q1	167 443	14 038	119.28	105.54	13.74	2.50
	Q2	169 905	14 636	116.09	106.00	10.09	2.50
	Q3	173 473	15 246	113.78	106.45	7.33	1.88
	Q4	177 363	15 988	110.94	106.91	4.03	0.94
2005	Q1	185 461	16 558	112.01	107.36	4.65	0.94
	Q2	186 179	17 139	108.63	107.81	0.83	0
	Q3	190 942	17 657	108.14	108.25	−0.11	0
	Q4	194 690	18 494	105.27	108.70	−3.42	0
2006	Q1	206 395	19 114	107.98	109.14	−1.16	0
	Q2	215 303	19 845	108.49	109.58	−1.09	0
	Q3	221 036	20 562	107.50	110.02	−2.52	0
	Q4	225 285	21 631	104.15	110.46	−6.31	0
2007	Q1	239 586	22 575	106.13	110.90	−4.77	0
	Q2	250 793	23 688	105.87	111.34	−5.47	0
	Q3	258 970	24 907	103.97	111.78	−7.80	0
	Q4	261 691	26 581	98.45	112.21	−13.76	0
2008	Q1	275 000	27 734	99.16	112.65	−13.49	0
	Q2	286 199	29 029	98.59	113.09	−14.50	0
	Q3	296 477	30 274	97.93	113.53	−15.59	0
	Q4	303 395	31 405	96.61	113.97	−17.36	0

（续表）

年份	季度	信贷余额（亿元）	GDP（亿元）	信贷余额/GDP(%)	趋势值（%）	偏离值（GAP）(%)	逆周期资本(%)
2009	Q1	349 555	31 752	110.09	114.40	−4.31	0
	Q2	377 446	32 165	117.35	114.84	2.50	0.31
	Q3	390 408	32 816	118.97	115.28	3.69	0.63
	Q4	399 685	34 051	117.38	115.72	1.66	0.00
2010	Q1	425 785	35 237	120.83	116.16	4.67	0.94
	Q2	446 046	36 527	122.12	116.60	5.52	1.25
	Q3	462 823	37 803	122.43	117.04	5.39	1.25
	Q4	479 196	40 120	119.44	117.48	1.96	0
2011	Q1	494 741	41 589	118.96	117.91	1.04	0
	Q2	514 026	43 282	118.76	118.35	0.41	0
	Q3	529 118	45 323	116.74	118.79	−2.05	0
	Q4	547 945	47 156	116.20	119.23	−3.03	0

计算结果显示，根据巴塞尔委员会提出的逆周期资本计提办法，我国信贷余额/GDP指标对其趋势值的偏离有三个阶段连续超过上限值，需要计提逆周期资本。

第一阶段是1998年第二季度至2000年第二季度。为应对东南亚金融危机导致的国内经济不景气，我国实施了积极的财政政策和宽松的货币政策，信贷和货币投放加快，这一时期我国信贷余额同比增速为15.5%、12.5%和13.9%，信贷余额/GDP对长期趋势的偏离值（GAP）超过阈值（2%），因此需要计提逆周期资本。

第二阶段是2002年第一季度至2005年第一季度。随着加入世贸组织、积极财政政策和城市化推进等因素带动了固定资产投资快速增长，金融信贷投放呈加速趋势，各行业产能持续扩张，部分行业和地区呈现经济过热迹象。按巴塞尔委员会提出的计提方法测算，共有13个季度需要计提逆周期资本，其中从2003年第二季度至2004年第二季度，需计提2.5%的逆周期资本上限值。

第三阶段是2009年第二季度至2010年第三季度。为应对国际金融危机影响和国内经济增速下滑趋势，中央政府推出了扩大内需的4万亿宏观经济刺激政策并取消信贷规模控制，导致2009年银行信贷增长9.59万亿，同比多增4.69万亿，与此同时地方政府融资平台和房地产信贷等领域的融资规模显著上升，其潜在风险引发广泛关注。根据测算，2009年第二、三季度需计提0.31%与0.63%的逆周期资本，2010年第

一、二、三季度需要分别计提 0.94％、1.25％和 1.25％的逆周期资本。

4.2.3 《巴塞尔协议Ⅲ》逆周期资本计提方法的缺陷

巴塞尔委员会提出的逆周期资本计提方法主要基于信贷余额/GDP 这一单一指标,尽管这一指标对判断信贷风险增长和系统性风险积累具有良好预测性,但指标在计算方法的稳健性、预测周期变动的有效性和对监管资本顺周期效应的缓释作用方面具有以下缺陷:

1. 指标的计算结果具有不稳健性。

Edge 和 Meisenzahl(2011)通过实证研究认为信贷余额/GDP 的偏离值指标具有不确定性,其偏离值(GAP)的计算结果随样本期限、长期趋势值计算方法和参数平滑因子取值等的不同而呈现出较大差异,这会影响逆周期资本缓冲计提的有效性,并对信贷投放与宏观经济造成影响。因此,需要监管部门考虑更广泛的金融指标数据进行决策。此外,尽管信贷余额/GDP 虽然可以作为确定逆周期资本缓冲的有用参考,但并不是在任何国家的任何时期都有满意的表现,一个典型的情形是所在经济体正在发生结构性转型时,会导致信贷余额/GDP 指标与其长期趋势值持续出现较大偏离,因此不宜机械地运用信贷余额/GDP 指标来确定逆周期资本,还需考虑更广范围的信息,来确定逆周期资本积累和释放的时机和水平。

2. 未能有效解决监管资本的顺周期性。

巴塞尔委员会选择信贷余额/GDP 指标作为逆周期资本计提挂钩变量的主要原因,在于该指标预测系统性银行危机的效果较强,基于信号噪音比方法(noise-to-signal ratio)的实证研究表明,信贷余额/GDP 与其长期趋势值的偏离值(GAP)在预测超过样本 67％比率的危机前提下,其信号噪音比比其他经济指标更低。但Repullo 和 Saurina(2011)在应用美国、英国、法国、德国等国家的宏观经济和信贷数据进行实证检验后发现,信贷余额/GDP 与其长期趋势值的偏离值(GAP)与经济周期变量(如 GDP 增长率)之间具有负相关性,如表 4.5 所示,这意味着在经济上行期偏离值 GAP 下降,逆周期缓冲资本未能计提或者计提程度不足,无法有效抑制银行信贷的过度增长;而在经济下行时期偏离值 GAP 则上升,资本缓冲未能有效释放以缓解银行信贷的收缩。李文泓(2010)也指出,由于实际信贷增长率和信贷余额/GDP 比率指标在经济下滑时期下降速度过慢、时间过晚,因此该指标预测资本释放时机的功能较弱;此外,由于政策干预等因素,在我国信贷周期与经济周期往往存在负相关关系,影响了该指标工具对于金融失衡和经济周期变动的预判。

表 4.5 逆周期资本及其挂钩指标与 GDP 增速的相关性

	GDP 增速与偏离值(GAP)的相关系数	GDP 增速与逆周期资本的相关系数
法 国	−0.61	−0.65
德 国	0.07	−0.1
美 国	−0.23	−0.18
英 国	−0.72	−0.67
日 本	−0.26	−0.28
意大利	−0.32	−0.4
中 国	−0.26	−0.13

注:法国、德国、美国、英国、日本和意大利的计算数据来自 Repullo 和 Saurina(2011),中国的数据是作者计算所得。

利用我国 1992—2011 年的信贷和 GDP 季度数据,通过测算在巴塞尔委员会提出的逆周期资本框架下,我国银行业应计提的逆周期缓冲资本及其挂钩指标与 GDP 增速的相关性,发现其相关系数为负,分别为−0.26 和−0.13,这意味着逆周期资本的计提在经济上行时期下降、在经济下行期增加,具有一定的亲周期性。因此,监管当局不能机械地按照信贷余额/GDP 指标进行决策,还应从多指标、多层次的角度对系统性风险变化进行前瞻性预测和分析。

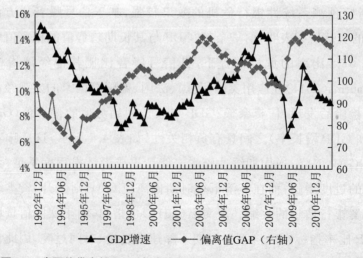

图 4.1 我国信贷余额/GDP 与自身偏离值(GAP)指标与 GDP 增速关系图

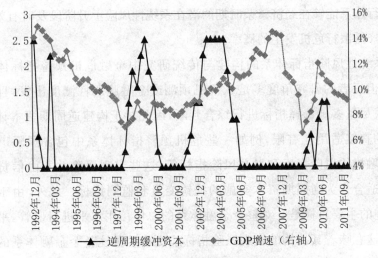

图 4.2 我国应计提的逆周期缓冲资本与 GDP 增速关系图

3. 单一指标无法有效全面反应金融失衡和系统性风险积累。

基于信贷余额/GDP 这一单一指标无法系统全面、多层次地反映整个金融体系的信用创造、货币流动性、杠杆率和资产泡沫风险等，对于宏观系统性风险的监测具有一定局限性，需要从更广阔的范畴上对金融体系的信用总水平进行考察，尤其对我国而言，不仅面临信贷扩张的总量风险，也面临一定程度的信用结构风险，如房地产资产价格膨胀、政府和企业杠杆率较快上升等，需要将判断系统性风险的指标从单一层面延伸到更广的维度上予以考察。

4.3 逆周期资本监管框架下宏观系统性风险度量指标体系构建[①]

逆周期资本监管是实现银行业审慎监管的核心内容，然而如何准确地判断经济周期则是实施逆周期监管的难题。为了建立一种有效的与宏观经济变量挂钩的逆周期银行资本监管方法，弱化金融体系与实体经济之间的正反馈效应，我们需要在巴塞尔委员会提出的单变量挂钩指标即信贷余额/GDP 监测指标基础上，建立多层次和多维度的宏观系统性风险监测指标体系，避免单一指标分析法过于简单而带来误导性结果，从而对信贷过度增长和资产价格泡沫累积所引起的宏观系统风险失衡进行有效监

---

① 本节内容曾发表于《国际金融研究》，2013 年 3 月。

测,使得银行体系能够在经济繁荣时期的潜在系统性风险上升阶段及时有效计提逆周期资本,以降低银行危机发生的概率。

宏观系统性风险指标体系的构建与传统研究中金融危机预警指标体系有一定相似之处,但后者的研究角度多是从危机预测或金融脆弱性测度出发,且多采用大一统的模式尽量多地选择指标进行综合判断,因此对于构建逆周期资本计提的挂钩变量体系的直接适用性有限,例如一些危机预警指标体系中包含国际市场风险指标、单个金融机构风险指标和财政风险指标等,这些宏观风险并非由信贷过度扩张所引发,不适合作为逆周期资本实施的挂钩变量和监测指标。此外,由于银行逆周期资本实施的主要目标是针对整个金融体系的总体信用水平进行监管,平抑信贷和经济周期,这意味着其挂钩的宏观风险指标应更多地关注整个金融体系的信用创造水平、货币流动性、资产市场风险敞口、经济周期变动及杠杆风险等宏观稳健性指标。

4.3.1 宏观系统性风险度量框架的国际经验

1. 次贷危机之前对于宏观金融风险监测指标体系的研究。

对于宏观金融风险监测指标体系的研究早在1998年亚洲金融危机之后就已成为学术界和政府监管机构关注的焦点。其中比较成熟的早期危机预警模型(early warning system)和指标体系主要有三类。一是Kaminsky、Lizondo和Reinhar(1998,1999)提出的KLR模型,他们将金融风险因素归纳为六大类别,即外部因素、国内金融部门内部因素、实体经济部门因素、公共财政因素、制度与经济结构因素及政治因素,并分别选取103个指标对这六方面进行刻画,其研究表明,实际汇率、债券价格、货币乘数、利率和实体经济发展变量是影响银行系统安全的重要因素。二是Frankel和Rose(1996)提出的FR模型,他们根据105个发展中国家1971—1992年数据样本建立多元Probit模型对金融危机进行预警,结果表明外部利率、高的国内贷款增长率、高估的实际汇率、经常项目逆差和财政赤字等对危机的发生具有重要影响。三是Sachs、Tornell和Velasco(1996)提出的横截面回归模型,即STV模型,该模型以面板数据为基础对危机预警指标进行研究,结果表明在一国金融和经济体系脆弱、国际储备较低且汇率高估和贷款扩张的条件下容易爆发金融危机,其回归得出的显著指标有:信贷扩张指标、M2/外汇储备、经常账户余额、总投资与总储蓄、政府支出、外资流入和短期资本流入等。

整体而言,在此次国际金融危机之前,对于宏观系统性风险监测指标的研究主要以工业和新兴市场国家货币和银行危机事件为研究样本,指标选择主要集中于实体经济稳健性和内外部经济均衡维度,未对金融部门和实体经济的正反馈相互作用、持续经济繁荣期金融失衡的积累等问题予以特别关注。但也有研究者,如 Borio 和 Lowe (2001)等已逐步开始应用信贷和资产价格评估金融失衡的大小,并以信贷占 GDP 比率、实际资产价格和投资等变量偏离长期趋势值的缺口来判断和预警金融体系脆弱性和危机,将研究维度从经济失衡拓展到金融失衡的影响。

2. 次贷危机之后关于宏观系统性风险监测指标体系的研究。

此次国际金融危机的发生,使人们意识到金融体系总体信用水平膨胀、高杠杆资本运作、资产价格风险和创新型金融产品对金融失衡和经济发展的危害,此外,政策、监管和金融体系的顺周期性更加剧了失衡和风险积累,尽管危机发生前美国经济增长和通胀水平均保持平稳,但基于信用和流动性的资本市场主导型金融风险指标的恶化并导致系统重要性机构、市场的失败引发了金融体系的整体性危机。在宏观系统性风险指标体系预警研究方面,越来越多的文献开始关注资产价格和风险偏好、经济部门杠杆和社会融资总量以及市场流动性等指标。Alessi 和 Detken(2009)利用 1970—2007 年间 18 个 OECD 国家的经济金融数据,用信号噪音比方法预测导致较为严重后果的资产价格泡沫事件,通过指标分析发现,基于货币和信贷总量的全球流动性指标是最好的,能够为决策者提供早期预警的有效信息。Gerdesmeier 等人(2009)利用 1969—2008 年间 17 个欧元区国家的股票价格和房地产资产价格数据,基于混合 Probit 模型研究得出,信贷总量、长期名义利率和投资与 GDP 之比指标的变化能够有效预测资产价格泡沫的破裂。Borio 和 Lowe(2009)基于 1980—2003 年 18 个工业化国家货币和银行危机的样本,选取私人信贷比 GDP 比率、实际资产价格和投资、商业及住宅价格变量等指标,考察其对长期趋势的偏离值对危机的预警作用,研究发现在为期 3 年的时间范围内,有 69%—77%的危机被预测到,在针对 2004—2008 年的样本外预测中,超过 50%的危机得到有效预测。

3. 国内的研究进展。

从国内文献上看,随着我国金融市场体系的深化改革与加速发展,对国内宏观金融风险指标体系构建与测度的相关研究也逐渐展开。何建雄(2001)从微观指标、宏观审慎指标和中间市场指标三个层次建立了金融风险预警体系,包含资本充足率、流动性指数和经济增长率等指标。董小君(2004)从金融稳健指标、宏观经济平衡指标和金融市场指标三个层次建立了 33 个监测指标体系,包含了 GDP 增长、通货膨胀率、失业率、货币化程度和利率敏感性比率等。高鸿帧(2005)构建了宏观经济、市场情况和机构微观情况一体的金融安全指标体系。陈守东等(2006)从宏观经济指标、金融系统指标和泡沫风险指标三方面建立了金融风险监测指标系统,其中宏观指标包括 GDP 增长率、通胀率、出口增长率和外汇储备增长率等,金融体系指标包括货币/储备额、银行储备/银行资产、贷款利率/存款利率等,泡沫风险指标包括股票市盈率、房价增长率和证券化率指标。中国人民银行金融稳定分析课题组尝试构建了一套新的金融危机监测综合指标体系,从宏观经济运行环境、金融机构发展、金融基础设施建设和金融风险管理四方面对金融风险进行监测和分析。

这些指标体系多从我国金融危机预警、金融体系稳定性和脆弱性的研究角度出发,从微观、中观和宏观层面对金融体系整体的稳健程度进行衡量。但在已有的金融监管定量分析中,缺乏对宏观金融层面风险和社会整体信用融资水平的结构分析,对资产价格风险和金融机构总体杠杆水平的关注也较少,其指标选择更侧重反映单个机构稳健性的微观指标,不能有效反映出信贷快速扩张和资产价格泡沫时期金融失衡与投资过热等因素的积累,不适用于作为银行逆周期资本缓冲政策工具实施中的宏观校准指标体系。

4.3.2　逆周期资本监管框架下的我国宏观系统性风险指标体系构建

在逆周期资本缓冲工具的实施中,采用何种方式校准宏观系统性风险状况是关键。本研究在总结前人成果基础上尝试建立逆周期资本监管的监测指标体系,在指标选择上有两个原则,一是能够通过银行资本监管的传导渠道对其产生一定影响(银行资本监管能够影响银行信贷行为、风险偏好和资产配置,进而影响产出、货币流动性、信贷规模、资产价格和杠杆率等),二是侧重衡量经济金融周期和社会整体的信用融资水平,反映信贷过度增长和资产泡沫累积所引起的失衡因素。因此,我们从宏观经济风险、货币流动性风险、信贷扩张风险、资产泡沫风险和金融杠杆风险五个层面构建了中国宏观系统性风险指标体系,每个子层次下面包含若干指标测量指标,如表 4.6 所示。这使得银行逆周期资本政策在实施过程中能更为准确地捕捉系统性风险概况,也使得监管机构能根据风险维度的不同按具体情况进行决策。

表 4.6 中国宏观系统性风险监测指标体系框架

指标类型	指标标号	指标名称
宏观经济风险指标 S_1	X_{11}	实际 GDP 增速
	X_{12}	固定资产投资增速
	X_{13}	通货膨胀率
	X_{14}	实际产出缺口
	X_{15}	出口增速
货币流动性风险指标 S_2	X_{21}	M1 增速
	X_{22}	(M2－M1)增速
	X_{23}	热钱流入规模
	X_{24}	实际存款利率
信贷扩张风险指标 S_3	X_{31}	信贷增速
	X_{32}	信贷余额/GDP
	X_{33}	存款余额增长率
	X_{34}	贷存比
	X_{35}	房地产贷款增速
资产泡沫风险指标 S_4	X_{41}	房地产销售价格增速
	X_{42}	房地产投资增长率
	X_{43}	房地产行业融资总额增长率
	X_{44}	商品房销售面积/竣工面积
	X_{45}	股票市场市盈率(上证指数)
	X_{46}	股价指数收益率(上证指数)
金融杠杆风险指标 S_5	X_{51}	政府部门负债率
	X_{52}	企业部门负债率
	X_{53}	居民部门负债率
	X_{54}	金融部门杠杆率

其中,宏观经济风险指标用以反映经济过热与否及实体经济风险的累积,测量指标选择实际 GDP 增速、固定资产投资增速和出口增速来反映投资和外需波动对经济增长的影响;选择居民消费价格指数(CPI)和实际产出缺口来衡量通货膨胀压力。上述指标均为正向指标,数值越大,显示宏观风险累积和经济过热程度也越大。

货币流动性风险指标用以衡量短期信贷市场的宽松或偏紧程度,反映了社会即期资金与中央银行资产负债表的扩张状况,我们选择 M1 增速、M1－M2 的增速差及热钱流入指标来衡量,其中热钱流入指标以新增外汇储备减去贸易顺差和实际利用外资的差额进行计算。

信贷扩张风险指标用以反映银行体系的信用创造水平,信贷增长过快是导致银行系统性风险累积的重要原因,也是银行危机和金融脆弱性的良好先行指标。我们选择信贷增速、信贷余额/GDP、存款余额增长率和短期资金贷款比例来衡量。

资产泡沫风险指标用以反映房地产和资本市场泡沫的累积程度,房地产和股票市场是泡沫经济的主要载体之一,回顾金融危机历史资产价格泡沫破灭是引发金融系统风险的主要根源。我们选择房地产销售价格指数变化率、房地产投资增长率和房地产贷款增速指标反映房地产行业的增长速度和价格风险,并使用股票市场上证市盈率和股价指数变化率来监测股票市场泡沫风险。

金融杠杆风险指标用以衡量政府、企业、个人和银行部门的杠杆率,实体经济各部门资产负债表的稳健性和债务清偿能力是反映经济结构风险和金融失衡程度的一个重要方面。在指标选择上,居民部门负债率以居民户贷款比居民户存款指标来表示;企业部门负债率以沪深两市所有上市公司(金融行业除外)根据资产总额加权的平均资产负债率表示;金融部门杠杆率是以在沪深上市的银行、保险等所有金融企业的加权资产负债率来表示;而对于政府部门负债率而言,由于我国地方政府的负债规模难以获得准确数据,尤其是以地方投融资平台为主体,地方政府提供隐性担保的银行贷款规模较难统计,因此,我们使用中央和地方的财政收入与财政支出之比来衡量政府部门的负债情况。

4.3.3　数据处理与基于层次分析法的指标权重设置

1. 数据选择和处理。

本研究中的数据主要来源于《中国金融年鉴》(各年)、《中国统计年鉴》(各年)、WIND、CEIC 数据库,以及国家统计局和中国人民银行的相关统计,考虑到数据的可得性,本研究选取 1998 年第四季度至 2011 年第四季度的季度数据进行实证分析。为了消除季节性影响,数据指标的增长率均为同比增长率,即每个指标与上年同期相比的百分比变化。对于缺失值的处理,本研究根据线性插值平滑方法予以补齐。对于季节性明显的指标序列通过 X－11 方法进行季节调整去掉季节变动和不规则变动因素。对于负向指标通过取相反值的方法进行性质转化。

此外，由于指标体系中的各类指标值均有不同的量纲，给计算带来困难，因此在进一步计算综合指标值之前，首先对数据进行归一化处理，将数据转化为闭区间$[0，1]$上的无量纲性指标值。本研究应用的归一化处理方法是：每一指标值减去该指标序列的最大值，然后除以该指标序列的最大值与最小值之差。即：

$$Y_{ij} = \frac{X_{ij} - \min(X_i)}{\max(X_i) - \min(X_i)} \tag{4.10}$$

式中，i 为第 i 项指标，j 为第 j 季度；X_{ij} 为第 i 项指标第 j 季度的原始数值；Y_{ij} 为第 i 项指标第 j 季度归一化后的数据。

2. 权重的计算。

在统计研究和文献中，确定综合指标体系里子层次指标的权重通常有三种方法：(1)加权平均法，即通过对各子层次指标进行主观性的权重赋值合成一个综合指数，该方法尽管简单方便，但权重的确定具有较大主观性；(2)主成分分析法，即通过降维技术将多个相关的基础指标简化为少数几个综合指数的指数合成方法，且这些较少综合指数之间互不相关，又能提供原有指标的大部分信息；(3)层次分析法(analytic hierarchy process，AHP)，即通过将复杂问题分解为若干层次和若干因素，在各因素之间通过相对重要性的比较和计算，得出各因素的权重进行合成，这是一种定性与定量相结合、系统化、层次化的分析方法，与主成分分析法相比，它可以反映不同风险来源的指标集合中各指标的权重。因此，本研究选用层次分析法来确定不同风险指标集合中各具体指标的权重值。

3. 层次分析法。

层次分析法是由美国运筹学家 T.L.Saaty 在 20 世纪 70 年代提出来的一种目标决策方法，其基本思路是决策人通过将复杂问题分解为若干层次，每一层次又由若干影响指标组成，由专家和决策者对所列指标两两比较其重要程度，并逐层判断评分，再计算判断矩阵的特征向量以确定下层指标对上层指标的贡献程度，从而得到基本指标对总体目标或综合评价指标重要性的排列结果。

假定评价目标为 A，评价指标集 $F = \{f_1，f_2，\cdots，f_n\}$，构造判断矩阵 P 为：

$$P = \begin{bmatrix} f_{11} & f_{12} & \cdots & f_{1n} \\ f_{21} & f_{22} & \cdots & f_{2n} \\ \cdots & \cdots & \cdots & \cdots \\ f_{n1} & f_{n2} & \cdots & f_{nn} \end{bmatrix} \tag{4.11}$$

这里 f_{ij} 是表示各指标的相对重要性数值（$i=1, 2, \cdots, n; j=1, 2, \cdots, n$），根据 Saaty(1980)，$f_{ij}$ 的取值如下：

表 4.7　P 判断矩阵及其含义

f_{ij}取值	含　　义
$f_{ij}=1$	元素 i 与 j 相比同等重要
$f_{ij}=3$	元素 i 比元素 j 稍微重要
$f_{ij}=5$	元素 i 比元素 j 明显重要
$f_{ij}=7$	元素 i 比元素 j 相当重要
$f_{ij}=9$	元素 i 比元素 j 极其重要
$f_{ij}=2、4、6、8$	i 与 j 的重要性分别介于 1—3、3—5、5—7 和 7—9 之间
$f_{ji}=1/f_{ij}$	表示元素 j 比 i 不重要的程度

对判断矩阵 P 赋值后计算其最大特征根和对应的特征向量，并进行一致性检验。一致性检验系数为 $CR=\dfrac{CI}{RI}$，其中 $CI=\dfrac{\lambda_{\max}(P)-n}{n-1}$，$RI$ 为判断矩阵 P 的平均随机一致性指标。该指标由 Saaty 根据 500 个随机样本矩阵计算后取平均值得出，只与矩阵阶数有关，见表 4.8。当 $CR<0.1$，判定矩阵 P 通过一致性检验；否则需要调整矩阵 P，直到获得满意或可接受的一致性为止。通过检验后，其归一化的特征向量值即为所求权重。

表 4.8　平均一致性指标 RI 的经验取值

N	1	2	3	4	5	6	7	8	9
RI	0.00	0.00	0.58	0.96	1.12	1.26	1.32	1.41	1.45

资料来源：Saaty(1980)。

4. 确定指标权重。

根据层次分析法的步骤，首先构建层次分析模型，即中国宏观系统性风险监测指标体系，准则层为反映宏观系统性风险的宏观经济风险指标、货币流动性风险指标、信贷扩张风险指标、资产泡沫风险指标和金融杠杆风险指标五个层次，而指标层为准则层下面的 24 个具体指标。本研究通过德尔菲法反复征求专家意见，并参考其他研究文献的成果，构建 5 个指标层的判断矩阵，通过 MATLAB 程序计算指标权重并进行一致性检验，其结果如表 4.9 所示：

表 4.9 宏观系统性风险监测指标权重

判断矩阵 S1

S_1	X_{11}	X_{12}	X_{13}	X_{14}	X_{15}	W
X_{11}	1	1/2	1/2	1	3	0.169 0
X_{12}	2	1	1	2	3	0.293 3
X_{13}	2	1	1	2	3	0.293 3
X_{14}	1	1/2	1/2	1	3	0.169 0
X_{15}	1/3	1/3	1/3	1/3	1	0.075 6
一致性检验	$\lambda = 5.077\ 6$ CI $= 0.019\ 4$ CR $= 0.017\ 3 < 0.1$					

判断矩阵 S2

S_2	X_{21}	X_{22}	X_{23}	X_{24}	W
X_{21}	1	3	1	2	0.347 5
X_{22}	1/3	1	1/3	1	0.127 6
X_{23}	1	3	1	3	0.382 8
X_{24}	1/2	1	1/3	1	0.142 0
一致性检验	$\lambda = 4.020\ 6$ CI $= 0.006\ 9$ CR $= 0.007\ 2 < 0.1$				

判断矩阵 S3

S_3	X_{31}	X_{32}	X_{33}	X_{34}	X_{35}	W
X_{31}	1	1/2	4	2	1/2	0.183 3
X_{32}	2	1	5	3	1/2	0.277 1
X_{33}	1/4	1/5	1	1/3	1/4	0.055 5
X_{34}	1/2	1/3	3	1	1/4	0.106 9
X_{35}	2	2	4	4	1	0.377 2
一致性检验	$\lambda = 5.162\ 9$ CI $= 0.040\ 7$ CR $= 0.036\ 4 < 0.1$					

判断矩阵 S4

S_4	X_{41}	X_{42}	X_{43}	X_{44}	X_{45}	X_{46}	W
X_{41}	1	1	3	4	1	1	0.217 3
X_{42}	1	1	3	3	2	2	0.268 4
X_{43}	1/3	1/3	1	1	1/3	1/3	0.068 9
X_{44}	1/4	1/3	1	1	1/3	1/3	0.065 9
X_{45}	1	1/2	3	3	1	2	0.212 0
X_{46}	1	1/2	3	3	1/2	1	0.167 5
一致性检验	$\lambda = 6.145\ 1$ CI $= 0.029\ 0$ CR $= 0.023\ 0 < 0.1$						

（续表）

判断矩阵 S5

S_5	X_{51}	X_{52}	X_{53}	X_{54}	W
X_{51}	1	1/2	3	1	0.257 2
X_{52}	2	1	2	1	0.332 6
X_{53}	1/3	1/2	1	1/3	0.112 6
X_{54}	1	1	3	1	0.297 5
一致性检验	$\lambda = 4.117\,9$ CI = 0.039 3 CR = 0.041 0 < 0.1				

注：由于 CR 值均小于 0.1，上述结果均通过了一致性检验。

4.3.4 我国宏观系统性风险度量结果及分析

根据表 4.9 的指标权重绘制的 1998—2011 年我国宏观系统性风险各子层次风险指数序列图，如图 4.3 所示，从中可以看出：

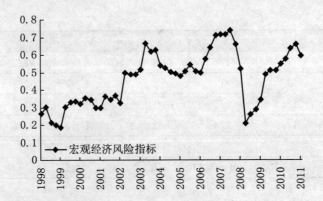

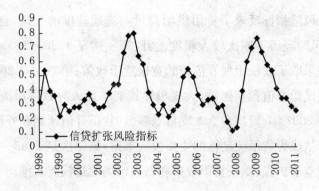

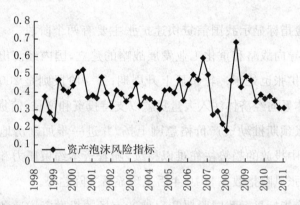

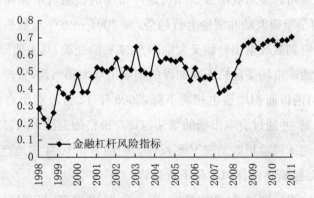

图 4.3　我国宏观系统性风险综合监测指标体系时间序列图

宏观经济风险指标显示，我国经济在 1998—2007 年间总体上保持平稳较快增长，体现出典型的增长型经济周期波动态势，尽管 2004 年为控制经济扩张和过热所实施的紧缩性宏观调控措施导致经济周期性下滑，但经济体在受到短暂冲击后于 2006 年恢复快速上升趋势。2008 年国际金融危机的发生使得宏观经济经历了危机冲击时的显著衰退和刺激政策下大幅回升的 V 字形非常状态。因此，该风险指标反映出来的经济上行与下降期与我国经济增长的周期性变化是相当吻合的。

货币流动性风险指标反映了货币供给总量与流通速度的变动,自1998—2011年间,货币流动性风险经历了四次较大幅度上升:第一次是1998—2000年,亚洲金融危机后为恢复经济采取了放松银根和信贷的宽松货币政策;第二次是2002—2004年,受本外币利差和人民币升值预期影响,大规模热钱资本涌入导致货币流动性风险增加;第三次是2006—2007年,贸易和资本项目双顺差、货币升值预期和外汇储备持续快速增长导致外汇占款成为货币流动性的主要投放渠道;第四次是2008—2011年,为应对危机采取的信贷空前扩张、宽松货币政策和新兴市场的热钱流入推动了货币流动性增长压力显著上升。

信贷扩张风险指标显示我国信贷快速扩张主要有两个阶段,一是2001—2003年下半年,随着出口导向战略和重化工业发展战略的建立,国内经济出现一段时间持续性过热增长,信贷扩张也处于一轮明显上升周期;另一阶段则是2008—2009年,为应对金融危机银行体系向经济体注入大量贷款以支持投资和增长,信贷过度扩张导致的流动性过剩和通胀预期推动资产价格急剧上扬,并进一步加剧房地产贷款的快速增加,但信贷快速集中投放的趋势往往难以持续,随着资本约束压力和银行体系坏账隐患的增加,信贷扩张风险指数在2010年后呈现显著下降趋势。

资产泡沫风险指标显示我国股票和房地产市场的投融资增速和资产价格风险在1998—2007年间呈窄幅波动和缓慢上行趋势,而2007—2009年危机期间则经历了先大幅下滑后在政府刺激政策出台后又大幅回升的V形变动,其主要原因在于,自2007年9月起证券和地产市场受危机不断加深的影响出现大幅回调,资产价格和融资规模下跌、房屋投资与销售面积增速也相应下降,2008年12月政府出台救市措施打断了市场内在调整机制,并通过资本市场的繁荣与资产价格的上涨来减轻危机造成的经济下滑,因此,资产泡沫风险指数呈现V形反转。但随着2010年房地产调控措施的持续和A股市场的低迷,资产泡沫风险呈下行趋势。

金融杠杆风险指标则显示,我国政府、工业企业、金融部门和居民部门的资产负债率在2008年国际金融危机之前的10年间呈现平稳增长,而金融危机后在四万亿经济刺激政策和地方政府投资冲动的作用下,负债规模和数量则出现快速膨胀态势,2010年我国中央和地方债务规模占GDP比例为43.5%。规模以上工业企业资产负债率为58%,反映了金融失衡的累积和政府与企业的过度举债风险。

根据计算结果,我们还构建了中国宏观系统性风险地图,从宏观经济风险、货币流动性风险、信贷扩张风险、资产泡沫风险和金融杠杆风险五个层面对逆周期资本监管所挂钩的宏观周期指标与金融失衡风险的变动进行综合监测。各类综合风险指标由子系统内的分项指标使用表 4.9 中计算的权重加权确定,并进行归一化处理。图 4.4 显示了我国 2007—2010 年宏观系统性风险综合变化情况。

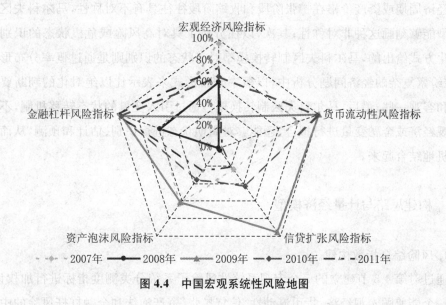

图 4.4 中国宏观系统性风险地图

总体而言,对比 2008 年金融危机前后各监测指标变化,可以看出危机后我国金融杠杆风险指标值显著上升,而货币流动性风险、信贷扩张风险和资产泡沫风险指标则明显回落,反映出在经济金融状况整体稳健形势下,金融风险表现形式发生变化,一方面在外汇占款显著下降和信贷扩张受约束背景下,宏观层面流动性过剩和资产信用扩张得到控制;另一方面,在应对危机中,政府、企业和金融机构资产负债表规模的扩大及其杠杆率的提高成为影响潜在系统性风险的重要因素。

4.4 基于马尔科夫区制转换模型的宏观系统性风险识别与逆周期资本计提

第 4.3 节建立了我国宏观系统性风险监测指标体系,从多层次和多维度对实施逆周期资本监管所挂钩的宏观金融风险指标进行评估与衡量,本节将对如何识别和判断系统性风险的状态与拐点并构建逆周期资本计提的"阈值"进行研究。

我们将利用马尔科夫区制转换模型(Markov regime switching model)对上一节

构建的宏观系统性风险指标体系进行分析,马尔科夫区制转换模型具有以下优势:首先,以往的计量工具模型在识别或判断风险指标的区制变动时具有对称性的特点,但实际经济周期或资产价格在扩张阶段和收缩阶段往往具有不对称性,马尔科夫区制转换模型能够刻画这种非对称性;其次,以往分析工具对高风险或危机状态的识别是以绝对化方式给出的,马尔科夫区制转换模型对于状态的识别则是通过概率分布形式给出,在纷繁复杂的经济问题分析中,以概率分布形式来表示比以绝对化的判断要更为科学和客观一些;最后,马尔科夫区制转换模型通过引入变量的状态转移机制,不仅能对宏观经济或金融变量进行拟合,还能够对周期状态进行识别、估计和预测,从而将两者有机地结合起来。

4.4.1 构建思路与计量经济模型

1. 风险综合指数构建。

通过对第 4.3 节建立的 5 个宏观系统性风险子系统分类测度指标进行加权计算,获得一个能兼顾宏观经济、货币流动性、信贷扩张、资产泡沫和金融杠杆风险的中国宏观系统性风险综合指数,计算公式如下:

$$Index_t = \frac{1}{5}\sum_{i=1}^{5} S_i \tag{4.12}$$

其中,$Index_t$ 为反映整体经济过热程度与金融失衡风险的综合指数,S_i 为第 4.3 节中计算出的 5 个子系统分类测度指标。样本区间为 1998 年第四季度至 2011 年第四季度,共计 53 个样本数据。我国宏观系统性风险综合指数 $Index_t$ 的时间序列如图 4.5 所示。

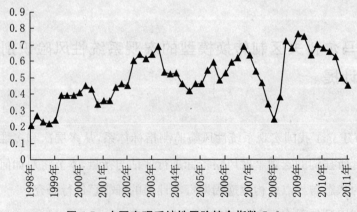

图 4.5 中国宏观系统性风险综合指数 $Index_t$

2. 马尔科夫区制转换模型的构建。

马尔科夫区制转换模型的总体思想是可观测的时间序列向量 y_t 的回归参数取决于不可观测的区制变量 s_t，而不可观测的区制变量 s_t 表示的是经济处于不同状态。

$$y_t = \mu_{S_t} + \sum_{i=1}^{p} \phi_{iS_t} y_{t-i} + \varepsilon_t \tag{4.13}$$

$$\varepsilon_t \mid I_{t-1} \sim iidN(0, \sigma_{S_t}^2) \tag{4.14}$$

$$\mu_{S_t} = \mu_1 S_{1t} + \mu_2 S_{2t} + \mu_3 S_{3t} \tag{4.15}$$

$$\phi_{iS_t} = \phi_{i1} S_{1t} + \phi_{i2} S_{2t} + \phi_{i3} S_{3t} \tag{4.16}$$

$$\sigma_t^2 = \sigma_1^2 S_{1t} + \sigma_2^2 S_{2t} + \sigma_3^2 S_{3t} \tag{4.17}$$

其中，如果 $S_t = i$，$i = 1, 2, 3$，那么 $S_{it} = 1$ 且 $S_{kt} = 0$，$k \neq i$。在此模型中，假设宏观系统性风险的动态变化过程可能存在三区制，并假设模型中所有参数均状态相依并由区制状态变量 S_t 控制，且模型三区制之间的转移概率满足离散取值的一阶马尔科夫过程，因此，可将区制状态变量 S_t 的转移概率矩阵 P 表示为：

$$P = \begin{bmatrix} p_{11} & p_{21} & p_{31} \\ p_{12} & p_{22} & p_{32} \\ p_{13} & p_{23} & p_{33} \end{bmatrix} \tag{4.18}$$

其中，p_{ij} 代表区制状态变量 S_t 从 $t-1$ 时刻的 i 状态转变为 t 时刻 j 状态的转移概率，且 $p_{ij} = \Pr(S_t = j \mid S_{t-1} = i)$，并满足 $\sum_{j=1}^{3} p_{ij} = 1$；$i, j = 1, 2, 3$。

为估计所构建的模型，推导 y_t，S_t 和 S_{t-1} 基于过去信息集 I_{t-1} 条件下的联合分布密度函数如下：

$$
\begin{aligned}
f(y_t, S_t, S_{t-1} \mid I_{t-1}) &= f(y_t \mid S_t, S_{t-1}, I_{t-1}) \Pr(S_t, S_{t-1} \mid I_{t-1}) \\
&= \frac{1}{\sqrt{2\pi\sigma_{S_t}^2}} \exp\left(\frac{-1}{2\sigma_{S_t}^2} (y_t - \mu_{S_t} - \sum_{i=1}^{p} \phi_{iS_t} y_{t-i})^2 \right) \Pr(S_t, S_{t-1} \mid I_{t-1})
\end{aligned}
\tag{4.19}
$$

利用式（4.19）可以获得边际分布：

$$
\begin{aligned}
f(y_t \mid I_{t-1}) &= \sum_{S_t=1}^{3} \sum_{S_{t-1}=1}^{3} f(y_t, S_t, S_{t-1} \mid I_{t-1}) \\
&= \sum_{S_t=1}^{3} \sum_{S_{t-1}=1}^{3} f(y_t \mid S_t, S_{t-1}, I_{t-1}) \times \Pr(S_t, S_{t-1} \mid I_{t-1})
\end{aligned}
\tag{4.20}
$$

由式(4.20)可以得出对数似然函数：

$$\ln L = \sum_{t=1}^{T} \ln\left(\sum_{S_t=1}^{3} \sum_{S_{t-1}=1}^{3} f(y_t \mid S_t, S_{t-1}, I_{t-1}) \times \Pr(S_t, S_{t-1} \mid I_{t-1})\right) \quad (4.21)$$

其中，$\Pr(S_t=j, S_{t-1}=i \mid I_{t-1}) = \Pr(S_t=j \mid S_{t-1}=i) = \Pr(S_t=i \mid I_{t-1})$，$i$，$j = 1, 2, 3$。

利用计算出的加权项 $\Pr(S_t, S_{t-1} \mid I_{t-1})$ 更新式(4.21)，其中 y_t 为 t 时刻的样本观测值，其具体计算过程如下：

$$\Pr(S_t=j, S_{t-1}=i \mid I_t)$$

$$=\left(f(y_t \mid S_t=j, S_{t-1}=i, I_t) \cdot \Pr(S_t=j, S_{t-1}=i \mid I_{t-1})\right)\Big/$$

$$\left(\sum_{S_t=1}^{3} \sum_{S_{t-1}=1}^{3} f(y_t \mid S_t=j, S_{t-1}=i, I_{t-1}) \cdot \Pr(S_t=j, S_{t-1}=i \mid I_{t-1})\right) \quad (4.22)$$

同时，可以得到滤波概率(filtered probability)：

$$\Pr(S_t=j \mid I_t) = \sum_{i=1}^{3} \Pr(S_t=j, S_{t-1}=i \mid I_t) \quad (4.23)$$

基于 $t=1, 2, \cdots, T$ 时的滤波概率迭代式(4.21)和式(4.22)，可以在 $f(y_t \mid I_{t-1})$ 中相应的得到加权项，并最终得到对数似然值和各个状态和时刻的转移概率。

4.4.2 区制划分和参数估计

本研究将中国宏观系统性风险指数这一区制变量设置为三种状态："低度风险水平(s_1)"、"中度风险水平(s_2)"和"高度风险水平(s_3)"。平滑概率表示连续两期均为"低度风险"、"中度风险"和"高度风险"的区制转换概率，我们设定：当低风险区制的平滑概率估计值大于 0.5 时，宏观系统性风险处于较低水平，银行体系无须计提逆周期缓冲资本；当中度风险区制的平滑概率值大于 0.5 时，宏观系统性风险为中度水平，须计提一定数量的逆周期资本，将其设定为 1.25%；当高风险区制的平滑概率值大于 0.5 时，系统性风险处于高度风险水平，需要计提 2.5% 的逆周期资本上限值。

研究中采用 Oxmetrics 软件基于极大似然估计方法对上述马尔科夫三区制状态转换模型进行参数估计，并根据 AIC 准则、HQ 准则和 SC 准则及对数似然函数选择最优滞后长度，得到模型参数估计值、对数似然值和转移概率矩阵结果如表 4.10 所示，各参数估计结果较为显著，且模型的线性 LR 检验统计量拒绝模型线性的原假设，根据估计结果可以看出模型的均值参数和方差在不同区制下差异较大，这表明我国宏观系统性风险指数的动态过程中存在明显的三个区制。

表 4.10　Markov-Switching 模型参数估计结果

	系　数	t 值
μ_1	0.339 7***	34.4
μ_2	0.429 7***	41.9
μ_3	0.531 0***	57.4
σ_1	0.045 9***	6.3
σ_2	0.031 2***	4.61
σ_3	0.028 3***	5.37
P_{11}	0.880 6***	10.5
P_{12}	0.063 9	0.935
P_{21}	0.072 2	1.04
P_{22}	0.808 5***	7.85
P_{23}	0.177 7*	1.90
Log-likelihood	81.021	
线性 LR 检验	50.865***	

注：*、**和***分别表示 10%、5%和 1%水平下估计值统计显著。

4.4.3　实证结果分析

根据模型估计结果可得到上述马尔科夫区制转移模型在 $S_t=1$，$S_t=2$ 和 $S_t=3$ 处取值的平滑概率，如图 4.6 所示，它们刻画了宏观系统性风险指数在 1998 年第四季度至 2011 年第四季度（即 $t=1，2，\cdots，53$ 时刻）在不同区制状态下发生转移的概率。由平滑概率图可以看出，我国宏观系统性风险在所研究的样本区间内，大多数时间处于低度风险或中度风险状态，高度风险状态出现在 2002 年第四季度至 2003 年第四季度、2007 年第一季度至 2007 年第四季度以及 2009 年第二季度至 2011 年第二季度。

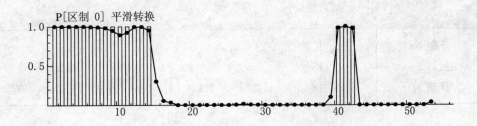

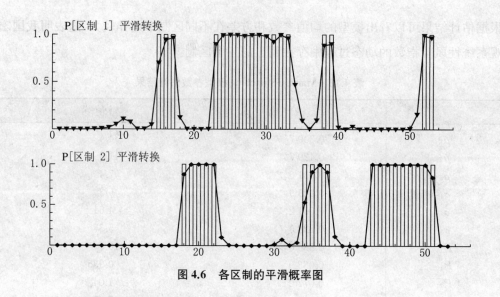

图 4.6　各区制的平滑概率图

　　表 4.11 是区制转移概率 p_{ij} 的估计结果，表 4.12 给出了各个区制的样本数量、区制出现的概率和平均持续期，其中在同一状态 i 的持续期 $D(S_i)$ 为：

$$D(S_i) = \frac{1}{1 - p_{ii}} \tag{4.24}$$

　　由表 4.11 可以看出，三个区制稳定性都很高，其转移概率分别为 $p_{11} = 0.880\ 6$，$p_{22} = 0.808\ 6$ 和 $p_{33} = 0.822\ 3$。

表 4.11　区制转移概率矩阵

i \ j	区制 1	区制 2	区制 3
区制 1	0.880 6	0.072 2	0.000 0
区制 2	0.063 9	0.808 6	0.177 7
区制 3	0.055 5	0.119 3	0.822 3

表 4.12　各状态的样本数量与持续期

i \ j	样本数量	频　率	平均持续期
区制 1	17	0.321	8.37
区制 2	18	0.339	3.22
区制 3	18	0.339	5.63

表 4.12 表明,从 1998—2011 年我国宏观系统性风险水平处于低风险状态的平均持续期为 8.37 季度,中度风险状态的平均持续期为 3.22 季度,高度风险状态的平均持续期 5.63 季度。处于低风险和高风险状态的持续期较长,体现了我国经济波动性较大的特征。根据马尔科夫三区制状态转换模型的估计结果,可以得出我国银行体系逆周期缓冲资本的计提与释放情况,如图 4.7 所示。

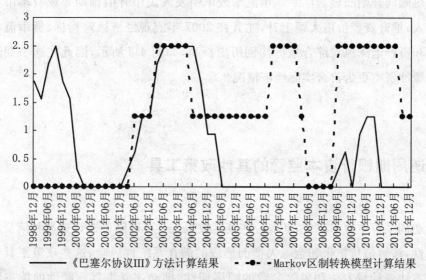

图 4.7　根据马尔科夫模型计算的我国逆周期缓冲资本与《巴塞尔协议Ⅲ》方法计算值的对比

　　对比马尔科夫模型计算的逆周期资本缓冲值与 Basel III 框架下的计算值,见图 4.7,可以看出根据马尔科夫模型结果,在 1998—1999 年亚洲金融危机期间银行无须计提超额资本,而根据 Basel III 方法则须要显著计提逆周期资本,其差异原因在于信贷余额/GDP 指标在经济总量下滑时,易造成其比值明显高于长期趋势,引发结果偏误;而在 2007 年和 2009—2010 年间,国内经济面临热钱流入、资产价格膨胀、房地产信贷扩张和杠杆率上升等趋势,从信用整体层面具有一定的过热风险,根据多指标监测框架和马尔科夫识别方法,银行体系需计提充分的逆周期资本缓冲,实施中性审慎的信用政策,而 Basel III 方法的计算值由于未考虑社会整体信用融资状况和资产价格风险,其得出的资本计提水平则较低。

　　与《巴塞尔协议Ⅲ》逆周期资本计提方法相比,马尔科夫区制转换模型避免了前者使用固定阈值法产生的主观判断问题,对于风险的识别以概率分布的形式给出,更为客观;此外,该模型能够刻画系统风险在上行与下行阶段的非对称性,能够较好地捕捉拐点。在挂钩指标上从信贷余额/GDP 缺口这一单一指标扩展到多维度、多层次的风险衡量综合指标体系,能够从更广的范围考察宏观经济周期和金融失衡风险的累积,增强监管当局判断的准确性。例如本节的计算结果认为在 2005 年第二季度至 2008 年第一季度期间,我国金融系统性风险处于中、高风险状态,需要计提逆周期资本,尤其在 2007 年应当计提 2.5% 的逆周期资本上限值;而根据《巴塞尔协议Ⅲ》的方法,这一期间计提值应为零,见表 4.4。事实上,我国经济在 2005—2007 年间持续快速增长,投资过热倾向开始凸显,且 2005 年汇率改革引发人民币升值预期导致资本市场热钱不断涌入,推升资产价格大幅上升,尤其在 2007 年宏观经济风险指标、货币流动性风险指标和资产泡沫风险综合指标均创历史新高,如图 4.3 所示,因此在这一期间计提逆周期缓冲资本更为符合实际经济情况。

4.5 逆周期银行资本监管的其他政策工具

除逆周期资本要求以外,还有一些其他政策工具可以降低银行资本和信贷波动的顺周期性,缓解信贷扩张和金融失衡而形成的潜在系统性风险,这些政策工具包括降低新资本协议计量方法和风险参数的顺周期性、推动建立更具前瞻性的拨备计提方法、实施动态调整的贷款抵押率和风险中立的杠杆率监管等。

1. 降低新资本协议计量方法和风险参数的顺周期性。

内部评级法的应用大幅增加了监管资本的风险敏感性,但其计量方法中的风险参数违约概率(PD)、违约损失率(LED)、违约风险暴露(EAD)和期限(M)等,由于随经济周期性变动而具有顺周期性,当经济处于上行阶段时,PD、LED 和 EAD 均下降,导致风险权重减小,资本要求降低,推动了银行信贷进一步扩张,而当经济处于下行阶段时,PD、LED、EAD 参数均呈现出上升趋势,导致风险权重增加,监管资本要求提高。对此,巴塞尔委员会在起草《巴塞尔协议Ⅲ》时提出了一定建议和措施,力求降低内部评级法下监管资本计提的顺周期性。主要包括:一是将风险权重设计为凸性函数,这意味着当违约概率(PD)增加时,资本要求对违约概率的弹性减小,使得资本要求对评级下降的敏感性减弱;二是鼓励使用跨周期评级法(through the cycle, TTC)而非时点评级法(point in time, PIT)估算违约概率和违约损失率,要求实际违约损失率不能小于长期违约加权平均损失率,所使用的数据至少具有 5—7 年跨度,能够覆盖一个完整的经济周期;三是要求银行进行压力测试,并假设极端情形和温和衰退等不同情境以测试信贷风险迁徙路径,根据压力测试结果以决定是否需要进一步计提资本。

2. 建立更具前瞻性的拨备计提方法。

从功能上说,贷款损失拨备与资本均是银行吸收损失的主要途径,金融危机爆发后,贷款损失拨备制度的顺周期性也受到广泛关注和质疑。在现行监管准则下,银行只能在有客观证据表明贷款已发生损失时,才可按贷款摊余成本与未来现金流的差值计提贷款损失拨备,这导致拨备计提具有明显滞后性。此外,有研究显示贷款损失拨备与经济周期具有明显的负相关性(Borio,2011)。因此,探索建立基于预期损失模型的前瞻性动态拨备制度,促使银行在经济上行时期多提拨备,以提高未来的损失吸收能力,而在经济下行期少提拨备,以增加银行利润和维持资本水平,平滑信贷波动,成为危机后监管改革探索的另一重要方向。在预期损失模型下,贷款拨备的计提应基于跨周期的历史平均贷款损失率,且在每期期末均需要重新评估贷款的预期现金流和预期信用损失,对预期损失作出前瞻性判断。此外,银行还应对动态贷款拨备的相关信息予以充分披露,避免操纵利润现象的发生。

3. 实施动态调整的贷款抵押率。

贷款抵押率即为贷款资金与相应抵押品价值的比率,一般被用于住房抵押贷款领域,贷款抵押率越高,则首付比例越低。由于抵押品资产价格在经济周期变动中发挥了"金融加速器"的作用(Bernanke,1999),银行的信贷决策通常基于借款人的资产净值与抵押品等因素。在经济上行期,资产价格上涨导致抵押品价值增加,提高了借款人的举债能力,推动银行信贷扩张;反之在经济下行期,抵押品价格下跌导致银行放贷谨慎,贷款规模紧缩,这加剧了经济的周期性波动。因此,当特定行业呈现信贷高速增长,而系统性风险并未全面增加时,通过限制特定行业过高的贷款抵押比率有利于抑制信贷过度扩张与资产价格膨胀,此外,在对抵押品估值时还应综合考虑市场交易价值与其长期趋势和贴现价值,以避免市场价格的大幅波动造成抵押品净值的顺周期波动,有利于金融稳定的目标。

4. 建立风险中立的杠杆率监管。

杠杆率是资本与表内外总资产的比率或其倒数,具有简单、透明、不具有风险敏感性的特点,可以与内部评级法下计算出的资本充足率要求形成互补,以避免经济上行时期加权资本充足率下降过多,可以通过杠杆率约束限制资产规模的快速扩张和非理性的风险承担行为,此外杠杆率约束还能够避免金融创新或投机行为造成的监管资本套利,使得银行业保持一定水平的合格资本,防止过高杠杆及信贷失速带来的潜在系统风险。

4.6　本章小结

本章从系统性风险的时间维度出发,对我国银行业资本监管的顺周期性以及相应的逆周期资本监管框架下的监测指标体系、风险识别等问题进行深入研究。本章的研究内容和主要结论包括:

第一,通过实证研究我国银行业实际资本充足率与 GDP 变动的关系,得出:(1)我国商业银行的资本充足率变动具有一定的顺周期性;(2)资本充足率变动的顺周期效应具有非对称性,一方面在经济上升时期资本充足率的增加显著小于经济下降时期资本充足率的降低幅度;另一方面,大银行资本充足率变动的顺周期效应更为剧烈,尤其是在经济衰退时期,大银行资本充足率的下降幅度显著大于中小银行。

第二,尽管《巴塞尔协议Ⅲ》提出了逆周期资本监管的设计思路与计算方法,但其将信贷余额/GDP 对长期趋势的偏离值作为衡量宏观系统性风险的唯一指标,指标选择不够全面,未考虑更广范围的信息,计算结果具有不稳健性且未能有效解决监管资本的顺周期性,此外,在该框架下,风险状态的识别以绝对化的阈值方式给出,也不够客观科学。

第三,本章在关于金融危机预警、金融体系脆弱性指标度量的国内外研究基础上,从宏观经济风险、货币流动性风险、信贷扩张风险、资产泡沫风险和金融杠杆风险五个层面构建了中国宏观系统性风险指标体系,以反映我国宏观金融层面和社会整体的信用融资水平,并作为逆周期资本监管的挂钩指导变量。

第四,在宏观系统性风险度量框架基础上构建了反映我国经济过热程度和金融失衡风险的综合指数,应用马尔科夫区制转换模型对系统性风险的状态进行识别和分析,并以此确定逆周期资本的计提时点和程度。研究得出,在三种不同区制状态假设下(即"低度风险"、"中度风险"和"高度风险"),我国宏观系统性风险综合指数在 1998 年 4 季度至 2011 年 4 季度期间中,处于"低风险"状态的时期为 1998 年 4 季度至 2002 年 1 季度,以及 2008 年 1 季度至 2009 年 1 季度,此时应逆周期资本要求应为零,或者释放已积累的逆周期资本缓冲,以平滑经济下行期的信贷波动;处于"中等风险"状态的时期为 2002 年 2 季度至 4 季度,2004 年 2 季度至 2006 年 4 季度,此时,应根据风险概率水平计提部分逆周期资本;处于"高风险"状态的时期为 2003 年 1 季度至 2004 年 1 季度,2007 年全年,以及 2009 年 2 季度至 2011 年 1 季度,此时计提的逆周期资本应为最大值。

　　第五,除逆周期资本要求以外,还有一些其他政策工具可以降低银行资本和信贷波动的顺周期性,这些政策工具包括降低新资本协议计量方法和风险参数的顺周期性、推动建立更具前瞻性的拨备计提方法、实施动态调整的贷款抵押率和风险中立的杠杆率监管等。

第 5 章　基于系统性风险的银行资本监管与中国宏观经济波动

　　第三章和第四章分别研究了我国银行体系的横截面传染风险和银行资本的顺周期效应,并在此基础上建立了基于这两类系统性风险的监测指标和银行监管资本实施办法,对逆周期资本和具有系统重要性银行的附加资本设定方法和应用进行了研究和实证。本章通过建立一个含有银行部门监管资本影响和金融加速器效应的新凯恩斯主义(new Keynesian)的动态随机一般均衡模型(DSGE model),分析在《巴塞尔协议Ⅲ》新监管框架下银行资本充足率要求提高和逆周期资本政策的实施对宏观经济波动的冲击和影响,主要回答以下三个核心问题:一、货币政策的银行资本传导渠道对于宏观经济波动的作用机制和效果如何? 二、银行资本监管要求提高对于宏观经济变量的冲击效应和影响程度有多大? 三、逆周期资本监管政策的实施能否对真实经济波动起到平抑作用? 通过理论和实证分析,深入研究银行监管资本变动通过信贷渠道对于宏观经济波动的影响机制和效果,为我国货币政策和逆周期审慎资本监管政策的实施提供理论与经验支持。

　　宏观经济研究的一项重要任务是理解真实产出波动的来源、传导机制及可持续性。居民、企业、银行、中央银行和政府部门等微观主体的决策行为对真实经济变量波动产生重要影响。因此,研究银行资本监管对宏观经济波动的影响机制和福利损失效应需要建立在微观主体行为最优化基础之上。从研究方法来看,有效政策的制定需基于对市场微观结构和传导机制的深刻理解,在不确定环境下基于微观主体行为最优化的 DSGE 模型以其显性建模框架、理论一致性和宏微观有效结合等重要特征,表现成为理论界和中央银行货币政策研究的主要工具手段。

构建 DSGE 模型有两大理论基础：一是真实经济及周期理论（real business cycle theory，RBC），二是新凯恩斯主义理论。RBC 理论假设市场完全竞争、价格和工资完全弹性，以及理性预期，认为技术等供给方面的因素是经济波动的主要来源。基于 RBC 理论的 DSGE 模型不包括货币当局的行为决策，这与现实经济环境不符，受到了众多的批判。20 世纪 90 年代，学者吸取凯恩斯理论的一些基本假设，在 RBC 模型基础上建立了"新凯恩斯主义"模型，该模型在理性预期、垄断竞争市场、经济中存在价格粘性和工资粘性以及货币政策在短期非中性的假设下，认为不仅技术冲击是经济周期波动的来源，货币政策冲击同样对实际产出产生影响（Blanchard and Kiyotaki，1987；Blinder et al.，1998；Taylor，1999；Smets and Wouters，2003 等）。但无论 RBC 模型还是新凯恩斯模型框架均未考虑金融市场摩擦、金融冲击、金融中介以及信贷货币政策等因素，在理论框架中体现不出金融市场对于宏观经济波动有任何影响。20 世纪 70 年代兴起的不完全信息理论将金融市场摩擦引入经济周期波动的分析框架中，认为信贷市场能够放大并传导初始冲击，信贷市场在宏观经济波动中的作用得到广泛关注。其中以 Bernanke，Gertler 和 Gilchrist（1999）提出的金融加速器（financial accelerator）理论最具有代表性，他们将信贷市场不完美和企业净值变动纳入新凯恩斯分析框架，推导出企业的外部融资溢价与其净资产之间呈负相关，发现当存在金融加速器时，外部冲击对整个经济的影响远大于传统模型的分析结果。此后，Bernanke 等人（1999）、Kiyotaki 和 Moore（1997）等进一步研究在一般均衡框架下纳入金融和信贷市场因素，推进了对金融加速器效应和货币政策传导的信贷渠道机制的深入研究和发展。2007 年发生的美国次贷危机成为推动这一领域理论发展的又一冲击，大量文献再次展开了讨论，模型创新主要体现为直接或间接引入银行中介部门，将信贷约束机制内生化，探讨银行资本监管约束、权益资本成本和融资摩擦等因素对信贷扩张和宏观经济波动的影响，代表性文献包括：Christiano et al.，2010；Angelini，2010；Kannan，2009；Gerali et al.，2010；Gertler and Kiyotaki，2010 等。

本章在金融"加速器"理论基础上，尝试构建一个包含货币当局、银行中介、家庭、企业和零售品部门的五部门 DSGE 模型。通过在一般均衡框架下纳入金融和信贷市场因素，探讨银行资本监管约束、资本权益成本和融资摩擦等因素对信贷扩张和宏观经济波动的影响，研究信贷供给端银行资本渠道与信贷需求端企业资产净值影响下的金融加速器渠道共同对于经济金融周期的波动放大作用，并结合中国实际数据通过校准和动态模拟，进一步研究了在《巴塞尔协议Ⅲ》新监管框架下，银行最低监管资本要求的提高和逆周期资本监管的实施对于宏观经济波动的影响和福利损失效应。本章的具体安排如下：第一节建立一个包含五部门的 DSGE 模型框架；第二节求解该模型，计算模型的稳态值和对数线性化方程，并进行参数校准；第三节分析冲击反应实验和模拟结果；第四节分析模型结果的政策启示与相关建议；第五节是本章小结。

5.1 DSGE 模型的建立

本节我们将在 Bernanke、Gertler 和 Gilchrist（1999），以及 Hyunduk（2011）的基础上建立一个含有银行监管资本约束和金融加速器影响的五部门新凯恩斯 DSGE 模型，假设模型经济由家庭、企业、银行中介、零售品和货币当局部门构成。代表性家庭供给劳动获得劳动收入，收入用于当期消费、储蓄积累和持有银行资本。代表性企业负责生产部门的商品生产和资本品的投资，并实现资本积累。银行部门吸收私人存款，向企业发放贷款，同时受到资本监管约束，需要积累资本。货币当局根据产出缺口和通胀水平确定基准利率。

5.1.1 家庭部门

假设代表性家庭能够无限期生存，其效用取决于 t 期家庭的消费水平 C_t、家庭持有的银行活期存款 D_t 以及其提供的劳动量 H_t^c，假定家庭持有的所有现金余额均以银行活期存款形式存在。因此，代表性家庭的偏好由如下形式的常相对风险规避型（CRRA）效用函数所表示，具体函数形式为：

$$E_t \sum_{t=0}^{\infty} \beta^t \left[\frac{(C_t)^{1-\eta_c}}{1-\eta_c} + \alpha_0 \frac{(D_t)^{1-\eta_d}}{1-\eta_d} - \alpha_1 \frac{(H_t^c)^{1+\eta_h}}{1+\eta_h} \right] \tag{5.1}$$

其中，主观贴现因子 $\beta^t \in (0, 1)$，C_t 代表家庭 t 时期的消费，D_t 代表 t 期家庭存款，H_t^c 表示家庭提供给中间产品生产企业的劳动量。结构参数 η_c、η_d 和 η_h 均大于零，分别表示消费、实际存款和劳动供给的跨期替代弹性的倒数，也可以理解为相对风险规避。α_0、α_1 为大于零的系数，分别表示家庭存款和劳动对效用的相对贡献度。在 t 期代表性家庭最大化其跨期效用时，将受到跨期预算约束：

$$C_{t+1} + D_{t+1} + S_{t+1} = W_t H_t^c + R_t^D D_t + R_t^S (1-\phi_t) S_t + \pi_t^l - T_t \tag{5.2}$$

其中，S_t 是家庭部门在 t 期持有的银行资本数量，其权益资本收益率为 R_t^S，D_t 为持有的实际银行存款数量，从 t 期到 $t+1$ 期存款 D_t 的实际利息率为 R_t^D。在 t 期代表性家庭向中间品企业提供 H_t^c 单位劳动，并获得 $W_t H_t^c$ 的劳动工资，W_t 表示劳动力实际成本，并从最终产品生产企业获得利润分红 π_t^l，同时向政府缴纳税收 T_t。

在上述约束条件下，代表性家庭通过选择 C_t、D_t、S_t 以及 H_t^c 来最大化期望效用函数，其最优化问题表达式为：

$$E_t \sum_{t=0}^{\infty} \beta^t \Big[\frac{(C_t)^{1-\eta_c}}{1-\eta_c} + \alpha_0 \frac{(D_t)^{1-\eta_d}}{1-\eta_d} - \alpha_1 \frac{(H_t^c)^{1-\eta_h}}{1-\eta_h} - \lambda_t (C_{t+1} + D_{t+1} + S_{t+1}$$

$$- W_t H_t^c - R_t^D D_t - R_t^S (1-\phi_t) S_t + T_t - \pi_t^l) \Big] \tag{5.3}$$

其中，λ_t 为拉格朗日因子，分别对 C_t、D_t、S_t 以及 H_t^c 进行求导，整理后其一阶条件为：

$$(C_t)^{-\eta_c} = \beta R_t^S (1-\phi_t) E_t \big[(C_{t+1})^{-\eta_c} \big] \tag{5.4}$$

$$(C_t)^{-\eta_c} = \beta E_t \big[(C_{t+1})^{-\eta_c} \big] R_t^D + \alpha_0 D_t^{-\eta_d} \tag{5.5}$$

$$\alpha_1 (H_t^c)^{-\eta_h} = (C_t)^{-\eta_c} W_t \tag{5.6}$$

5.1.2 企业部门

企业部门由企业家经营，并使用资本品、劳动力和中间品进行生产，生产中使用的资本品需要依靠企业内部融资和外部融资购买，外部融资主要从银行中介部门获得。因此，企业部门的决策可以分为企业生产、外部融资需求和投资规模的确定三个部分。

1. 企业生产。

假定代表性企业在一定技术条件下通过投入资本 K_t 和劳动力 H_t 进行生产运营，生产 Y_t 单位产量产品，生产函数为柯布—道格拉斯形式，具体表示如下：

$$Y_t = A_t K_t^\alpha H_t^{1-\alpha} \tag{5.7}$$

其中，$\alpha \in (0,1)$ 为资本在产出中的贡献份额，假定 A_t 是所有企业面临的同质技术冲击，其满足如下一阶自回归过程：

$$\ln A_t = (1-\rho_A) \ln A + \rho_A \ln A_{t-1} + \varepsilon_{At} \tag{5.8}$$

其中，$\rho_A \in (-1,1)$ 是一阶自回归系数，ε_{At} 为白噪声（white noise），即满足均值为 0

标准差为 σ_A 的正态分布,且不存在序列相关。

假定企业的劳动供给 H_t 满足如下方程,其中 H_t^c 为企业劳动供给,H_t^c 为家庭劳动供给,将其合成抽象劳动 H_t,如式(5.9)所示,其中一般家庭劳动占比为 Ω:

$$H_t = (H_t^c)^\Omega (H_t^e)^{1-\Omega} \tag{5.9}$$

在完全竞争市场上,每个企业通过选择资本 K_t 和劳动力 H_t,并按照等于其要素边际产出价值来生产和出售产品 Y_t,以最大化跨期利润总和,此规划问题的一阶最优条件为:

$$Z_t = \alpha \xi_t \frac{Y_t}{K_t} \tag{5.10}$$

$$W_t = (1-\alpha)\xi_t \frac{Y_t}{H_t^c} \tag{5.11}$$

$$W_t^e = (1-\alpha)(1-\Omega)\xi_t \frac{Y_t}{H_t^e} \tag{5.12}$$

其中,式(5.10)至(5.12)表示居民和企业家实际工资 W_t、W_t^e 和资本实际边际生产率 Z_t 与要素边际产出价值的关系,$\xi_t > 0$ 为生产函数的拉格朗日乘子,表示生产单位产品的实际边际成本。根据模型设定,企业生产的中间产品销售给零售商,零售商无成本地将企业产品改造为差异化的产品,并获得垄断定价权,零售商改造后的产品价格标准化为 1,其成本加成为 X_t,则企业家生产的中间产品相对价格为 $\frac{1}{X_t}$,且有 $\xi_t = \frac{1}{X_t}$。

2. 企业外部融资需求。

代表性企业利用自有资金和从银行贷款融资进行生产。每期末,企业以实际价格 Q_t 购买资本品 K_{t+1} 用于下期生产,企业资金来源分别来自自有净资本 N_{t+1} 和从金融中介借贷 $(Q_t K_{t+1} - N_{t+1})$。企业在 $t+1$ 期的预期资本回报率可表示为:

$$E_t R_{t+1}^K = E_t \left[\frac{\dfrac{1}{X_{t+1}} \alpha \dfrac{Y_{t+1}}{K_{t+1}} + (1-\delta)Q_{t+1}}{Q_t} \right] \tag{5.13}$$

其中,δ 为资本品的折旧率,$\dfrac{1}{X_{t+1}} \alpha \dfrac{Y_{t+1}}{K_{t+1}}$ 为 $t+1$ 期的资本边际生产率,即 Z_{t+1},

$(1-\delta)Q_{t+1}$ 为 $t+1$ 期单位投资的资本利得。式(5.13)表明,企业资本的边际收益来自生产中的利润和投资品的资本利得。

根据 Bernanke,Gertler 和 Gilchrist(1999)的结论,在信贷市场存在摩擦和信息不对称的情况下,企业了解自身的产出水平,但外部金融中介需要付出一定审核成本对贷款企业的资产进行查证后才能够获得信息。因此,银行要求的贷款利率会高于企业的内部融资成本,即存在外部融资升水(external finance premium)。通常情况下外部融资风险升水与企业的外部融资超出净资产的比例呈正相关,当企业资产净值越高、杠杆率和违约风险越低时,企业的外部融资利率也越低,反之则融资利率越高,即表示为式(5.14)。

$$E_t R_{t+1}^K = E_t \left[s\left(\frac{N_{t+1}}{Q_t K_{t+1}}\right) \right] R_{t+1}^L \tag{5.14}$$

其中,N_t 为第 t 期企业净资本,R_t^L 为银行中介面临的资金机会成本,$s(\cdot)$ 为外部融资风险升水且 $s'(\cdot) < 0$,它与企业的杠杆比率 $\frac{Q_t K_t}{N_t}$ 呈正比,对式(5.14)进行对数线性化即可得到式(5.15),其中 ϑ 表示外部融资风险升水对企业融资杠杆比率变化的弹性。

$$\hat{r}_t^k = \hat{r}_t^l + \vartheta(\hat{q}_t + \hat{k}_t - \hat{n}_t) \tag{5.15}$$

假设企业在每一期都面临着一定的破产概率,如果企业破产则被市场淘汰。设企业每期的存活概率为 γ,企业净资产 N_{t+1} 由企业的财富积累 V_t 和企业工资 W_t^e 构成:

$$E_t N_{t+1} = \gamma V_t + W_t^e \tag{5.16}$$

企业部门净资产值的演化路径可以进一步表示为:

$$E_t N_{t+1} = \gamma\left(R_t^K Q_{t-1} K_t - R_t^L s\left(\frac{N_t}{Q_t K_{t+1}}\right)(Q_{t-1} K_t - N_t)\right) + (1-\alpha)(1-\Omega)A_t K_t^\alpha H_t^{(1-\alpha)\Omega} \tag{5.17}$$

对于破产企业而言,其剩余的企业净资产为 $(1-\gamma)N_t$ 将全部贡献给消费,将其记为企业消费 C_t^e,即有:

$$C_t^e = (1-\gamma)N_t \tag{5.18}$$

3. 最优投资规模。

假定企业下一期的资本来源于当期的剩余资本与当期投资,且存在资本调整成本,即资本积累的动态方程可表示为式(5.19),其中 I_t 代表企业家在 t 时期的投资,δ 为资本折旧率,资本调整成本的设定参照 Christensen 和 Dib(2008),表示为 $\frac{\chi}{2}\left(\frac{I_t}{K_t}-\delta\right)^2 K_t$,其中 $\chi>0$ 为资本调整系数,在这种设定下稳态时资本总调整成本与边际调整成本均为零。

$$K_{t+1}=(1-\delta)K_t+I_t-\frac{\chi}{2}\left(\frac{I_t}{K_t}-\delta\right)^2 K_t \tag{5.19}$$

企业通过选择最优投资规模以最大化投资收益,投资的目标函数表示为 $\max E_t(Q_{t+1}K_{t+1}-I_t)$,则最优投资规模的一阶条件决定了资本品价格须满足:

$$E_t\left[Q_t-1-\chi\left(\frac{I_t}{K_t}-\delta\right)\right]=0 \tag{5.20}$$

5.1.3 银行中介部门

假定代表性银行在给定存款利率 R_t^D 和银行权益资本成本 R_t^S 情况下,吸收家庭部门存款 D_t,持有股权资本 S_t,并为中间产品生产商提供贷款 L_t。本模型的一项创新是引入银行中介部门,考虑了银行资本监管约束对信贷供给决策的内生化影响,由于资本的信号显示作用和权益资本调整成本的存在,银行资本水平影响其违约概率以及贷款的规模、风险及利率价格。资本不足的银行通常违约概率更高、信贷规模紧缩的可能性更大并且对企业要求的均衡贷款利率也更高。

同 Gerali 等(2008)一致,假设银行部门的贷款资金成本是存款利率 R_t^D 与资本融资成本 R_t^S 的加权平均,并且由于融资成本和摩擦的存在,银行贷款资金成本与其自身资本水平呈负相关,银行资本的调整成本为二次函数形式 $\frac{\kappa_b}{2}\left(\frac{S_t}{L_t}-\eta\right)^2 S_t$,其中 $\kappa_b>0$ 为调整系数,η 为最低监管资本充足率要求,根据 Gerali 等(2008)的研究,最优化状态下银行的可贷资金成本表示为:

$$R_t^L=(1-\lambda_t)R_t^D+\lambda_t(1-\phi_t)R_t^S-\kappa_b(\lambda_t-\eta)\lambda_t^2,\ \lambda_t=\frac{S_t}{L_t} \tag{5.21}$$

其中,λ_t 表示银行实际资本充足率水平,ϕ_t 表示银行部门破产概率。式(5.21)反映了银行部门的可贷资金成本不仅包含存款利率和权益资本成本,还受到融资调整成本的影响;银行的融资成本与其资本水平呈负相关,在资本水平低于监管要求时银行融资成本上升,其面临的资金机会成本也增加。

在不考虑外生性的政府注资和银行发行新权益资本情况下,银行累积资本的增加来源于留存收益扣除股利部分,因此银行资本积累的动态方程表示为:

$$S_{t+1} = (1 - \phi_t)S_t + \pi_t^b - Div_t \tag{5.22}$$

其中,S_{t+1} 表示期末银行资本,$(1-\phi_t)S_t$ 表示破产影响调整后的期初银行资本,π_t^b 表示当期银行利润,Div_t 表示银行当期股利分红(为简化起见,本研究未考虑分红政策变量的影响)。其中,银行第 t 期的利润 π_t^b 为:

$$\pi_t^b = R_t^K L_t - R_t^D D_t - R_t^S (1 - \phi_t)S_t - \frac{\kappa_b}{2}\left(\frac{S_t}{L_t} - \eta\right)^2 S_t \tag{5.23}$$

对于银行部门的破产概率 ϕ_t,假定其余资本充足率水平成反比,借鉴 Hyunduk (2011)对银行部门违约概率函数的设定,假设银行破产违约率的变动满足 logistic 函数:

$$\phi_t = F(\lambda_{t-1}, \varepsilon_t^\phi) = \left(\frac{\exp(v_a - v_b\lambda_{t-1})}{\exp(v_a - v_b\lambda_{t-1}) + 1}\right) \cdot \varepsilon_t^\phi \tag{5.24}$$

其中,v_a,v_b 为参数,ε_t^ϕ 满足均值为 0,方差为 σ_ϕ 的 i.i.d 正态随机冲击。在这一函数设定下,银行部门违约率与其资本充足率之间的函数关系为图 5.1 所示的倒 S 形,即

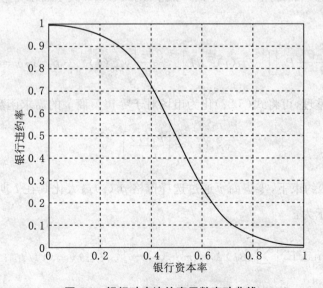

图 5.1 银行破产违约率函数变动曲线

当资本充足率下降到一定程度时,银行违约概率将显著增加并趋近于 1,而当银行资本水平较高时,其违约概率则几乎近于零。

5.1.4 零售商部门

为了引入名义价格黏性,我们在模型中引入零售商。假设零售商由连续统的垄断竞争厂商 j,$j \in (0,1)$ 构成,零售商购买企业所生产的产品,并在垄断竞争市场上销售,每个零售商只加工一类差异化的零售产品,且所有差异化的零售产品以 Dixit—Stiglitz 形式形成经济中的最终产品,其生产函数为:

$$y_{t+l} = \left[\int_0^1 y_{t+l}(j)^{\frac{\theta-1}{\theta}} dj \right]^{\frac{\theta}{\theta-1}} \tag{5.25}$$

其中,$y_{t+l}(j)$ 表示零售商 j 的产出,θ 表示市场对零售产品需求的弹性系数,且 $\theta > 1$。根据 Calvo(1983)的设定,假定零售商在每期以 ϕ 的概率调整价格,以 $1-\phi$ 的概率在 l 期保持价格不变。设 P_{t+l} 表示零售商产品的总体价格,$\tilde{p}_t(j)$ 表示零售商 j 的产品价格,因此零售商 j 通过选择产品需求量 $y_{t+l}(j)$ 最大化其收益:

$$\max_{y_{t+l}(j)} P_{t+l} \left[\int_0^1 y_{t+l}(j)^{\frac{\theta-1}{\theta}} dj \right]^{\frac{\theta}{\theta-1}} - \int_0^1 \tilde{p}_t(j) y_{t+l}(j) dj \tag{5.26}$$

如果仅考虑产品区间[0, 1]中的产品 j,则式(5.26)关于需求量 $y_{t+l}(j)$ 的一阶条件为:

$$\frac{\theta}{\theta-1} P_t \left[\int_0^1 y_{t+l}(j)^{\frac{\theta-1}{\theta}} dj \right]^{\frac{1}{\theta-1}} \frac{\theta-1}{\theta} y_{t+l}(j)^{\frac{-1}{\theta}} - \tilde{p}_{t+l}(j) = 0 \tag{5.27}$$

通过化简整理,可将式(5.27)化为市场对于零售厂商 j 的需求函数,即:

$$y_{t+l}(j) = \left[\frac{\tilde{p}_t(j)}{p_{t+l}} \right]^{-\theta} y_{t+l} \tag{5.28}$$

在式(5.28)约束下,零售商 j 通过选择价格 $\tilde{p}_t(j)$ 最大化其在 l 期的期望收益,则最优化问题表示为:

$$\max_{\tilde{p}_t(j)} E_0 \left[\sum_{l=0}^{\infty} (\beta\phi)^l \lambda_{t+1} (\pi^l p_t(j) - p_{t+l} \xi_{t+l}) y_{t+l}(j) / p_{t+l} \right] \tag{5.29}$$

对式(5.29)求一阶条件可得:

$$p_t(j) = \frac{\theta}{\theta-1} \frac{E_t \sum_{l=0}^{\infty} (\beta\phi)^l \lambda_{t+l} y_{t+l}(j) \xi_{t+l}}{E_t \sum_{l=0}^{\infty} (\beta\phi)^l \lambda_{t+l} y_{t+l}(j) \pi^l / p_{t+l}} \tag{5.30}$$

可推导出产品的市场价格为：$p_t^{1-\theta} = \phi(\pi p_{t-1})^{1-\theta} + (1-\phi) p_t^{1-\theta}$

由上面的方程可以推导出价格粘性条件下的新凯恩斯菲利普斯曲线，如式(5.31)所示，该曲线描述了通货膨胀率是如何随着边际成本的变动偏离其稳定状态的。

$$\hat{\pi}_t = \beta E_t \hat{\pi}_{t+1} - \frac{(1-\beta\phi)(1-\phi)}{\phi} \hat{x}_t \tag{5.31}$$

5.1.5 货币当局

货币当局应用利率工具来对货币市场进行调节。现有理论研究多数认可泰勒规则可以作为我国货币政策实施依据的一个近似。参照刘斌(2007)、许伟(2007)，我们假设货币当局按照扩展的 Taylor(1993)利率规则制定货币政策，具体如下：

$$R_t = \rho_r R_{t-1} + (1-\rho_r) [\phi_\pi(E_t \pi_{t+1} - \pi^*) + \phi_y(y_t - y^*)] + \varepsilon_{Rt} \tag{5.32}$$

其中，R_t 是短期名义利率，π_{t+1} 表示预期价格水平的变化，π^* 和 y^* 表示通胀和产出目标值，ρ_r 为利率平滑系数，ϕ_π 和 ϕ_y 表示货币当局对通胀和产出缺口的反应系数，ε_{Rt} 是货币政策冲击，满足均值为 0、标准差为 σ_R 的正态分布。式(5.32)意味着名义利率根据产出和通货膨胀偏离均衡值的缺口进行调整。

5.1.6 市场出清条件

在均衡状态下，产品市场的总产出主要用于消费（包括消费者的消费和企业消费），以及投资和政府支出。因此，市场出清可表示为：

$$Y_t = C_t + I_t + G_t + C_t^e \tag{5.33}$$

其中，政府支出 G_t 假设为服从一个外生的随机过程，表示为式(5.34)，其中 ρ_g 为政府购买支出的自相关系数，ε_{gt} 是政府支出冲击，满足均值为 0 标准差为 σ_g 的正态分布。

$$\ln G_t = (1-\rho_g)\ln G + \rho_g \ln G_{t-1} + \varepsilon_{gt} \tag{5.34}$$

5.2 参数校准与模型估计

在模型设定好后,我们按照标准化方法对基准模型进行求解。首先对各方程求其稳态,并在稳态附近进行对数线性化得到一个动态线性系统,在此基础上,利用校准后的参数对该线性系统进行数值模拟以及脉冲响应分析,以研究在《巴塞尔协议Ⅲ》新资本监管标准下,最低资本充足率要求提高和实施逆周期资本政策对主要宏观经济变量和社会福利损失变动的影响。本研究将使用 Matlab 和 Dynare4.2 版本软件包来完成相应的计算。

5.2.1 系统的对数线性化

在没有冲击的情况下,式(5.1)至式(5.34)在市场出清时,模型有一个稳定的均衡解,采用对数线性化方法对模型进行求解,以带有上标 ^ 的小写字母表示各变量的变化率,例如 $\hat{x}_t = \log X_t - \log X^*$,这里 X^* 是 X_t 的稳态值。具体对数线性化形式的模型求解过程和结果见附录 5.1。

5.2.2 参数校准

为求解上述线性系统,我们需要对模型参数进行校准。模型参数主要包括两类:第一类是结构性参数,比如消费跨期替代弹性 η^c 等,我们在已有相关文献的基础上对这类参数进行校准;第二类是变量的稳态值,根据我国实际情况和现实经济数据对这类参数进行校准。

1. 企业部门的结构参数。

对于企业部门而言,其主要参数包括资本产出弹性 α、家庭劳动占比 Ω,技术冲击的自相关系数 ρ_a,企业存活率 γ,资本品对投资资本比的弹性系数 φ、企业资产中自有资金比率 X、稳态时的企业家资本回报率 R^K 和企业产品价格调整粘性参数 θ。资本产出弹性 α 参照杜清源和龚六堂(2005)定为 0.42,家庭劳动的产出弹性 $(1-\alpha)$ 校准为 0.57,这意味着家庭劳动力贡献占比为 99%,企业家才能 C^e 贡献占比 1%。对于企业存活概率 γ,Bernanke et al.(1999)的假定设定为 0.972 8,这意味着 97.3% 的企业生存到下一期,而 CMR(2007)的研究中对欧洲取 0.978,对美国取 0.976,这里取折中值 $\gamma=0.975$。参照 Aguiar 和 Drumond(2007),王君斌等(2011),资本品对投资资本比的弹性系数设定为 $\varphi=0.3$。对于代表性企业资产中自有资金比率参数 X,通过计算 1998—2010 年我国固定资产投资资金来源中来自银行贷款的比率平均为 31.4%,而对于资产负债率高的企业,其银行贷款的比率占到 40% 以上,综合比较,本研究设定企业的自有资金比率为 65%,这意味着企业资产对资本金的比值 X 为 1.54。在无套利条件下,企业家的稳态资本回报率 R^K 与银行资本回报率 R^S(R^S 的稳态值见银行部门结构参数)应相同,为 1.043,即相应的企业净资产年收益率为 16.52%。企业产品价格粘性参数 θ 参照 Bernanke 等人(1999)的研究设为 0.75,即表示每个季度有 1/4 的企业能够调整其价格。

2. 家庭部门的结构性参数。

家庭部门的结构参数主要包括消费跨期替代弹性 η^c、劳动跨期替代弹性 η^h、随机贴现因子 β、物质资本折旧率 δ。已有文献对于消费跨期替代弹性的计算值并不一致,Hu Zuliu(1993)利用 20 个 OECD 国家的数据估计 η^c,认为大于 1 比较可信,顾宝六等(2004)也应用不同方法计算出 1985—2002 年各年 η^c 值均大于 1,本研究将跨期替代弹性 η^c 取值为 1.1,其倒数为 0.909。劳动的跨期替代弹性 η^h 衡量了家庭劳动供给对工资的敏感程度,Christiano 等(2005)取为 2.5,Shimer(2008)取值为 4,Prescott(2004)设定为 4,这里我们取值为 3。随机贴现因子 β 值参照李连发、辛晓岱(2012),以及杜清源、龚六堂(2005)的研究校准为 0.975。对于资本折旧率 δ,文献中一般设为每季度 0.025,本研究将资本折旧率 δ 设定为 0.025,意味着年折旧率为 10%。

3. 银行部门的结构性参数。

银行部门的参数包括最低资本充足率要求 λ、银行资本调整成本 κ_b、银行资本违约概率 ϕ 和活期存款实际利率 R^D。其中 λ 根据巴塞尔资本协议 I、II 的要求取值为 8%;银行资本调整成本系数 κ_b 参照 Gerali 等(2008、2009)的研究取值为 5,并对不同取值进行敏感性检验;银行资本违约概率 ϕ 根据我国商业银行近 5 年不良贷款率的平均值取值为 0.015;季度性存款实际利率 R^D 参照杜清源和龚六堂(2005)等的研究取值为 1.01,稳态时的银行权益资本成本 R^S 和贷款资金成本利率 R^L 分别根据式(5.4)和式(5.21)计算得到为 1.043 和 1.013[①],相对应的年度权益资本成本和贷款利率分别

---

① 根据式(5.4),稳态时银行资本权益成本 $R^S = \dfrac{1}{\beta(1-\phi)}$;根据式(5.21),稳态时银行贷款利率 $R^L = (1-\lambda)R^D + \lambda(1-\phi)R^S$。

为 17.04% 和 5.2%。

4. 其他变量的稳态值和相关结构性参数。

对于模型中出现的变量稳态值 C/Y、I/Y、G/Y 和 C^e/Y 等,我们依据中国 1990—2010 年的数据进行计算,数据来源是中国统计年鉴、Wind 和 CEIC 数据库。其中居民消费支出占比 $C/Y=0.43$,固定资产支出占比 $I/Y=0.38$,政府支出占比 $G/Y=0.14$,剩余的支出去除贸易净支出后作为企业家支出 $C^e/Y=0.05$。稳态下企业所需资本与净资产之比根据 Bernanke(1999) 等一般文献选取较为经典的取值,即 $K/N=2$,$K/L=2$。稳态下银行贷款与存款之比 L/D 依据我国 1997—2010 年的数据取平均值 0.75。参考梁斌(2011)的估计结果,对于中央银行利率冲击的自相关系数 ρ_r 取值为 0.8,货币政策中利率对产出缺口的反应系数 ϕ_Y 取值为 0.57,对通货膨胀的反应系数 ϕ_π 设为 2.5,对于 ϕ_π 和 ϕ_Y 的不同参数设定值文中还进行了稳健性检验。

此外,对于政府购买支出的自相关系数 ρ_g,由于未有相关文献进行估计,本研究利用《中国统计年鉴》公布的 1990—2010 年政府支出的季度数据,经 X—11 方法季节调整和 HP 滤波后得到偏离趋势的波动,以 g_t 表示经上述方法处理后得到的波动变量,然后对 $g_t=\rho_g \times g_{t-1}+\varepsilon_g$ 进行估计,计量结果显示 $\rho_g=0.617\,4$,且 t 值显著。因此,取 $\rho_g=0.617\,4$。所有参数的校准赋值汇总见表 5.1。

表 5.1 参数校准结果

参　数	备　注	参数值
η^c	消费的跨期替代弹性	1.1
η^h	劳动供给的跨期替代弹性	3
β	随机贴现因子	0.975
φ	资本品对投资资本比的弹性系数	0.3
α	生产函数中资本占产出比	0.42
$(1-\alpha)\Omega$	生产函数中家户的劳动供给占比	0.57
δ	季度折旧率	0.025
γ	企业存活率	0.975
X	企业资产中自有资金比率	1.54
θ	企业价格粘性参数	0.75
ν	外部融资风险升水对企业杠杆变化的弹性	0.06
λ	银行资本充足率	0.08

参　　数	备　　注	参数值
ϕ	银行资本违约概率	0.015
C/Y	稳态下消费占产出比	0.43
I/Y	稳态下投资占产出比	0.38
G/Y	稳态下政府支出占产出比	0.14
C^e/Y	稳态下企业家消费支出占产出比	0.05
K/N	稳态下企业资本对净资产之比	2
K/L	稳态下企业资本对贷款之比	2
L/D	稳态下贷款与存款之比	0.75
R^D	季度性存款实际利率	1.01
ρ_a	技术冲击的一阶自回归系数	0.780 9
ρ_g	政府购买支出的自相关系数	0.617 4
ρ_r	中央银行利率冲击的自相关系数	0.8
ϕ_Y	货币政策中利率对产出缺口反应系数	0.57
ϕ_π	货币政策中利率对通货膨胀反应系数	2.5

5.3　提高监管资本要求的宏观经济效应与福利影响

根据表 5.1 中的参数设定对所建立的 DSGE 模型进行随机模拟分析,为了研究最低监管资本要求提高对宏观经济影响的动态特征,本书分别对最低资本充足率要求为 8％、12％和 15％的情况计算模型的稳态水平,并模拟经济对外部冲击的动态响应曲线,通过考察主要宏观经济变量对于一个标准差的技术冲击、货币政策冲击、企业净值变动冲击和银行资本违约冲击的脉冲响应情况,以分析监管资本要求提高对于宏观经济的影响作用,模拟的时间期间为 40 个季度。

5.3.1　不同监管资本要求下的技术冲击效应

图 5.2 显示了主要宏观经济变量对 1％正向技术冲击的动态响应过程。可以看

出产出、投资、消费、企业资本和存贷款等变量对技术冲击的动态响应均短期内上升,随后逐渐向均衡状态回归,且各变量偏离稳态值的幅度和持续期间随着最低资本要求的提高而有所增加,这反映了内生的银行资本约束对于经济变量波动的放大作用。其中,当最低资本充足率要求从 8％提高到 15％时,技术冲击对总产出的当期影响值从 0.4％提高到 0.8％,对投资的当期影响值从 0.3％提高到 2％。此外,企业净值、投资资本、银行资本和存贷款等经济变量偏离稳态的持续期间也更长。银行监管资本约束的引入对于技术冲击影响的作用机制在于,由于实际产出、资本价格和银行资本约束存在相互影响,正向技术冲击带来产出增加,资本价格也相应提高,使得企业净值上升,企业贷款和资本需求增加,受监管资本要求的影响银行资本需求也相应增加,这进一步推高了资本价格,刺激了投资。可见,技术冲击的影响在引入资本约束的金融加速器模型中随着最低资本要求的提高而被进一步放大。

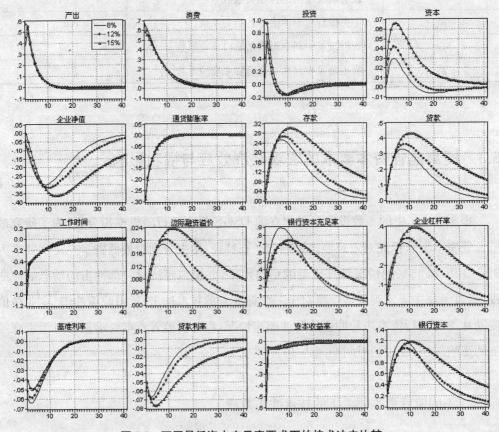

图 5.2　不同最低资本充足率要求下的技术冲击比较

5.3.2 不同监管资本要求下的货币冲击效应

图 5.3 显示了主要经济变量对于 1% 正向货币政策冲击（基准利率提高 1%，代表紧缩性的货币政策）的动态脉冲响应过程，总产出、消费、投资、资本积累、企业净值、通货膨胀率、存贷款、企业杠杆率、银行资本充足率和银行资本对冲击的动态反应先是急剧下降，然后逐步向稳态值回归。而基准利率、贷款利率、企业资本收益率和外部融资溢价对冲击的动态反应则是在短期内上升，然后逐步回归均衡状态水平。

在紧缩的货币政策情况下，最低资本充足率要求的提高使得均衡状态时银行贷款利率进一步增加，并导致经济系统中存款规模和贷款规模偏离均衡值的幅度更大、偏离持续期也更长。此外，企业外部融资溢价、企业杠杆率、银行资本充足率和银行资本等经济变量受监管资本要求提高的影响冲击更为显著。可见，最低监管资本要求的提高放大了紧缩性货币政策冲击的影响，使得真实经济变量偏离稳态值的波动性和持续性均有增大。

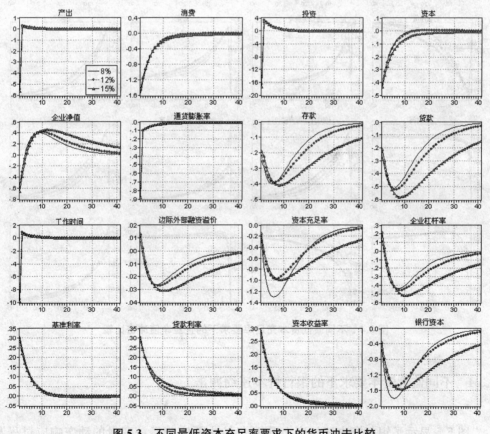

图 5.3　不同最低资本充足率要求下的货币冲击比较

5.3.3　不同监管资本要求下的企业净值冲击

图 5.4 显示了主要宏观经济变量对 1‰负向企业净值冲击的动态脉冲响应过程。产出、投资、企业资本、基准利率和资本收益率等变量的当期响应值先是下降，再逐步回升到均衡状态水平。这是由于企业资产净值下降，外部融资成本上升，成本增加限制了企业对新资本的需求，并导致产出和投资下降。银行部门最低资本充足率要求的提高明显传播和放大了外部企业净值冲击对产出、企业净值、外部融资溢价、存贷款规模和贷款利率的影响。

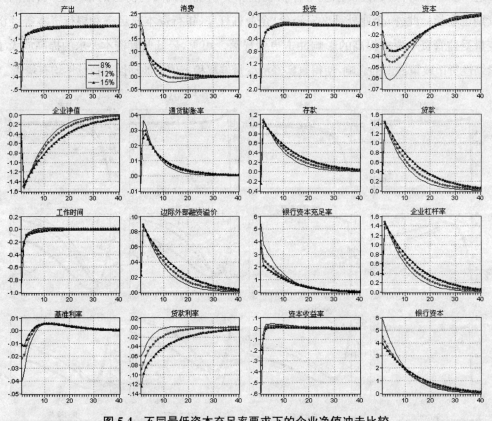

图 5.4　不同最低资本充足率要求下的企业净值冲击比较

5.3.4　不同监管资本要求下的银行资本违约冲击

图 5.5 显示了银行资本违约率上升 1‰后，主要宏观经济变量的动态响应过程及

偏离稳态的百分比。显然,银行资本违约率上升使得银行资本金减少,资本充足率下降,相应的总贷款供给规模受到约束,导致企业可贷资金下降,杠杆率下滑,相应的投资、产出和消费等变量也有所降低,之后逐步恢复到稳态水平。总的来看,与其他外生冲击相比,银行资本违约冲击对内生变量波动的影响较小。此外,通过对比在不同资本充足率水平约束下的冲击模拟结果,可以发现,随着最低监管资本要求的提高,资本违约的外生冲击对于各实际变量波动大小和持续期的影响作用增大,资本约束的提高加剧了外生冲击对于现实经济波动的影响。

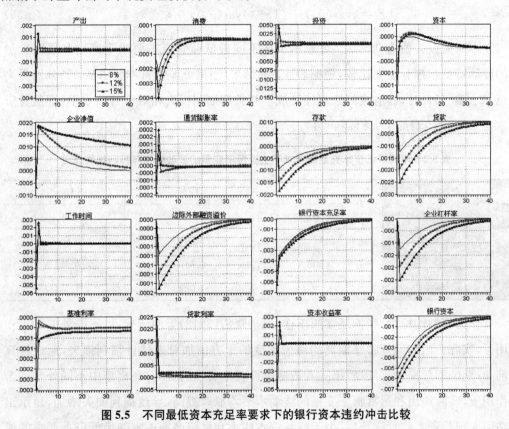

图 5.5　不同最低资本充足率要求下的银行资本违约冲击比较

5.3.5　监管资本要求提高后的社会福利损失影响

本研究以福利标准来评价最低资本充足率要求提高后导致的宏观损失成本。福利目标通常以代表性家庭的跨期效用来衡量。假设稳定状态时的资源配置是最优的,我们将监管资本要求提高导致的福利损失定义为稳定状态时消费量下降的百分比,则最低资本充足率要求为 α 时,代表性家庭的福利为 $V^{\alpha} = E_0 \sum_{t=0}^{\infty} \beta^t U(C_t^{\alpha}, H_t^{\alpha})$,而稳定

状态时的福利为 $\bar{V}_0 = E_0 \sum\limits_{t=0}^{\infty} \beta^t U(\bar{C}, \bar{H})$，用 λ^α 表示最低资本充足率为 α 时的福利损失，则有 $V_0^\alpha = E_0 \sum\limits_{t=0}^{\infty} \beta^t U((1-\lambda^\alpha)\bar{C}, \bar{H})$。根据 Woodford(2003)、Garali 等(2008)的研究，代表性家庭效用函数的二阶近似可以对应于损失函数式(5.35)的形式，即每期的平均福利损失可表示为产出缺口和通货膨胀率的方差的线性组合，其中 λ 是产出缺口的权重，$(1-\lambda)$ 是通胀率的权重：

$$LS = \lambda \text{var}(\hat{y}_t) + (1-\lambda)\text{var}(\hat{\pi}_t), \quad 0 < \lambda \leqslant 1 \tag{5.35}$$

本研究设 λ 值为 0.5，表 5.2 显示了在不同最低监管资本要求下产出和通胀变量的波动特征和福利损失比较，根据表 5.2 的结果，当最低监管资本要求从 8% 分别提高至 12% 和 15% 时，其造成的宏观经济成本和长期福利损失相对于目前水平(即监管资本要求为 8%)增加了 2.2% 和 5.1%。

表 5.2 不同最低资本充足率要求下主要经济变量的波动特征与福利损失比较

最低资本充足率	8%	12%	15%
通货膨胀标准差	0.98	0.99	0.99
产出缺口标准差	5.47	5.53	5.61
福利损失 LS	0.308 8	0.315 6	0.324 5
相对福利损失	1	1.022	1.051

作为稳健性检验，我们还参照李连发、辛晓岱(2012)等的研究，以不同外部冲击作用下，实际产出和通货膨胀偏离均衡值程度的平方值加总来估计福利损失，通过计算前 40 期的加总损失，可以看出随着最低监管资本要求的提高，在模型中不同外生冲击作用下，实际产出和通货膨胀变量的波动水平均显著提高，导致福利损失增加，显示出在引入银行资本监管政策后，由于权益资本成本和融资摩擦成本随最低资本要求的提高而增加等因素存在，造成一定的福利损失。

表 5.3 不同最低资本充足率要求下外部冲击导致的福利损失比较

	产出冲击	政府支出冲击	货币政策冲击	企业净值冲击	银行资本违约冲击
前 40 期损失加总(资本要求 8%)	0.885 6	0.014 3	30.031 3	0.188 9	1.18E-06
前 40 期损失加总(资本要求 12%)	1.039 9	0.011 2	31.597 4	0.238 1	3.87E-06
前 40 期损失加总(资本要求 15%)	1.843 2	0.004 7	36.163 8	0.811 2	1.34E-05

5.4 逆周期资本监管的宏观经济效应及福利影响——兼与《巴塞尔协议Ⅰ》和《巴塞尔协议Ⅱ》的对比

本节我们在第 5.2 节建立的 DSGE 模型基础上分析逆周期资本监管实施对银行信贷和宏观经济波动的影响，并与巴塞尔协议Ⅰ框架下固定的资本充足率约束以及巴塞尔协议Ⅱ框架下时变风险权重和顺周期的资本充足率约束进行对比，通过数值模拟从理论上探讨银行资本监管的顺周期或逆周期性对于产出、通胀等经济变量将产生怎样的影响，对比不同资本监管政策在中国实施的宏观经济成本和福利损失影响，并对我国逆周期资本监管政策的实施是否有利于稳定和平滑实际经济波动这一问题进行分析和研究。

5.4.1 《巴塞尔协议Ⅱ》和《巴塞尔协议Ⅲ》框架下监管资本水平的设定

2004 年开始实施的《巴塞尔协议Ⅱ》大大提高了监管资本要求的风险敏感性，计量资本要求的风险要素参数如违约概率、违约损失率、违约风险暴露和期限等因素均随时间发生周期性变化，导致贷款的风险权重具有顺周期性的变化特征。因此，为了引入巴塞尔协议Ⅱ中监管资本要求的顺周期性，我们在第 5.2 节中建立的包含银行部门的 DSGE 模型基础上，引入时变的贷款风险权重 w_t^b，即将银行资本充足率的计算公式变化为：

$$\frac{S_t}{w_t^b L_t} = \lambda_t \tag{5.36}$$

$$\ln w_t^b = \rho_w \ln w_{t-1}^b + (1-\rho_w)(\iota \ln y_t + \zeta \ln l_t), \ \iota < 0, \ \zeta < 0, \ w_t^b > 0 \tag{5.37}$$

其中，w_t^b 代表银行资本充足率的时变风险权重，在《巴塞尔协议Ⅰ》规定下贷款风险权重是固定的，即 $w_t^b = 1$；而在《巴塞尔协议Ⅱ》规定下银行采用可变的风险权重，资产风险会随宏观经济周期性波动而变化，具有一定的顺周期性。与 Angelini(2010) 相同，假设风险权重 w_t^b 对产出和贷款增速与稳态值的偏离做出反应，即在产出和贷款缺口上升时经济处于上行周期，贷款风险权重下降，而在经济下行时期风险权重上升，因此风险权重变量 w_t^b 对实际产出变动的反应系数 $\iota < 0$ 且对贷款变动的反应系数 $\zeta < 0$。

2010 年 9 月金融危机后《巴塞尔协议Ⅲ》的出台，针对《巴塞尔协议Ⅱ》中资本监管的内在顺周期性及其加重经济周期乃至银行体系波动的特征进行相应调整和改进，引入了逆周期资本约束，要求银行在经济上行时期增加资本缓冲，抑制信贷的过度增长；而当经济下滑、贷款损失增加并引发风险时，银行可利用逆周期缓冲资本吸收损失，缓解银行信贷的紧缩，以维持整个经济周期内信贷供给的稳定，缓解信贷周期对经济波动的放大作用。在 DSGE 模型基础上，我们参照 Benes 和 Kumhof(2011)等文献，将《巴塞尔协议Ⅲ》要求下逆周期监管资本要求 $\bar{\eta}_t$ 设定为：

$$\bar{\eta}_t = \rho_\kappa \bar{\eta}_{t-1} + (1-\rho_\kappa)[\phi_y^\kappa(y_t - y^*) + \phi_L^\kappa(l_t - l^*)] \tag{5.38}$$

其中，ρ_κ 为最低监管资本要求的平滑系数，ϕ_y^κ、ϕ_L^κ 表示最低资本要求对总产出缺口和贷款缺口的敏感系数，且有 $\phi_y^\kappa > 0$、$\phi_L^\kappa > 0$，银行部门在经济上行时期、信贷增长过快时需要计提的资本缓冲增加，而在经济下行时期相应计提的资本减少。此时，银行在最优状态的可贷资金成本 R_t^L，见式(5.21)，以及银行第 t 期的利润 π_t^b，见式(5.23)分别变为：

$$R_t^L = (1-\lambda_t)R_t^D + \lambda_t(1-\phi_t)R_t^S - \kappa_b(\lambda_t - \bar{\eta}_t)\lambda_t^2 \tag{5.39}$$

$$\pi_t^b = R_t^K L_t - R_t^D D_t - R_t^S(1-\phi_t)S_t - \frac{\kappa_b}{2}\left(\frac{S_t}{L_t} - \bar{\eta}_t\right)^2 S_t \tag{5.40}$$

5.4.2　DSGE 模型模拟结果分析

根据以上设定对模型进行数值模拟分析，通过脉冲响应函数模拟外部冲击作用于经济系统后产生的影响，以对不同资本监管政策的宏观经济效果进行评估分析，并比较不同资本监管措施下的福利成本效应。

图 5.6 显示了主要宏观变量对 1‰正向技术冲击的动态响应过程，其中各经济变动均表示为偏离其均衡状态的百分比形式。我们对比了固定的资本监管约束、顺周期资本监管约束和逆周期资本监管约束三种情形下宏观经济变量的波动特征及其差异。在正向技术冲击影响下，产出、消费和投资变量立即上升到最大值，随后向稳态值回归，但在不同资本监管政策下变量的响应值也有一定差异，其中在逆周期资本要求下各变量对稳态的偏离值基本都小于固定资本要求和顺周期资本要求下的响应值。具体而言，在固定的监管资本约束下，产出、消费和投资变量在期初偏离均衡状态的值为 0.474％、0.728％和 0.515％；在顺周期资本监管约束下，产出、消费和投资变量偏离均衡状态的值为 0.507％、0.649％和 0.694％；而在逆周期资本监管约束下，产出、消费和投资变量偏离均衡状态的值则为 0.47％、0.729％和 0.512％。此外，在正向产出冲击

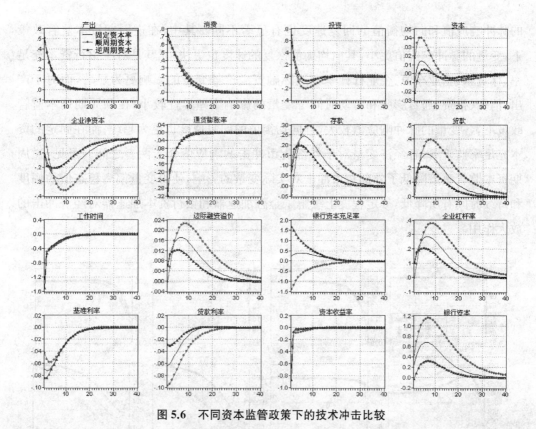

图 5.6 不同资本监管政策下的技术冲击比较

下,银行资本充足率的脉冲响应变动因资本监管政策的不同而有显著差异,在顺周期资本监管约束下风险权重因产出上升而下降,资本充足率的响应值为负;而在逆周期资本约束下由于产出增加后逆周期缓冲资本的计提,银行资本充足率的响应值为正。

整体而言,顺周期性的资本监管要求在一定程度上起到了内在放大机制的作用,当发生一个正向宏观冲击时,风险权重下降,当期的资本充足率上升,银行受到的资本监管约束减小,会增加对企业部门的贷款,对实际产出起到传播放大作用。而在逆周期资本监管情况下,正向的产出冲击导致经济波动高于均衡水平,迫使银行提高逆周期资本缓冲的持有,并增加资本金的融资,进而使得银行资本约束趋紧,影响信贷供给,弱化了正向技术冲击背景下产出增加和企业贷款需求上升的状况,发挥了某种内在稳定器的作用,对真实经济变量的波动性一定程度上起到平滑和降低作用,且经济变量在冲击过后向均衡状态收敛的速度也更快。

图 5.7 显示了在固定的资本充足率监管、顺周期资本监管及逆周期资本监管政策下,各经济变量对 1% 正向货币政策冲击的脉冲响应情况(基准利率提高 1%,代表紧缩性货币政策)。可以看出随着监管政策的不同,各主要经济变量在外部货币冲击下

的脉冲响应值和向均衡值的回复速度也有显著不同。其中,在逆周期资本监管政策下,变量的脉冲响应值更小,其向均衡值恢复的速度也更快,尤其是对于银行资本充足率、存贷款、企业净值、企业杠杆率和边际融资溢价等变量的影响更为显著,而对于产出、消费、投资、通货膨胀和劳动时间等变量的影响则差异性较小;在顺周期资本监管政策下,各变量的脉冲响应值较大,且向均衡值的回复速度也更为趋缓;而在固定的资本充足率监管下,各经济变量对于外部货币冲击的响应值介于两者之间。可见,逆周期资本监管政策降低了外部货币冲击对实际变量的影响,使得变量偏离稳态值的幅度和持续时间有所降低,一定程度上缓解了金融加速器和银行资本加速器对经济冲击的放大作用。

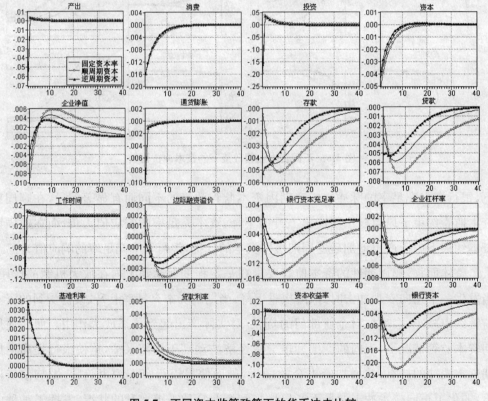

图 5.7　不同资本监管政策下的货币冲击比较

5.4.3　逆周期资本政策的福利效应分析

为了对比不同资本监管政策对于宏观经济波动和社会福利损失的影响,参照Woodford(2003)和 Angelini(2010),我们将货币政策的福利损失定义为产出和通胀缺

口偏离零值的平方值的线性组合,并将产出和通胀缺口的相对权重设定为1,即:

$$L_1 = \sigma_y^2 + \sigma_\pi^2 \tag{5.41}$$

此外,考虑到金融危机过后,央行意识到在传统的以控制通胀为目标的货币政策之外,还需重视实体经济的稳定增长与金融系统的稳定发展,因此,在宏观审慎政策框架下央行追求福利最大化的目标函数中还应包含金融稳定的衡量指标,其中由于信贷扰动对于宏观经济波动具有重大影响,我们假设宏观审慎政策目标函数是信贷偏离稳态值程度、通胀和产出缺口的线性组合,即:

$$L_2 = \sigma_y^2 + \sigma_\pi^2 + \sigma_l^2 \tag{5.42}$$

表5.4给出了不同资本监管政策下主要经济变量的波动性特征,结果显示,在顺周期的资本监管要求下主要经济变量的波动性最大,在逆周期资本监管政策下各经济变量的波动性最小。其中,在顺周期资本监管条件下,产出、消费、投资和信贷偏离稳态值的标准差分别为0.0613、0.0305、0.197和0.0429,而在逆周期资本政策下,上述四个变量偏离零值的标准差则为0.047、0.028、0.136和0.0402,其波动性小于在顺周期和固定资本政策下变量的波动特征,显示出逆周期资本具有一定的减少宏观经济波动的影响效应。

表5.4　不同资本监管约束下主要经济变动的波动性特征(标准差)　　(单位:%)

变　　量	产出缺口	通货膨胀	消　费	投　资	资　本	贷　款
固定的资本充足率	5.41	0.98	2.93	17.1	0.64	3.69
顺周期资本充足率	6.13	0.98	3.05	19.71	0.73	4.29
逆周期资本充足率	4.47	0.96	2.8	13.62	0.51	4.02

表5.5给出了在顺周期、逆周期和固定的资本监管政策下,货币政策和宏观审慎政策的福利损失,其中福利损失值越小意味着宏观经济越稳定。结果显示,在逆周期资本监管要求下,货币政策和宏观审慎政策的福利损失值明显小于在巴塞尔协议Ⅱ的顺周期资本监管要求和巴塞尔协议Ⅰ的固定资本要求下的福利损失。因此,模拟分析表明,在巴塞尔协议Ⅱ框架下具有顺周期特征的资本政策通过内生放大机制导致宏观经济出现不必要的波动,使得产出、通胀和贷款缺口偏离稳态值的程度较大,带来了显著的福利损失,而逆周期资本监管政策的实施则通过"负反馈"机制,使得主要经济变量偏离均衡值的程度弱化,发挥了某种内在稳定器的作用,能够降低经济的过度波动,增进社会福利效应。

表 5.5　不同资本监管约束下货币政策与宏观审慎政策福利损失　（单位:％）

变　量	货币政策福利损失	相对损失	宏观审慎政策福利损失	相对损失
固定的资本充足率	0.302 285	1	0.438 446	1
顺周期资本充足率	0.385 373	27.49％	0.569 414	29.87％
逆周期资本充足率	0.209 025	−30.85％	0.370 629	−15.47％

5.5　政策分析与讨论

从上述理论分析和数值模拟结果可以看出,在 DSGE 模型中引入基于资本监管约束的银行资本渠道对货币政策传导和实际经济变量具有显著的影响。对于这种影响,本节将从资本监管的紧缩效应、逆周期资本调控机制及其所面临的成本与收益在长期和短期中的权衡与协调进行分析,并对相应的政策策略进行探讨。

5.5.1　资本监管的紧缩效应

《巴塞尔协议Ⅲ》的一项重要改革是提高监管资本的数量和质量,尽管资本的增加可以降低银行破产的负外部性、提高金融系统的稳定性和抗风险能力,但也具有一定的社会成本和负面影响。协议实施初期资本要求的提高会限制银行的流动性创造能力,导致银行贷款行为更趋保守,出现"信贷紧缩"现象;此外,银行还将面临较大的融资压力,需要将更多的利润转为资本金,影响其短期盈利水平。20 世纪 80 年代《巴塞尔协议Ⅰ》的实施被普遍认为是导致美国 1990—1991 年经济萧条的重要原因。

根据前文的研究,当最低资本要求从 8％提高至 12％时,我国宏观经济的相对福利损失增加 2.2％,如果资本要求提高至 15％,则相对福利损失增加 5.1％。可见,更高的监管资本要求不仅对银行本身而且对实际经济增长和周期波动均产生显著影响,并且随着信贷融资在经济中的比重越大,这种宏观经济成本也越大,如果监管资本要求提高的时点在经济衰退期或金融危机后的复苏阶段,则会对实体经济产生更为严重的负面影响。

我们对未来五年(2012—2016 年)我国商业银行的资本缺口进行了简要测算,按过去三年平均 15％的总资产增速,未来 5 年我国商业银行风险资产将增加 50.6 万亿,若按照12.5%的资本要求计算（10%的总资本要求加2.5%的资本留存缓冲），需要增加资本约5.34万亿元，以2011年银行业净利润1.04万亿元为基期，年均增长20%计，假设将50%利润留成作为内生资本补充，未来5年我国银行业将会出现高达2.76万亿元的资本缺口，而过去5年银行在资本市场的融资规模为1.1万亿，这意味着严峻的融资压力将对银行和宏观经济造成紧缩和负面影响。

表5.6　我国商业银行2012—2016年资本缺口预测　　　　　（单位：亿元）

	2010年	2011年	2012E	2013E	2014E	2015E	2016E	5年共计
资本净额	50 084	64 050	70 558	78 692	88 860	101 570	117 457	53 407
净利润	7 637	10 412	13 015	16 269	20 336	25 420	31 775	21 363
假设净利润增速			0.25	0.25	0.25	0.25	0.25	
风险加权资产	408 605	500 240	575 212	661 494	760 718	874 826	1 006 050	505 810
总资产	696 506	819 975	942 971	1 084 417	1 247 079	1 434 141	1 649 263	829 288
假设总资产增速			0.15	0.15	0.15	0.15	0.15	
实际资本充足率	12.20%	12.70%	12.27%	11.90%	11.68%	11.61%	11.68%	
假设12.5%的资本要求所需资本			71 902	82 687	95 090	109 353	125 756	
资本缺口			−1 344	−3 995	−6 230	−7 783	−8 299	−27 651

为了降低银行监管资本要求提高对于经济的紧缩效应，政府机构和监管部门可以采取的措施包括：

（1）资本监管的分阶段渐进实施。在我国，为支持经济增长仍需银行保持较高的信贷增速，而且银行业在未来也会面临竞争加剧、业务扩张等需求，需要保持充足的资本作为保障。因此，实施提高资本监管要求适宜分阶段渐进实施，以降低每年融资成本，减轻银行信贷紧缩和对经济增长的压力。

（2）建立多元化的资本金补充机制，拓宽资本补充渠道，例如通过境内外资本市场进行再融资、发行优先股和可转换债券以及留存更多利润进行资本补充，此外通过资产证券化或发售信贷理财产品方式压缩表内风险资产，也成为商业银行的一种选择。

5.5.2　逆周期资本调控机制的建立

逆周期资本监管以及其他逆周期审慎工具作为重要的内在稳定器有利于促使金融失衡风险内生化，降低信贷扩张与经济周期的正反馈激励给经济金融体系带来的负外部性影响。根据前文研究结果,逆周期银行资本监管可以平缓经济的周期性波动幅度,缩短变量偏离均衡值的持续期,增加货币政策和宏观审慎政策目标的福利效应。

建立更强的、体现逆周期性的银行资本监管体系一方面需要银行在信贷过度增长时增加前瞻性的资本留存缓冲和逆周期资本缓冲,以保证在经济萧条时期,银行体系有充足资本来维持正常的信用增长;另一方面还需改善银行内部评级法中风险参数估计值的风险敏感性,增加参数估计值的动态平稳性。此外,还应建立跨周期衡量的动态准备金、贷款抵押率和保证金要求制度,引导信贷合理平稳增长。我国"十二五"规划明确提出了"构建逆周期的金融宏观审慎管理制度框架",这是在深刻分析国际金融危机教训、把握金融管理制度改革方向基础上作出的重大部署。为了建立和完善中国银行体系逆周期资本调节机制,可以采取的措施包括:

(1)持续监测整个金融体系的总体信用水平、资产价格与宏观经济风险状况,分析其与系统性风险累积的关系,采用定量分析与定性判断结合的方法确定我国逆周期资本缓冲计提和释放机制。改进现有规则的顺周期性,引入针对宏观系统性风险的具有逆周期特征的拨备缓冲、杠杆率、贷款成数等多种逆周期政策工具。此外,针对我国金融机构共同风险敞口集中于房地产行业、产能过剩行业及政府融资平台的特点,还应提高资本缓冲对这些领域风险累积的敏感性,更好地覆盖预期和非预期损失。

(2)加强央行和监管部门的沟通协调,将央行的宏观指导与监管部门的微观信息有机结合,降低分散决策的相互协调成本;实施以规则导向为主,相机抉择为辅的政策原则,避免监管当局主观判断和时机选择上的失误;对于宏观金融稳定与货币政策目标之间的冲突应统筹权衡协调,提高政策执行的有效性与一致性。

5.5.3 资本监管新规的成本权衡与长效融资机制建立

提高资本要求和实施逆周期资本政策是一把双刃剑,从长期看能够降低金融风险的积累,防范系统性风险,但短期而言,会对银行业造成巨大的融资压力,需要商业银行加速建立起资本补充机制,增强盈利能力。如表5.7所示,通过对比国内外大型银行一级资本来源结构可以看出,我国商业银行资本结构中留存收益占比较低,而普通股权益占比较高,而国外大型银行如花旗、JP摩根和汇丰等留存收益占比均在90%以上。尽管普通股吸收损失能力最强,但其高成本的特点为资本补充带来一定难度,融资成本往往转嫁给投资者和消费者。

表 5.7　国内外大型银行的留存收益占一级资本主要形式的比例

	中国工商银行	中国银行	中国建设银行	交通银行	花旗集团	JP摩根	德意志银行	汇丰控股
留存收益占比	31.80	34.10	42.60	51.50	99.60	93.80	72.20	90.90

　　长效资本补充机制既需要立足内源资本融资基础,也需要合理安排普通股增发和债务资本融资等外源融资方式,并逐步探索信贷资产转让等新渠道。其中,留存收益和普通股是一级核心资本来源,在整个资本补充中发挥基础性作用,未来我国银行需提高内部积累和利润留存等内源性融资比重,给予银行机构一定的时间建立内源融资补充规划,而不是一味追求高标准的快速实施,缩短监管新规过渡期限,倒逼银行一致性的选择资本市场融资。此外,逐步建立信贷资产证券化机制可以限制总资产规模的扩张,增强信贷资产的流动性,以达到有效控制贷款规模和节约资本占用的目标。对于商业银行而言,有效的资本补充来源除"开源"外还应"节流",积极引入经济资本管理办法,深化资本约束理念,转变增长方式,强化资本对资产扩张和信贷风险的制约作用,跨期平滑信贷投放,保护银行体系免受信贷扩张和资产价格膨胀带来的损害,维护金融体系稳定。

5.6　本章小结

　　在本章,我们建立了一个含有银行部门监管资本约束机制和金融加速器效应的新凯恩斯主义 DSGE 模型,从减少宏观经济波动的视角考察了银行自身行为及其宏观效应,探讨了内生化的银行资本约束对于货币政策传导和宏观经济冲击所带来的重要影响及其传导渠道,并基于我国的典型事实和实际参数数据,对《巴塞尔协议Ⅲ》框架下银行最低监管资本要求提高、逆周期资本政策的实施对宏观经济波动的影响以及社会福利成本等问题进行深入研究,为此类问题的探讨提供了一个新的分析框架,并讨论了其政策启示和长效融资机制的建立。研究得出:

　　结论一,通过在 DSGE 模型中引入银行中介部门和内生资本约束机制,刻画了银行面临的监管约束、权益资本成本和融资摩擦成本等因素对银行信贷扩张和宏观经济波动的影响,并结合信贷供给端的银行资本约束机制与信贷需求端的企业净值周期性变动引致的"加速器"效应,更为深入地刻画和模拟了银行资本和信贷因素对经济周期波动的杠杆放大效应,有助于更加充分地拟合实际经济和理解经济波动中的各种机制。

结论二,最低资本充足率要求的提高放大了技术冲击、货币政策冲击等外部力量对实际经济变量的波动影响,使得真实经济变量偏离稳态值的幅度和持续性均有所增大。若以产出和通货膨胀的稳定性作为福利损失的衡量标准,则当最低资本充足率要求从8%提高至12%和15%时,其造成的宏观经济成本和长期福利损失为2.2%和5.1%。

结论三,在《巴塞尔协议Ⅱ》顺周期资本监管约束下,经济变量在外部冲击影响下呈现出的整体波动性最为显著且可持续性也更强,而在《巴塞尔协议Ⅰ》固定资本约束下各变量波动性较为温和,在《巴塞尔协议Ⅲ》逆周期资本监管约束下各变量的整体波动性最小,其在外部冲击过后向均衡状态收敛的速度也更快,这意味着逆周期资本监管有助于减弱和熨平经济周期性波动。此外,我们通过计算《巴塞尔协议Ⅰ》、《巴塞尔协议Ⅱ》和《巴塞尔协议Ⅲ》资本监管标准下货币政策和宏观审慎政策的实际福利损失,同样发现逆周期资本监管要求下的福利损失值明显小于在《巴塞尔协议Ⅱ》顺周期性资本要求和《巴塞尔协议Ⅰ》固定资本要求下所带来的福利损失,即逆周期资本监管机制的建立有助于降低实际产出、通货膨胀以及信贷活动等经济活动的周期性波动,有利于减少金融失衡,缓解系统性风险,实现维护金融稳定的目标。

结论四,提高资本和监管要求会使得银行面临融资压力,对宏观经济造成信贷紧缩和负面影响,为缓解这一影响,监管部门应当一方面推进资本监管的分阶段渐进实施,另一方面建立多元化的资本金补充机制,未来我国银行需提高内部积累和利润留存等内源性融资比重,合理安排普通股和债务等外源融资方式,并逐步探索资产证券化或发售信贷理财产品等新渠道。

附录 5.1　系统对数线性化

对文中定义的模型系统在稳态值附近进行对数线性化，其中 $X'_t = [\hat{y}_t, \hat{c}_t, \hat{k}_t,$ $\hat{i}_t, \hat{q}_t, \hat{n}_t, \hat{ce}_t, \hat{h}_t, \hat{\pi}_t, \hat{x}_t, \hat{a}_t, \hat{g}_t, \hat{d}_t, \hat{s}_t, \hat{l}_t, \hat{\lambda}_t, \hat{r}^d_t, \hat{r}^f_t, \hat{r}^k_r, \hat{r}^s_t, \hat{\phi}_t]$ 为 21×1 的内生状态变量（endogenous state variable），$Z'_t = [\hat{a}_t, \hat{g}_t, \varepsilon^r_t, \varepsilon^\phi_t, \varepsilon^n_t]$ 为 5×1 的外生随机变量（exogenous stochastic variables）。对数线性化系统经整理如下：

由式(5.4)：$-\eta_c \hat{c}_t = -\eta_c \beta R^D E_t(\hat{c}_{t+1}) + \beta R^D r^D_t - \alpha_0 \eta_c \left(\dfrac{C}{D}\right)^{\eta_c} \hat{d}_t$ (1)

由式(5.5)：$\hat{r}^s_t + \dfrac{\eta_c}{(1-\phi)\beta R^S} \hat{c}_t = \dfrac{\phi}{1-\phi} \hat{\phi}_t + \eta_c \hat{c}_{t+1}$ (2)

由式(5.15)：$\hat{c}^e_t = \hat{n}_t$ (3)

由资本充足率定义 $\hat{s}_t - \hat{l}_t = \hat{\lambda}_t$ (4)

由式(5.36)：$\hat{y}_t = \dfrac{C}{Y}\hat{c}_t + \dfrac{I}{Y}\hat{i}_t + \dfrac{C^e}{Y}\hat{c}^e_t + \dfrac{G}{Y}\hat{g}_t$ (5)

由式(5.13)：$\hat{r}^k_t - \hat{r}^f_t = v(\hat{k}_t + \hat{q}_t - \hat{n}_t)$ (6)

由式(5.17)：$\hat{q}_t = \varphi(\hat{i}_t - \hat{k}_t)$ (7)

由式(5.11)：$R^K \hat{r}^K_t = \dfrac{1}{X}\alpha \dfrac{Y}{K}(\hat{y}_t - \hat{k}_t - \hat{x}_t - \hat{q}_{t-1}) + (1-\delta)(\hat{q}_t - \hat{q}_{t-1})$ (8)

由式(5.18)：$\hat{k}_t = \delta \hat{i}_{t-1} + (1-\delta)\hat{k}_{t-1}$ (9)

由式(5.7)：$\hat{y}_t = \hat{a}_t + \alpha \hat{k}_t + (1-\alpha)\Omega \hat{h}^h_t$ (10)

由(5.6)、(5.10)式：$\left(1 + \dfrac{1}{\eta_h}\right)\hat{h}_t = \hat{y}_t - \hat{x}_t - \eta_c \hat{c}_t$ (11)

由(5.31)式：$\hat{\pi}_t = \beta E_t \hat{\pi}_{t+1} - \dfrac{(1-\theta)(1-\beta\theta)}{\theta}\hat{x}_t$ (12)

由(5.14)式 $\hat{n}_{t+1} = \gamma R^F \hat{n}_t + \gamma R^F \left(1 - \dfrac{K}{N}\right)\hat{r}^F_t + \left(\gamma \dfrac{K}{N}R^K\right)\hat{r}^K_t + \gamma \dfrac{K}{N}(R^K - R^F)\hat{q}_{t-1}$

$+ \gamma \dfrac{K}{N}(R^K - R^F)\hat{k}_t + (1-\alpha)(1-\Omega)\dfrac{Y}{XN}(\hat{y}_t - \hat{x}_t) - \varepsilon^n_t$ (13)

由(5.21)式：$R^F \hat{r}^f_t = \lambda R^S \hat{r}^s_t + (1-\lambda)R^D \hat{r}^d_t + \lambda(R^S - R^D)\hat{\lambda}_t - \kappa_b \lambda^3 \hat{\lambda}_t$ (14)

由(5.31)式：$\hat{r}^D_t = \rho_r \hat{r}^D_{t-1} + (1-\rho_r)(\phi_\pi \hat{\pi}_t + \phi_Y \hat{y}_t) + \varepsilon^r_t$ (15)

由企业部门贷款需求 $(L_t = Q_t K_{t+1} - N_{t+1})$：$\dfrac{L}{N}\hat{l}_t = \dfrac{K}{L}(\hat{k}_t + \hat{q}_t) - \hat{n}_t$ (16)

由(5.22)、(5.23)式：$\hat{s}_{t+1} = (1-\phi)\hat{s}_t - \phi\hat{\phi}_t + \dfrac{L}{S}R^F(\hat{r}_t^f + \hat{l}_t) - \dfrac{D}{S}R^D(\hat{r}_t^d + \hat{d}_t)$

$$(17)$$

由(5.24)式：$\hat{\phi}_t = F'(\lambda)\lambda\hat{\lambda}_{t-1} + \varepsilon_t^{\phi}$ $\hspace{4em}$ (18)

由(5.8)式：$\hat{a}_t = \rho_a\hat{a}_{t-1} + \varepsilon_t^a$ $\hspace{5em}$ (19)

由(5.31)：$\hat{g}_t = \rho_g\hat{g}_{t-1} + \varepsilon_t^g$ $\hspace{5.5em}$ (20)

第 6 章　货币政策与逆周期资本监管政策的权衡与协调
——基于 DSGE 模型的研究

第五章在动态随机一般均衡框架内讨论了新的监管协议——《巴塞尔协议Ⅲ》——实施后,银行业最低资本充足率要求提高和逆周期资本政策的实施对宏观经济波动的冲击和影响。本章将在第五章分析的基础上,研究货币政策与逆周期资本监管政策的权衡与协调问题,在一个统一的模型框架内,对两种政策的相互关系以及在应对不同宏观经济情形上的效果进行研究,通过校准和数值模拟对于不同政策组合下的福利损失进行比较,并对逆周期资本监管的政策参数及其经济效果进行全面评估,为有效把握货币政策与逆周期审慎监管政策的相互关系,以及衡量两种政策工具在应对不同政策目标(包括物价稳定和金融稳定)上的层次顺序和政策效果提供有意义的借鉴参考。

本章具体安排如下:第一节简要介绍现行货币政策框架应对金融稳定目标的局限性,以及与逆周期审慎监管政策协调的理论研究进展;第二节在第五章模型基础上,建立了一个包含房地产资产价格、银行资本约束和金融加速器的新凯恩斯主义的 DSGE 模型;第三节对建立的模型进行模拟,分析在货币政策基础上引入逆周期资本政策的福利改进效应,以及不同的利率政策规则与逆周期监管政策组合造成的福利损失差别;第四节对逆周期资本政策应对不同外部经济冲击的效果进行对比,并对逆周期资本监管的政策参数及其影响效果进行分析;第五节是本章的结论和政策启示部分。

6.1 后危机时代货币政策与逆周期监管目标协调的理论研究

本次金融危机的爆发，使得学界和监管机构意识到传统以基准利率为政策工具，以控制通货膨胀为目标的货币政策框架尚不足以维护金融体系的稳定，以逆周期资本监管为核心的宏观审慎政策被认为是今后应对金融失衡和系统性风险的重要政策工具。由于货币政策是典型的总量调节，并不是应对杠杆率过高和资产价格明显偏离基本面等结构性问题的有效工具，而逆周期资本监管则直接作用于银行体系的信贷扩张和资产价格泡沫风险，并通过逆周期反馈机制的建立，降低信贷活动、资产价格泡沫以及整个金融体系的周期性波动，最终达到缓解系统性风险、维护金融稳定的目标。

传统的货币政策框架以稳定物价水平为主要目标，对信贷增长和资产价格泡沫因素采取了较为消极的应对措施，事前并不主动进行干预，致使货币政策在资产泡沫时期难以及时遏制货币供给的超常增长。事实上，在危机爆发前多数发达国家的核心通胀率和产出缺口都保持相对稳定，但资产价格、信贷扩张和产业结构等却积累了严重风险。例如日本在 1985 年至 1992 年的泡沫经济时期，平均 CPI 仅为 1.72，但其资产价格泡沫却达到历史最高峰值；英国在过去 20 年间实际需求的增长与经济供给能力大体一致，商品价格相对稳定，但是政府资产负债表和海外银行资产增长迅速，从而出现了"不影响通胀目标下的金融失衡"，而货币政策并未及时采取应对措施；美联储 2000 年以来盯住通胀目标而长期坚持的低利率政策在很大程度上促成了房地产等资产价格膨胀，催生严重泡沫并引发金融危机。可见，以通胀指标为目标的货币政策仍不足以保持金融稳定，会导致金融失衡的发生。

在理论研究方面，对于货币政策是否应对资产价格波动做出反应以及如何做出反应也是学术界研究争论的重要命题。Bernanke 和 Gertler(2001)通过模型分析认为，中央银行应当只关注消费品价格膨胀，资产价格不应当是货币政策调节的直接目标，央行的货币政策直接盯住资产价格变动将会引起更大的波动。而 Cecchetti(2010)、Goodhart(2004)等经济学家则认为对资产价格泡沫进行反应会改善经济状况。Smets (2004)也认为当与基本面无关的资产价格波动对真实经济有着潜在显著影响时，资产价格在货币政策中的重要性将上升。但是，运用货币政策单一工具实现通货膨胀和资产价格稳定目标的局限性主要在于，一方面根据丁伯根法则(Tinbergen's rule)，政策工具的数量至少要等于目标变量的数量，因此央行需要更多工具以更有效地维护金融稳定;另一方面,若利率规则机械地针对金融失衡采取"逆风而动"策略将导致通胀波动增大,需要较大幅度地提高利率才能有效,这会导致产出成本增加(Gerlach et al.,2009)。此外,提高利率还可能导致国际资本流入,反而使金融失衡进一步积累。

上述问题的存在以及此次危机后引发的对于金融稳定问题的重视,使得引入以逆周期资本监管为核心的宏观审慎政策,熨平信贷和资产价格的周期性波动,对货币政策进行补充和完善以共同应对失衡问题,成为学术界和监管机构所关注的重点。已有文献对货币政策和逆周期资本监管等审慎政策在宏观框架内的最优化问题进行了初步探讨(Jorg,2009;Angelini,Neri and Panetta,2010;Collard et al.,2012 等),国内文献中吴培新(2011),以及张健华和贾彦东(2012)等对我国货币政策和宏观审慎政策协调与配合关系进行了研究,但均属于定性分析范畴。

6.2 货币政策与逆周期资本政策的权衡与搭配:基于 DSGE 模型的理论框架

本节将在第五章 DSGE 模型基础上,根据研究主题对上一章模型进行扩展,引入房地产部门投资及房地产价格变量的影响,目的是为讨论在引入资产价格和房地产投资影响下,货币政策和逆周期资本监管政策的搭配与最优政策选择问题。由于房地产资产是银行发放贷款的重要抵押品,房地产价格持续上涨与银行信贷扩张之间具有相互促进的正反馈效应,容易形成非理性泡沫,包括次贷危机在内的诸多金融危机都是在未出现银行挤兑、而房价回落导致银行资产恶化的情况下发生。因此,建立一个包含房地产资产价格、银行资本约束和金融加速器的新凯恩斯 DSGE 模型,可以为研究货币政策和逆周期资本政策的相互关系,以及衡量物价稳定与金融稳定两个政策目标的实现,提供基本分析框架和有力的分析工具。

6.2.1 模型框架的建立

1. 家庭。

与上一章新凯恩斯 DSGE 模型相同,设家庭无限期生存下去,家庭每期都工作并将其收入用于消费、存款和住房投资,考虑到住房投资是影响家庭效用的重要因素,与

Kannan et al.(2009)等文献一致，本研究在家庭效用函数中引入可能对居民效用产生影响的住房资产，具体形式如下：

$$E_t \sum_{t=0}^{\infty} \beta^t \left[\frac{(C_t)^{1-\eta_c}}{1-\eta_c} + \alpha_0 \frac{(D_t)^{1-\eta_d}}{1-\eta_d} - \alpha_1 \frac{(H_t^c)^{1+\eta_h}}{1+\eta_h} + \alpha_2 \frac{(FZ_t)^{1-\eta_f}}{1-\eta_f} \right] \tag{6.1}$$

其中，β^t 为折现因子，C_t、D_t、H_t^c 分别代表 t 期家庭的消费、储蓄存款和劳动供给，FZ_t 代表家庭部门购买的住房资产数量；结构参数 η_c、η_d 和 η_h 均大于零，分别表示消费、存款和劳动供给的跨期替代弹性的倒数，η_f 为房产投资的跨期替代弹性倒数；α_0、α_1、α_2 分别代表家庭存款、劳动和住房资产对效用的贡献度。引入房地产投资后，代表性家庭的预算约束为：

$$C_t + D_t + S_t + P_t^H I_t^H + R_{t-1}^H L_{t-1}^H = W_t H_t^c + R_{t-1}^D D_{t-1} + R_{t-1}^S (1-\phi_t) S_{t-1} + \pi_t^l - T_t + L_t^H \tag{6.2}$$

$$I_t^H = FZ_t - (1-\delta_H) FZ_{t-1} \tag{6.3}$$

式(6.2)、(6.3)中 P_t^H 为住房价格相对于消费品价格之比，I_t^H 为住房资产投资，δ_H 为住房资产折旧率，R_t^H 为房地产贷款利率，L_t^H 为房地产贷款总额。其他参数含义与第五章一致，S_t 代表家庭部门持有的银行资本，银行权益资本收益率为 R_t^S，违约率为 ϕ_t，$W_t H_t^c$ 为劳动报酬，π_t^l 和 T_t 代表家庭部门获得的企业分红和向政府缴纳的税收。式(6.3)表示家庭住房资产的动态积累形式。在式(6.2)、(6.3)的约束条件下采用拉格朗日最优化方法得到一阶条件如下：

$$(C_t)^{-\eta_c} = \beta R_t^S (1-\phi_t) E_t \left[(C_{t+1})^{-\eta_c} \right] \tag{6.4}$$

$$(C_t)^{-\eta_c} = \beta E_t \left[(C_{t+1})^{-\eta_c} \right] R_t^D + \alpha_0 D_t^{-\eta_d} \tag{6.5}$$

$$\alpha_1 (H_t^c)^{-\eta_h} = (C_t)^{-\eta_c} W_t \tag{6.6}$$

$$(C_t)^{-\eta_c} = \beta R_t^H E_t \left[(C_{t+1})^{-\eta_c} \right] \tag{6.7}$$

$$(C_t)^{-\eta_c} P_t^H = \mu_t \tag{6.8}$$

$$\alpha_2 FZ_t^{-\eta_f} + \beta E_t \mu_{t+1} (1-\delta^H) = \mu_t \tag{6.9}$$

其中，μ_t 为房地产投资动态调整方程的拉格朗日乘子。

2. 企业部门。

与第五章一致，企业在一定技术条件下通过投入资本 K_t 和劳动力 H_t 进行生产，并且下一期的资本来源于当期的剩余资本 K_t 和当期投资 I_t^E，具体生产函数和资本积累形式如下：

$$Y_t = A_t K_t^\alpha H_t^{1-\alpha} \tag{6.10}$$

$$K_{t+1} = (1-\delta)K_t + I_t^E \tag{6.11}$$

其中，$\alpha \in (0, 1)$ 为资本在产出中的贡献份额，δ 为资本折旧率，A_t 为企业面临的同质性技术冲击，且遵循一阶自回归过程：

$$\ln A_t = (1-\rho_A)\ln A + \rho_A \ln A_{t-1} + \varepsilon_{At} \tag{6.12}$$

假设 H_t^e 为企业劳动供给，H_t^c 为家庭劳动供给，将其合成抽象劳动 H_t，其中一般家庭劳动占比为 Ω，如式(6.13)所示：

$$H_t = (H_t^c)^\Omega (H_t^e)^{1-\Omega} \tag{6.13}$$

企业在生产函数约束下，通过选择资本 K_t 和劳动力 H_t 以最小化经营成本，即最小化成本函数：$\min\limits_{K_t, H_t} W_t H_t + K_t Z_t$，其中 Z_t 为资本成本，通过对 K_t 和 H_t 求一阶条件，可得：

$$Z_t = \alpha \xi_t \frac{Y_t}{K_t} \tag{6.14}$$

$$W_t = (1-\alpha)\xi_t \frac{Y_t}{H_t^c} \tag{6.15}$$

$$W_t^e = (1-\alpha)\xi_t \frac{Y_t}{H_t^e} \tag{6.16}$$

其中，ξ_t 为拉格朗日乘子，可以将其理解为成本加成定价。假设企业产品价格标准化为 1，其成本加成为 X_t，则中间产品相对价格为 $\frac{1}{X_t}$，因此 $\xi_t = \frac{1}{X_t}$。给定式(6.10)中的生产函数，企业家在 t 至 $t+1$ 时期的预期资本回报率为：

$$E_t R_{t+1}^K = E_t \left[\frac{\dfrac{1}{X_{t+1}}\alpha\dfrac{Y_{t+1}}{K_{t+1}} + (1-\delta)Q_{t+1}}{Q_t} \right] \tag{6.17}$$

其中，R_t^K 为企业的资本收益率。根据 Bernanke、Gertler 和 Gilchrist(1999)的研究结论，在信贷市场存在摩擦情况下，企业的最优投资规模应使得企业的资本收益率等于其外部融资成本,如式(6.18)所示,其中 R_t^L 为银行贷款资金成本,$s(\cdot)$ 为外部融资风险升水,且 $s'(\cdot)<0$,外部融资溢价 $s(\cdot)$ 依赖于企业的财务杠杆比率,Q_t 为资本价格,N_t 为企业净资本,详细的推导说明参见第五章:

$$E_t R_{t+1}^K = s\left(\frac{N_{t+1}}{Q_t K_{t+1}}\right) R_{t+1}^L \tag{6.18}$$

此外,企业净资产 N_t 的演化路径和企业消费 C_t^e 如式(6.19)和(6.20),其中 γ 为企业每期的存活概率:

$$E_t N_{t+1} = \gamma\left(R_t^K Q_{t-1} K_t - R_t^L s\left(\frac{N_t}{Q_t K_{t+1}}\right)(Q_{t-1} K_t - N_t)\right) + (1-\alpha)(1-\Omega)A_t K_t^\alpha H_t^{(1-\alpha)\Omega} \tag{6.19}$$

$$C_t^e = (1-\gamma)N_t \tag{6.20}$$

3. 房地产部门。

本章在 DSGE 模型中引入了房地产部门,以便更好地衡量在货币政策和逆周期资本政策作用下,信贷扩张和房价波动对金融稳定的影响机制。假设房地产部门的外部融资成本同样遵循 Bernanke 等(1999)提出的企业"金融加速器"的基本思路,即房地产部门的外部融资风险升水与其外部贷款总额超出住房资产本身的比例呈正相关,以 ltv_t 表示房地产部门的贷款抵押比率,则有 $ltv_t = L_t^H/P_t^H FZ_t$,因此,房地产外部贷款融资利率 R_t^H 可表示为:

$$E_t R_t^H = R_t^L E_t\left[f\left(\frac{L_t^H}{P_t^H FZ_t}\right)\right] \tag{6.21}$$

其中,$f(\cdot)$ 为外部融资升水,且 $f'(\cdot)>0$,它取决于房地产贷款总额与房产抵押资产净值之比。在我国抵押贷款仍然是商业银行信贷的主要方式,当家庭部门贷款抵押率上升金融杠杆率增加时,预期违约率增加,其房地产贷款融资利率也上升;另一方面,当借款人的首付比率提高、资产净值增加时,家庭部门的预期违约率下降,其房地产资产的融资成本也相应下降。

对于房地产部门的投资供给,参照 Hyunduk(2011)的研究,假设在 t 期末家庭部门的房地产投资总规模与总产出变量成正比例,即有如下表达式(6.22),其中 ρ^H 代表房地产投资与总产出的比例系数,ε_t^H 为房地产投资外部冲击:

$$I_t^H = \rho^H Y_t + \varepsilon_t^H \tag{6.22}$$

4. 银行部门。

对于银行部门的设定与第五章基本一致,假设银行体系的贷款资金成本是存款利率 R_t^D 和银行权益资本成本 R_t^S 的加权平均,并且由于融资成本和摩擦的存在,银行贷款资金成本与其自身资本充足水平呈负相关,当银行资本充足率水平低于监管资本要求时,受监管压力和融资成本上升的影响其相应的贷款资金成本也提高,如式(6.23)所示:

$$R_t^L = (1 - \lambda_t)R_t^D + \lambda_t(1 - \phi_t)R_t^S - \kappa_b\left(\frac{S_t}{L_t} - \bar{\eta}_t\right)\left(\frac{S_t}{L_t}\right)^2 \tag{6.23}$$

其中,λ_t 为银行实际资本充足率,$\bar{\eta}_t$ 为银行最低监管资本要求,在《巴塞尔协议 I》中最低资本要求 $\bar{\eta}$ 为常数值,即为 8%;而在此次金融危机后为了加强审慎监管,缓解银行体系的顺周期性,引入了逆周期资本监管工具 $\bar{\eta}_t$,即在经济上行、信贷扩张时期最低资本要求提高,以约束银行的放贷冲动,而在经济下行、信贷紧缩时期最低资本监管要求降低,以平滑信贷波动,其对数线性化方程可以表示为式(6.24),其中 ρ_κ 为最低监管资本要求的平滑系数,ϕ_y^κ、ϕ_L^κ 表示最低资本要求对总产出缺口和贷款缺口的敏感系数:

$$\bar{\eta}_t = \rho_\kappa\bar{\eta}_{t-1} + \phi_y^\kappa(y_t - y^*) + \phi_L^\kappa(l_t - l^*) \tag{6.24}$$

引入房地产部门后,银行总贷款规模 L_t 为企业贷款 $L_t^E (L_t^E = Q_t K_t - N_t)$ 和房地产贷款额 L_t^H 之和,即有:

$$L_t = L_t^H + L_t^E \tag{6.25}$$

银行部门股权资本存量 S_t 的动态积累方程满足式(6.26)和式(6.27),其中 π_t^b,Div_t 分别表示第 t 期银行利润和股利分红:

$$S_{t+1} = (1 - \phi_t)S_t + \pi_t^b - Div_t \tag{6.26}$$

$$\pi_t^b = R_t^K L_t^E + R_t^H L_t^H - R_t^D D_t - R_t^S(1 - \phi_t)S_t - \frac{\kappa_b}{2}\left(\frac{S_t}{L_t} - \eta\right)^2 S_t \tag{6.27}$$

此外,假设银行部门的违约率 ϕ_t 与其资本充足率 λ_{t-1} 成反比,且服从 logistic 函数:

$$\phi_t = F(\lambda_{t-1}, \varepsilon_t^\phi) = \left(\frac{\exp(v_a - v_b\lambda_{t-1})}{\exp(v_a - v_b\lambda_{t-1}) + 1}\right) \cdot \varepsilon_t^\phi \tag{6.28}$$

其中,v_a,v_b 为参数,ε_t^ϕ 为均值为 0,方差为 σ_ϕ 的 i.i.d 正态随机冲击。

5. 零售部门。

与第 5 章一致,零售部门作为经济中价格粘性的来源,并交错设定名义价格,在每一期零售商以概率 $\phi \in [0, 1]$ 重新设定价格,以概率 $1-\phi$ 保持价格不变,且每次价格调整与之前调整时间相互独立。根据厂商问题的最终解,第 t 期国内总通货膨胀率的表达式为:

$$\hat{\pi}_t = \beta E_t \hat{\pi}_{t+1} - \frac{(1-\beta\phi)(1-\phi)}{\phi} \hat{x}_t \qquad (6.29)$$

其中,$\hat{\pi}_t$ 表示通货膨胀率,$\hat{x}_t$ 表示实际边际成本与其在稳定状态时的值之差。

6. 货币当局。

为了全面考察不同货币政策与逆周期资本政策协调与权衡的宏观经济效应和福利影响,我们假设货币当局可以采用三种不同的规则执行货币政策,第一种是泰勒规则(Taylor rule)的扩展的利率规则(Taylor,1993),即央行在给定通胀目标和潜在产出水平下针对通胀缺口和实际产出缺口调整短期利率,具体规则如下:

$$i_t = \phi_1 i_t + (1-\phi_1)[\phi_\pi(\pi_t - \pi^*) + \phi_y(y_t - y^*)] + \varepsilon_t^R \qquad (6.30)$$

其中,ϕ_1 为利率平滑系数,ϕ_π 和 ϕ_y 表示货币当局对通胀和产出缺口的反应系数,π^* 与 y^* 分别表示通胀目标和产出缺口目标值,利率冲击 ε_t^R 服从一阶平稳的 AR(1) 过程。

第二种是前瞻性泰勒规则。在传统泰勒规则中,利率调整对通胀缺口的反映是同期或后顾的,但在实际中由于货币政策存在时滞,货币当局一般会基于对未来经济环境的预期而制定政策,因此货币政策应是前瞻性的。Clarida,Galiand 和 Gertler (2000)提出了前瞻性泰勒规则,即每期名义目标利率包含了预期的通货膨胀和产出缺口,用公式表达为:

$$i_t = \phi_1 i_t + (1-\phi_1)[\phi_\pi(E_t(\pi_{t+k}) - \pi^*) + \phi_y E_t(y_{t+p} - y^*)] + \varepsilon_t^R \qquad (6.31)$$

其中,π_{t+k} 为 t 到 $t+k$ 期的通货膨胀率,y_{t+p} 为 t 到 $t+p$ 期的总产出,E_t 为预期。

第三种是引入资产价格的泰勒规则,即货币当局不仅仅控制消费价格的通胀,还监控资产价格的膨胀,并根据资产价格指标的变化调整名义利率。引入资产价格的泰勒规则表示为式(6.32),其中 $p_t^h - p_{t-1}^h$ 反映了资产价格变动:

$$i_t = \phi_1 i_t + (1-\phi_1)[\phi_\pi(\pi_t - \pi^*) + \phi_y(y_t - y^*) + \phi_{p^h}(p_t^h - p_{t-1}^h)] + \varepsilon_t^R$$
$$\qquad (6.32)$$

7. 市场出清。

在均衡状态下,总产出被用于消费(包括消费者的消费和企业消费)、企业投资、房地产投资和政府支出。因此,市场出清条件为:

$$Y_t = C_t + I_t^E + I_t^H + G_t + C_t^e \tag{6.33}$$

其中,政府支出 G_t 服从一阶平稳的 AR(1) 过程,即为式(6.34),其中 ρ_g 为政府购买支出的自相关系数:

$$\ln G_t = (1 - \rho_g) \ln G + \rho_g \ln G_{t-1} + \varepsilon_{gt} \tag{6.34}$$

6.2.2 对数线性化与参数校准

在稳态附近对模型中各部门的约束方程和一阶条件进行对数线性化,其结果见附录 6.1。关于模型中的结构参数和内生变量稳态值的校准分析,本节将在第五章模型的基础上,对于新增加的参数根据已有文献和我国实际情况进行校准和估计,其他参数的取值和与第五章模型一致。

根据模型对数线性化的结果,本章新增加的模型参数包括企业贷款在银行贷款所占比重 $\frac{L^E}{L}$、房地产贷款在银行贷款中占比 $\frac{L^H}{L}$、房地产贷款利率 R^H、企业固定资产支出占比 $\frac{I^E}{Y}$、房地产投资占 GDP 比重 $\frac{I^H}{Y}$、房产投资的跨期替代弹性 η_f、房地产贷款融资溢价对贷款抵押率的弹性 υ^h 和房地产投资的折旧率 δ^H。其中,房地产贷款占银行贷款比重 $\frac{L^H}{L}$ 的取值根据 2002—2011 年我国房地产开发投资贷款和个人按揭贷款数据占贷款总额之比取平均值为 0.216,相应的 $\frac{L^E}{L}$ 的稳态值定为 0.784;再依据我国 2000—2010 年间企业投资和房地产开发投资占全社会投资比重的平均值,将企业固定资产支出占总产出之比 $\frac{I^E}{Y}$ 的稳态值取为 0.22,房地产投资占 GDP 比重 $\frac{I^H}{Y}$ 为 0.06。稳态的房地产贷款利率 R^H 根据式(6.6)计算得到为 1.025 6[1],相对应的年度贷款利率为 10.25%。房产投资的跨期替代弹性 η_f 参照 Hyunduk(2011)等的研究,取值为 0.85。

---

[1]　根据式(6.7),稳态时房地产贷款利率 $R^H = \frac{1}{\beta}$。

国内尚未有文献对房地产贷款融资溢价对贷款抵押率的弹性 v^h 和房地产投资的折旧率 δ^H 进行校准,参照企业部门的融资升水弹性和折旧率分别取值为 0.06 和 0.015,δ^H 的取值小于企业资本折旧率 δ 值 0.025,这意味着房地产资产的折旧期限更长。模型中所有参数的取值见表 6.1。

表 6.1　结构性参数及部分内生变量稳态校准值

变量	取值	变量	取值	变量	取值	变量	取值
β	0.975	η^c	1.1	η^h	3	φ	0.3
α	0.42	δ	0.025	δ^H	0.015	γ	0.975
X	1.54	θ	0.75	ν	0.06	λ	0.08
ϕ	0.015	C/Y	0.43	C^e/Y	0.05	G/Y	0.14
K/N	2	K/L	2	L/D	0.75	R^D	1.01
L^E/L	0.784	L^H/L	0.216	I^E/Y	0.31	I^H/Y	0.07
R^H	1.025 6	η_f	0.85	v^h	0.06	v_a	5
v_b	10	ρ_a	0.780 9	ρ_g	0.617 4	Ω	0.983

6.2.3　政策目标函数与福利损失

我们需要设定货币政策和逆周期审慎政策的目标函数,以便于对不同政策组合的福利效果进行比较,假定政府为确保社会福利最大化,追求一种基于承诺的规则,参照 Woodford(2003)、Angelini、Neri 和 Panetta(2010、2011)等的研究,我们将货币政策的最优目标函数定义为:

$$L^1 = \sigma_\pi^2 + k_{y,1}\sigma_y^2 + k_r\sigma_r^2, \ k_{y,1} \geqslant 0, \ k_r \geqslant 0 \qquad (6.35)$$

其中,σ_π^2、σ_y^2 和 σ_r^2 为通胀、产出缺口和基准利率政策工具的波动率,$k_{y,1}$ 和 k_r 为福利损失函数中产出缺口和基准利率波动性的相对权重。这意味着最优货币政策面临着通胀、产出增长和利率工具的波动性三者目标之间的权衡与协调,通过选择政策参数 ϕ_1、ϕ_π 和 ϕ_y 以最小化目标函数值。

逆周期审慎政策的主要目标是维护金融稳定,保持资产价格、信贷供给和银行资本的平稳性,以降低金融波动造成的宏观经济成本。参照 Angelini、Neri 和 Panetta (2010、2011)研究中对宏观审慎政策福利损失函数的设定,我们将逆周期资本监管政策的目标函数定义为:

$$L^2 = \sigma_l^2 + k_{y,2}\sigma_y^2 + k_v\sigma_v^2, \ k_{y,2} \geqslant 0, \ k_v \geqslant 0 \qquad (6.36)$$

其中,σ_l^2、σ_y^2 和 σ_v^2 分别代表贷款、产出缺口和资本充足率的方差,$k_{y,2}$ 和 k_v 分别表示产出缺口和银行资本水平在政策目标函数中的相对权重。这意味着逆周期审慎政策的目标是通过运用逆周期资本监管工具,并通过最优化相应的政策参数,在兼顾调控工具变量波动较小的情况下,实现福利损失函数值的最小化。

在传统的货币政策实践中,中央银行未将金融稳定作为政策目标函数,而是通过对利率规则中利率平滑系数 ϕ_1,以及通胀和产出缺口的反应系数 ϕ_π 和 ϕ_y 的选择,最小化货币政策的福利损失,即可以表示为:

$$\min_{\phi_1,\phi_\pi,\phi_y} L = L^1 = \sigma_\pi^2 + k_{y,1}\sigma_y^2 + k_r\sigma_r^2 \qquad (6.37)$$

在未来货币当局对两大政策目标,即价格稳定和金融稳定目标的重视,将促使央行在统一框架内通过综合运用货币政策和宏观审慎工具,以实现两者政策目标函数的联合最优化,即央行通过选择利率规则参数 ϕ_1、ϕ_π 和 ϕ_y,以及逆周期资本监管政策参数 ρ_κ、ϕ_y^κ 和 ϕ_L^κ,以最小化货币政策和审慎政策的福利损失,即可以表示为:

$$\min_{\phi_1,\phi_\pi,\phi_y,\rho_\kappa,\phi_y^\kappa,\phi_L^\kappa} L = L^1 + L^2 = \sigma_\pi^2 + k_r\sigma_r^2 + \sigma_{l/y}^2 + (k_{y,1} + k_{y,2})\sigma_y^2 + k_v\sigma_v^2 \qquad (6.38)$$

6.3 DSGE 模型的模拟结果分析

6.3.1 最优政策参数求解

在模型设定和参数校准完成后,我们可以利用标准方法对 DSGE 模型进行求解。在给定政策目标函数的基础上,我们以福利损失最小化为目标采用搜索方法求解最优货币政策和逆周期资本政策的政策参数。根据 Hyunduk(2011)、Quint 和 Rabanal(2011)等文献的研究,我们设定在货币当局可执行的最优政策参数中,对通货膨胀的反应系数 ϕ_π^* 取值范围为 $(0,3]$,实际产出缺口系数 ϕ_y^* 的取值区间为 $(0,1.5]$,资产价格系数 $\phi_{p^*}^*$ 的取值范围为 $(0,1.5]$;设定在逆周期资本监管的政策参数中,对信贷的反应系数 ϕ_L^* 的取值区间为 $(0,1.5]$,实际产出缺口系数 χ_2^* 的取值区间为 $(0,1.5]$,搜索步长为 0.1。此外,考虑到基准利率和监管资本要求的跨期平滑效应,参照第五章的设置,将利率和监管资本变动的平滑参数设定为 0.8。通过搜索方法可以得到最优货币政策和逆周期资本监管政策的规则参数,如表 6.2 所示,其中前三组政策参数值是在仅考虑货币政策福利损失最小化的情况下,其最优利率规则参数取值;而后三组政策参数是在考虑货币政策与逆周期资本政策联合损失最小化条件下各参数的最优取值。

表 6.2 最优货币政策和宏观审慎政策规则参数

参 数 名	最优政策参数				
	ϕ_π^*	ϕ_y^*	ϕ_{ph}^*	ϕ_y^κ	ϕ_L^κ
泰勒利率规则	3	1.5	—	—	—
前瞻性泰勒规则	3	0.1	—	—	—
含资产价格的泰勒规则	3	1.5	1.5	—	—
泰勒利率规则＋逆周期资本政策	3	1.5	—	0.1	1.5
前瞻性泰勒规则＋逆周期资本政策	3	0.1	—	0.1	1.5
含资产价格的泰勒规则＋逆周期资本政策	3	1.5	1.5	0.1	1.5

最优政策参数的计算结果显示,对于货币政策而言,名义利率对通胀的反应系数 ϕ_π^* 和对资产价格系数 ϕ_{ph}^* 分别取最大值 3 和 1.5 时,政策福利损失最小;而对于产出缺口系数 ϕ_y^*,在泰勒规则和在包含资产价格的泰勒规则下 ϕ_y^* 取最大值 1.5 时福利损失最小,而在前瞻性泰勒规则下 ϕ_y^* 最优取值则为 0.1。对于逆周期资本政策参数而言,对信贷的反应系数 ϕ_L^κ 取最大值 1.5,对产出缺口的反应系数 ϕ_y^κ 取最小值 0.1 时,政策的福利损失最小。

6.3.2 不同货币政策规则下的逆周期资本监管福利改进效应分析

鉴于 DSGE 模型分析所使用的参数已根据我国数据特征和典型事实进行了调整和校准,我们认为以下模拟分析与我国宏观经济的实际情况较为吻合。模拟分析比较了使用货币政策单一工具和综合使用货币政策与逆周期资本政策两项工具情况下,产出、消费、信贷和通货膨胀等实际经济变量标准差的水平值和变动比率,由于货币政策与审慎政策的福利损失大小与这些变量的标准差呈正相关,因此可以对不同政策组合对社会福利的影响进行分析,其中福利损失越小意味着宏观经济越稳定,政策收益也越大。

表 6.3 给出了在泰勒利率规则下,实施逆周期资本监管政策对主要经济变量的波动影响,其中参数设置根据前文最优政策参数的求解,将利率规则参数 ϕ_π^*、ϕ_y^* 取值为 3 和 1.5,将逆周期资本政策参数 ϕ_y^κ、ϕ_L^κ 取值为 1.5 和 1.5。模拟结果显示,逆周期资本政策的实施对产出、通胀、资产价格、贷款和银行资本的波动性均有显著降低效应,可以平滑实际经济的波动性,减小政策目标的福利损失。其中对通胀、产出和资产价格的影响作用比对于贷款和银行资本变动的影响更小,分别降低了 -0.95%、-3.04% 和 -7.87%,而对于信贷和银行资本的波动平滑作用则非常显著,分别达到 -21.03% 和 44.57%,这意味着逆周期资本监管政策对金融体系总体信用水平的影响作用更为显著和有效,可以明显降低宏观审慎政策目标函数的福利损失,对实际产出也有一定的波动平滑作用,但对通胀变动几乎没有影响。模拟结果还显示了逆周期监管政策对实际经济变量的一个负面作用,即一定程度上加大了消费的波动性,可能会降低消费者的长期效用水平。

表 6.3 泰勒规则下逆周期资本监管政策的福利改进效应模拟结果

	消费 σ_C	产出 σ_y	通胀 σ_π	资产价格 σ_{ph}	公司贷款 σ_{le}	地产贷款 σ_{lh}	银行资本 σ_s
泰勒规则(A)	0.027 2	0.023	0.010 5	0.061	0.163 1	0.103 2	0.359 4
泰勒规则+逆周期政策(B)	0.029 1	0.022 3	0.010 4	0.056 2	0.128 8	0.086 1	0.199 2
变化((B−A)/A)	6.99%	−3.04%	−0.95%	−7.87%	−21.03%	−16.57%	−44.57%

我们还考察了在不同利率规则下,逆周期资本政策的实施对福利损失的影响。表 6.4 反映了前瞻性泰勒规则与逆周期资本监管政策的组合对实际经济变量波动的影响结果。结果显示,一方面,与以当期通胀和产出水平来设定名义利率的泰勒规则相比,前瞻性泰勒规则并未对实际经济变量的波动性起到稳定作用,各变量在前瞻性泰勒规则下的标准差均大幅上升,降低了社会长期福利水平;另一方面,前瞻性泰勒规则与逆周期资本监管的政策组合进一步增大了主要经济变量的波动性特征,导致政策目标的福利损失相对泰勒规则而言显著增大。此外,在实践中前瞻性泰勒规则需要对产出和通胀的未来值做出准确预测,增大了实际操作的难度,因此,货币当局在考虑利率政策及其与逆周期审慎政策组合的配合时,应当直接针对当期的通货膨胀和产出变量,其产生的福利效应比前瞻性规则更大。

表 6.4　前瞻性泰勒规则下逆周期资本监管政策的福利改进效应模拟结果

	消费 σ_c	产出 σ_y	通胀 σ_π	资产价格 σ_{ph}	公司贷款 σ_{le}	地产贷款 σ_{lh}	银行资本 σ_s
泰勒规则（基准）	0.027 2	0.023	0.010 5	0.061	0.163 1	0.103 2	0.359 4
前瞻性泰勒规则	0.081 9	0.059 7	0.028 6	0.155 9	0.525 1	0.240 9	1.118 4
基准变化（%）	201	160	172	156	222	133	211
前瞻性泰勒规则＋ 逆周期资本政策	0.085 6	0.057 7	0.028 2	0.146 4	0.438	0.144 8	0.718 8
基准变化（%）	315	251	269	240	269	140	200

　　表 6.5 反映了引入资产价格的泰勒规则与逆周期资本监管的政策组合对福利效应的影响，在这一情况下，货币当局不仅对通胀和产出做出反应，还关注资产价格的膨胀，并根据资产价格的变化调整名义利率。结果显示，引入资产价格的泰勒规则可以显著降低各主要经济变量的波动性特征，对消费、产出、通胀、资产价格、贷款和银行资本等指标的变动均起到平稳作用，其中通胀和产出的标准差分别下降了 18.1％和 11.74％，而与信贷和资产价格相关的变量标准差下降幅度更大，资产价格与地产贷款指标分别下降 30.82％和 31.2％，这显著提高了货币政策和逆周期审慎政策目标函数的福利收益。此外，模拟结果还显示，含资产价格的泰勒规则与逆周期资本监管政策的协作可以进一步降低两项政策目标的福利损失，使得产出、资产价格、贷款与银行资本的平稳性进一步提高，与之前只引入资产价格的泰勒规则相比，产出波动性进一步下降（从－11.7％降至－13.91％）、通胀波动性不变，使得货币政策目标函数的福利收益有所改善，而审慎政策目标函数的福利改进效应则更为显著，这带来了社会长期整体福利水平的增加。

表 6.5　含资产价格的泰勒规则下逆周期资本监管政策的福利改进效应模拟结果

	消费 σ_c	产出 σ_y	通胀 σ_π	资产价格 σ_{ph}	公司贷款 σ_{le}	地产贷款 σ_{lh}	银行资本 σ_s
泰勒规则	0.027 2	0.023	0.010 5	0.061	0.163 1	0.103 2	0.359 4
含资产价格的泰勒规则	0.019 1	0.020 3	0.008 6	0.042 2	0.119 9	0.071	0.262 4
基准变化（%）	−29.78	−11.74	−18.10	−30.82	−26.49	−31.20	−26.99
含资产价格的泰勒 规则＋逆周期资本政策	0.019 5	0.019 8	0.008 6	0.039 5	0.100 1	0.054 5	0.174 4
基准变化（%）	−28.31	−13.91	−18.10	−35.25	−38.63	−47.19	−51.47

6.3.3 外部冲击效应的分析

为了说明实际经济变量在货币政策与逆周期资本政策影响下的动态特征,现对 DSGE 模型的脉冲动态响应图进行分析。图 6.1 显示了当短期内出现幅度为一个标准差的正向技术冲击后,产出、消费、投资、贷款、银行资本等变量偏离稳态的百分比及其动态响应过程,其中横轴表示时间,纵轴表示冲击后对稳态的偏离值。图中对比了单一泰勒规则、泰勒规则与逆周期资本政策组合、单一含资产价格的泰勒规则和引入资产价格的泰勒规则与逆周期资本政策组合四种情景下,各主要变量的动态反应。与一般新凯恩斯模型的结论一致,技术冲击促使产出、消费、投资、资本和资产价格等变量均迅速上升,随后向均衡状态趋近,而对价格总水平则产生负向作用,抑制通货膨胀。对比以上四种政策组合的影响,可以看出逆周期资本监管的实施主要对经济中存款、贷款、贷款资金成

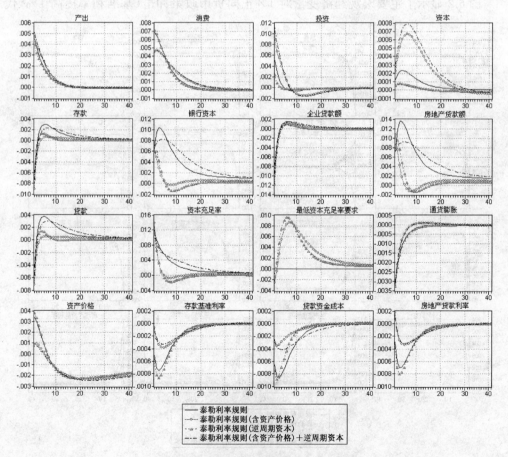

图 6.1　技术冲击的脉冲响应比较

本、银行资本和最低资本充足率变量有显著的稳定作用,使其偏离稳态的幅度降低,向稳态值回归的速度更快,而对产出、消费、投资、企业贷款和基准利率等变量在技术冲击下的动态响应作用则不明显,这意味着逆周期政策的实施对实际经济的不同领域影响是不同的,其对货币信贷尤其是房地产信贷方面具有较强的影响效果,在调节信贷周期方面发挥了正面作用,降低了宏观经济尤其是银行体系的不稳定性。可见,只要安排合理货币政策与逆周期资本政策,二者在应对不同宏观经济情形和问题上是具有互补作用的。

此外,如果不考虑逆周期资本的作用,仅对比单一泰勒规则与引入资产价格的泰勒规则对宏观经济的影响,可以看出引入资产价格的泰勒规则对存款、贷款、银行资本、房地产贷款和基准利率、贷款资金成本等变量也具有波动平滑作用,使这些变量在外部冲击后对稳态偏离的幅度均有降低,但其影响效果比逆周期资本政策的作用小,外部冲击对经济变量影响的持续期更长,经济变量向均衡状态回归的速度比引入逆周期资本政策后回归稳态的速度更慢。

图 6.2 显示了主要宏观经济变量对 1% 正向货币政策冲击(基准利率提高 1%,代

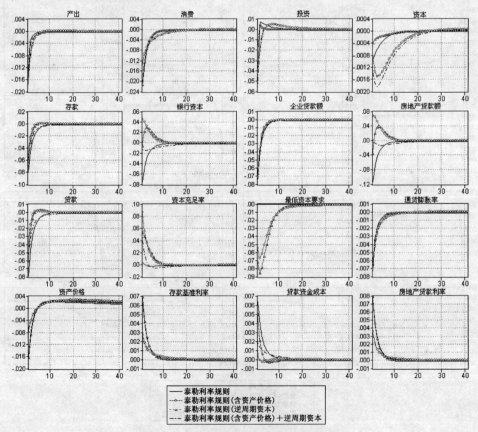

图 6.2　货币政策冲击的脉冲响应比较

表紧缩性货币政策)的动态响应过程,并同样对比了在四种政策组合下各经济变量的动态反应。图中显示,紧缩性货币政策的冲击导致产出、消费、投资、企业资本、存贷款和资产价格变量呈现显著下降,随着时间推移向均衡状态回归。逆周期资本监管政策的实施使得最低资本充足率要求在信贷和产出下降时,逆周期资本要求也相应降低,从而促使银行实际资本水平要高于仅使用泰勒货币规则的情形,并对产出、消费、投资、通货膨胀、存贷款变动和银行资金成本变量起到一定的平滑作用,这些变量在货币冲击后偏离稳态的幅度有所减小,尤其是存款、贷款和银行资金成本的变动尤为明显。

综上所述,通过外部冲击的动态脉冲响应分析可得出,逆周期资本监管政策有减弱经济波动的效果,其对存款、贷款、银行资金成本的变动尤其是房地产信贷方面具有较强的稳定和平滑作用,使这些变量偏离稳态的幅度降低,向稳态值回归的速度更快,而对产出、消费、投资和通货膨胀等变量的影响则不十分明显。此外,引入资产价格的泰勒利率规则也有一定的波动平滑作用,但其对货币信贷方面的影响力度比逆周期资本政策的作用小,且利率的调整会同时引起产出、消费、投资等实体经济变量的变动,易造成单一工具在应对多个政策目标之间的冲突。因此,根据模型的分析结果,在应对信贷扩张及资产价格泡沫等金融失衡问题的政策工具选择方面,逆周期资本监管工具优于盯住资产价格的利率政策。

6.4　对逆周期资本监管政策参数的讨论与稳健性分析

我们将在本节讨论逆周期资本监管政策参数的敏感性、与货币利率政策的相互关系及其在应对不同风险波动情形、不同外部冲击下对宏观经济福利成本的影响,有助于更深刻地理解逆周期政策工具,更好地为经济分析和政策决策提供理论与实际操作依据。

6.4.1　逆周期资本监管政策不同参数值对福利影响的敏感性分析

为分析逆周期资本监管政策规则中不同参数值对福利损失的影响,我们在本章6.2 节中建立的 DSGE 模型基础上,改变逆周期政策参数变化的合理范围,以理解和分析这些参数变化导致的福利影响。

图 6.3 显示了当逆周期资本政策规则(如式 6.21 所示)对信贷的反应系数 ϕ_L^c 取值

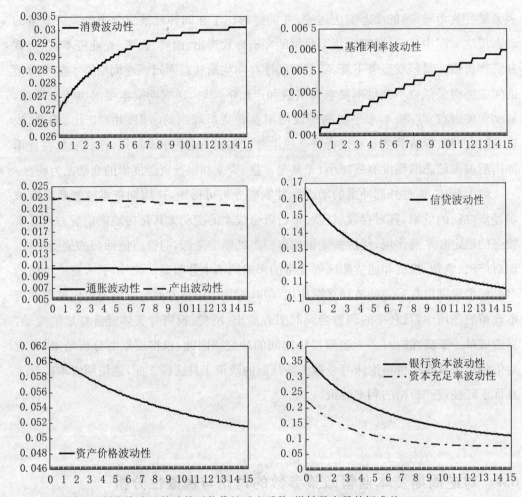

注:横轴是逆周期资本监管政策对信贷的反应系数,纵轴是变量的标准差

图 6.3　信贷反应系数 ϕ_L^{κ} 取值对经济变量的影响

范围在 0 到 15 之间时,产出、通胀、消费、信贷、基准利率、资产价格、银行资本及资本波动率变量的标准差,由于货币政策与逆周期资本政策最优化目标的福利损失函数取决于产出、通胀、信贷等变量的波动特征,因此可以对不同参数设置下逆周期资本规则的福利损失进行分析。从图 6.3 可以看出,在其他参数不变的情况下逆周期资本对信贷的反应系数 ϕ_L^{κ} 越大,信贷、资产价格、银行资本和资本充足率的波动性则越小,且呈现单调递减的趋势,而产出和通胀的标准差尽管也随着 ϕ_L^{κ} 有所下降,但变化幅度非常小,这意味着 ϕ_L^{κ} 的增大可以显著提高审慎政策的福利收益,但对于货币政策目标的福利改进效应则非常有限。此外,ϕ_L^{κ} 的增大提高了消费和基准利率的波动性,尽管幅度较小,但可能会对消费者效用和利率政策目标造成一定的福利损失,这意味着审慎政

策的实施不能一味增加 ϕ_L^k 以追求信贷和金融稳定,否则,会对实际经济造成一定冲击和影响,进而增大了社会整体的福利损失。

图 6.4 显示了当逆周期资本政策规则对产出的反应系数 ϕ_y^k 取值范围在 0 到 15 之间时,产出、通胀、消费、信贷、基准利率、资产价格、银行资本及资本波动率变量的标准差变动。可以看出,当其他参数不变时逆周期监管资本对产出的反应系数 ϕ_y^k 越大则消费、产出、通胀和资产价格变量的波动性越小,但其影响作用很微弱,需要 ϕ_y^k 上升较大幅度才能体现出其对宏观经济的波动平缓效果。但 ϕ_y^k 的增大会加大信贷总额、银行资本和资本充足率的波动性,使得逆周期审慎政策目标的福利损失增加。其可能的原因在于,在 DSGE 模型中逆周期资本政策的目标并非是促使产出的绝对量持续增

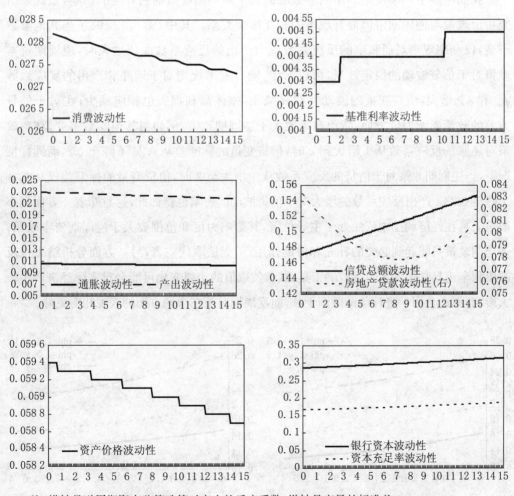

注:横轴是逆周期资本监管政策对产出的反应系数,纵轴是变量的标准差。

图 6.4 逆周期资本政策对产出的反应系数 ϕ_y^k 变动对经济变量的影响

加，而是实现均衡的产出，即产出缺口为 0。如果产出的下降是由于宏观经济供过于求导致经济向均衡状态调整，此时如果实施逆周期资本政策，通过降低最低资本要求而促使信贷扩张的话，会导致产能过剩的问题更加严重，并致使社会长期福利水平降低。因此，尽管 ϕ_{cr}^{κ} 增大可以降低产出、通胀和资产价格的方差，但会导致审慎政策目标函数的福利损失加大。在应用中，逆周期资本政策应降低对产出的反应系数，不宜用这一政策来调控产出的波动，以更好地发挥逆周期资本政策的针对性和有效性。

6.4.2 货币政策不同参数值对逆周期资本政策福利效应的影响分析

我们考察了利率规则的不同参数取值对于逆周期政策福利效应的影响，以此来研究货币政策与逆周期审慎监管政策的相互影响关系。其中，图 6.5 反映了当其他参数不变，仅利率规则对通胀率的反应系数或对产出的反应系数取值增大时，逆周期资本政策对于信贷波动的稳定效果，可以看出，随着利率规则对于通胀和产出的反应系数 ϕ_{π}^{*} 和 ϕ_{y}^{*} 增大，信贷变量的波动性明显减小，整体福利损失也相应减少；在对于信贷方差的政策影响力度方面，货币政策要大于逆周期政策，例如当其他参数不变，利率政策对通胀的反应系数从 1 增大到 2 时，信贷变量的标准差从 0.26 下降至 0.2，而同样情况下，当逆周期政策对于信贷的反应系数从 1 增大至 2 时，信贷变量的标准差仅从 0.26 下降至 0.23。产出反应系数的增大对于信贷波动的影响也是如此，这意味着一方面利率政策工具在经济调控中依然处于主导位置，其影响力度和范围要大于逆周期资本政策，逆周期政策只能起到必要的补充和协助作用，但无法取代前者；另一方面分析结果也反映出利率工具是一项比较"钝"的工具，其参数取值的小幅变化可能会对实际经济产生较大影响，不适合用于进行预调微调干预，而逆周期政策在微调方面的表现相对更好。

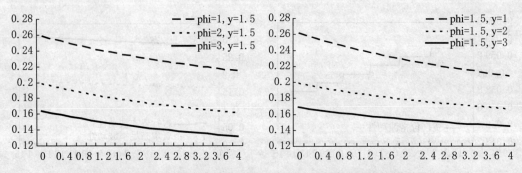

注：横轴是逆周期资本政策规则对于信贷变量的反应系数，纵轴为贷款变量的标准差

图 6.5   利率政策参数取值对逆周期政策福利效应的影响

6.4.3 不同经济风险状态与不同外部冲击影响下的逆周期监管福利效应对比

本小节中我们主要考察当实际经济处于不同风险状态和受到不同类型的外部冲击时,逆周期资本政策对宏观经济稳定的影响及其对社会福利的改进效应,为有效衡量逆周期政策在应对不同政策目标(包括物价稳定和金融稳定)上的层次顺序和政策效果提供借鉴参考。

我们假设实际经济有高、中、低三种风险状态,在低风险状态即状态 1 时,DSGE模型中的 6 项外部冲击(包括技术冲击、货币冲击、企业净值冲击、房地产价格冲击、银行违约资本冲击及政府支出冲击)的标准差取值为 0.01;在中等风险状态即状态 2 时,将 6 项外部冲击的标准差选取为 0.02;在高风险状态时,将实际经济面临的外部冲击的标准差取值为 0.03。分别对比这三种情形下逆周期资本监管的实施对实际经济变量和政策目标福利损失的影响,结果如表 6.6 所示。可以看出随着外部冲击波动的增大,即经济整体风险水平和金融不稳定性的提高,逆周期资本政策对于实际经济变量的波动平稳作用增大,在低风险状态时期,逆周期资本政策的实施使得产出波动降低1.3%,而在高风险经济状态时,对产出波动的平缓效应达到 1.9%;对于信贷变量也同样如此,在低风险状态时,逆周期资本的实施对公司贷款和房地产贷款的波动降低幅

表 6.6 不同经济风险状态下逆周期资本政策实施的福利改进效应对比

	波动性	产出	通胀率	公司贷款	房地产贷款	资本充足率	基准利率	货币政策损失函数	审慎政策损失函数	货币与审慎政策联合损失
泰勒规则	状态 1	0.023	0.010 5	0.163 1	0.103 2	0.217 1	0.004 1	0.065 6	8.491 3	8.556 9
	状态 2	0.042 7	0.021	0.325 4	0.189 1	0.423 1	0.006 7	0.230 9	32.248 1	32.479 0
	状态 3	0.063 2	0.031 5	0.487 9	0.278 6	0.631 6	0.009 5	0.507 7	71.857 7	72.365 4
泰勒规则+逆周期资本政策	状态 1′	0.022 7	0.010 5	0.137 9	0.078 5	0.137 4	0.004 6	0.064 7	4.457 3	4.521 9
	变动	−1.3%*	0.0%	−15.5%	−23.9%	−36.7%	12.2%	−1.4%	−47.5%	−48.9%
	状态 2′	0.042	0.021	0.274 8	0.134	0.257 4	0.007 9	0.226 7	16.169 6	16.396 3
	变动	−1.6%	0.0%	−15.6%	−29.1%	−39.1%	17.9%	−2%	−50%	−51.7%
	状态 3′	0.062	0.031 5	0.410 9	0.194	0.381 7	0.011 4	0.496 6	35.601 4	36.098 0
	变动	−1.9%	0.0%	−15.8%	−30.4%	−39.6%	20.0%	−2.2%	−50.5%	−52.6%

注:* 产出变动指标是由"泰勒规则+逆周期资本政策"下状态 1 的产出波动值与"泰勒规则"下对应状态的产出波动值相比求变化率计算得出,其他指标变动值的计算相同。

度分别是 15.5% 和 23.9%，而在高风险状态时，其降低程度达到 15.8% 和 30.4%。因此，当经济整体面临的外部冲击越大、宏观与金融风险水平越高时，实施逆周期资本政策对货币政策目标和审慎政策目标所带来的福利收益也越大，根据模型的仿真结果，在高风险状态时逆周期资本政策对整体社会福利（以货币政策与审慎政策联合目标函数的福利损失衡量）的贡献度比在低风险状态时增加了 3.7%。

除了考察经济整体风险在不同状态下的政策影响效果，我们也考察了当其他外生冲击的模型参数不变，仅研究单一技术冲击、单一货币冲击与单一资产价格冲击的大小强弱对于逆周期资本政策福利改进效应的影响，由于技术冲击、货币冲击和资产价格冲击在各经济变量变动的方差分解中占有很大比重，并且是模型的主要研究变量，因此可以较好地代表主要外生风险。通过这一计算，我们试图回答逆周期资本监管审慎政策的实施更适合应对实际经济中何种类型的外部冲击，以及其在应对不同外生风险时可以起到的边际福利改进效应有多大。

表 6.7 给出了在其他变量参数不变，当外生技术冲击对经济的影响作用增大时，逆周期政策对福利损失的影响。其中，在状态 1 中，技术冲击的标准差取值为 0.01，与前文在模拟分析时的取值一致；在状态 2 中，技术冲击的标准差增大为 0.02；在状态 3 中，技术冲击的标准差取值为 0.03。根据 DSGE 模型的分析结果显示，当经济系统中的技术冲击增大时，逆周期政策对社会福利收益的改进并未呈现递增趋势，而是表现为政策目标函数的边际福利收益下滑，尤以审慎政策的福利收益变动表现得更为显著。

表 6.7　不同技术冲击影响下逆周期资本政策实施的福利改进效应对比

	波动性	产出	通胀率	公司贷款	房地产贷款	资本充足率	基准利率	货币政策损失函数	审慎政策损失函数	货币与审慎政策联合损失
泰勒规则	状态 1	0.023	0.010 5	0.163 1	0.103 2	0.217 1	0.004 1	0.065 6	8.491 3	8.556 9
	状态 2	0.030 2	0.015 2	0.165 7	0.108 2	0.219 1	0.004 6	0.116 4	8.808 1	8.924 5
	状态 3	0.039 3	0.020 8	0.169 8	0.115 9	0.222 4	0.005 3	0.200 5	9.327 1	9.527 6
泰勒规则＋逆周期资本政策	状态 1	0.022 7	0.010 5	0.137 9	0.078 5	0.137 4	0.004 6	0.064 7	4.457 3	4.521 9
		−1.3%	0.0%	−15.5%	−23.9%	−36.7%	12.2%	−1.4%	−47.5%	−48.9%
	状态 2	0.029 9	0.015 2	0.140 9	0.083 4	0.14	0.005	0.115 0	4.730 2	4.845 2
		−1.0%	0.0%	−15.0%	−22.9%	−36.1%	8.7%	−1.2%	−46.3%	−47.5%
	状态 3	0.039	0.020 7	0.145 9	0.091	0.144 2	0.005 7	0.198 2	5.188 2	5.386 4
		−0.8%	−0.5%	−14.1%	−21.5%	−35.2%	7.5%	−1.2%	−44.4%	−45.5%

表 6.8 给出了在其他变量参数不变,当外生货币冲击的影响力度增大时,逆周期政策对社会福利损失的影响。其中,在状态 1 中,货币政策冲击的标准差取值为 0.01;在状态 2 中,货币政策冲击的标准差增大为 0.02;在状态 3 中,货币冲击的标准差增大为 0.03。其结论显示,随着外生货币政策冲击影响增大,实施逆周期政策的边际福利收益改进效应呈现递增趋势,在金融风险更高的状态下,逆周期资本监管对货币政策福利收益(以货币政策的福利损失衡量)的贡献度比在低风险状态时增加了 1.8%。对审慎政策福利收益的贡献度增加了 3.7%。这意味着,对于经济整体而言,逆周期资本措施在应对货币金融风险冲击方面更为有效,能够更大程度地降低社会福利损失。

表 6.8　不同货币政策冲击影响下逆周期资本政策实施的福利改进效应对比

	波动性	产出	通胀率	公司贷款	房地产贷款	资本充足率	基准利率	货币政策损失函数	审慎政策损失函数	货币与审慎政策联合损失
泰勒规则	状态 1	0.023	0.010 5	0.163 1	0.103 2	0.217 1	0.004 1	0.065 6	8.491 3	8.556 9
	状态 2	0.037 8	0.017 8	0.321 4	0.185 3	0.416 2	0.006 3	0.178 5	31.228 5	31.407 1
	状态 3	0.054 1	0.025 8	0.480 8	0.271 6	0.619 1	0.008 9	0.367 2	69.114 7	69.481 8
泰勒规则+逆周期资本政策	状态 1	0.022 7	0.010 5	0.137 9	0.078 5	0.137 4	0.004 6	0.064 7	4.457 3	4.521 9
		−1.3%	0.0%	−15.5%	−23.9%	−36.7%	12.2%	−1.4%	−47.5%	−48.9%
	状态 2	0.036 9	0.017 8	0.270 9	0.13	0.250 5	0.007 6	0.173 6	15.439 9	15.613 5
		−2.4%	0.0%	−15.7%	−29.8%	−39.8%	20.6%	−2.8%	−50.6%	−53.3%
	状态 3	0.052 7	0.025 7	0.405	0.186 5	0.368 5	0.010 8	0.355 4	33.737 7	34.093 1
		−2.6%	−0.4%	−15.8%	−31.3%	−40.5%	21.3%	−3.2%	−51.2%	−54.4%

6.5　本章小结

　　在本章,我们在第 5 章基础上建立了一个包含房地产资产价格、银行资本约束和金融加速器的新凯恩斯 DSGE 模型,研究了货币政策与逆周期资本监管政策的权衡与协调问题,在一个统一的模型框架内,对两种政策的相互关系以及在应对不同宏观经济情形上的效果进行深入分析,得到的主要结论如下:

　　结论一:通过对比不同利率规则下,逆周期资本政策的实施对福利损失的影响,发现泰勒规则和引入资产价格的泰勒规则与逆周期资本政策的组合,可以降低经济整体的福利损失,其中审慎政策目标函数的福利改进效应比货币政策更为显著,而前瞻性泰勒规则与逆周期政策的组合则加大了经济的波动性,导致福利损失的增加。

结论二:通过脉冲响应分析发现,逆周期资本监管政策有减弱经济波动的效果,其对存贷款、银行资金成本的变动尤其是房地产信贷方面具有较强的稳定和平滑作用,而对产出、消费、投资和通胀等变量的影响则不十分明显。引入资产价格的泰勒规则也有一定的波动平滑作用,但其对货币信贷方面的影响力度比逆周期政策的作用小,且利率的调整会引起产出、消费、投资等实体经济变量的变动,造成政策冲突。因此,在金融失衡问题方面,逆周期资本工具优于盯住资产价格的利率政策。

结论三:在逆周期资本监管规则的参数选择上,其对信贷的反应系数 ϕ_c^n 值越大,审慎政策目标的福利收益也越大,但对于货币政策目标的福利改进效应则较为有限;而产出的反应系数 ϕ_y^n 值的增大尽管降低了产出、通胀和资产价格的方差,但会导致信贷波动增大,使得审慎政策目标的福利损失加大,因此不适宜利用逆周期资本政策来调控产出的波动。

结论四:通过考察利率规则的不同参数取值对于逆周期政策福利效应的影响,我们得知,利率政策工具在经济调控中处于主导位置,其影响力度和范围要大于逆周期资本政策,逆周期政策只能起到必要的补充和协助作用,无法取代前者;此外,利率工具是一项比较"钝"的工具,其参数取值的小幅变化可能会对实际经济产生较大影响,而逆周期政策在微调方面的表现相对更好。

结论五:当经济系统处于高风险状态时,实施逆周期资本政策对货币政策目标和审慎政策目标所带来的福利收益比低风险状态大,根据模型的仿真结果,在高风险状态时逆周期资本政策对整体社会福利(以货币政策与审慎政策联合目标函数的福利损失衡量)的贡献度比在低风险状态时增加了 3.7%。

结论六:逆周期资本政策在应对不同外生冲击时,其起到的对经济稳定的影响和对社会福利的改进效应也不同。与产出技术冲击相比,逆周期资本措施在应对货币金融风险冲击方面更为有效,能够更大程度地降低社会福利损失。

附录 6.1 系统对数线性化

对文中定义的模型系统在稳态值附近进行对数线性化，其中 $X'_t = [\hat{y}_t, \hat{c}_t, \hat{k}_t,$ $\hat{i}^e_t, \hat{i}^h_t, fz_t, \hat{q}_t, \hat{n}_t, \hat{ce}_t, \hat{h}_t, \hat{\pi}_t, \hat{x}_t, \hat{a}_t, \hat{g}_t, \hat{d}_t, \hat{s}_t, \hat{l}^e_t, \hat{l}^h_t, \hat{\lambda}_t, \hat{r}^d_t, \hat{r}^l_t, \hat{r}^k_t, \hat{r}^s_t,$ $\hat{r}^h_t, \hat{p}^h_t, \hat{\phi}_t]$ 为 27×1 的内生状态变量，$Z'_t = [\hat{a}_t, \hat{g}_t, \varepsilon^r_t, \varepsilon^\phi_t, \varepsilon^n_t, \varepsilon^h_t]$ 为 6×1 的外生随机变量。对数线性化系统经整理如下：

$$-\eta_c \hat{c}_t = -\eta_c \beta R^D E_t(\hat{c}_{t+1}) + \beta R^D r^D_t - \alpha_0 \eta_c \left(\frac{C}{D}\right)^\eta \hat{d}_t \tag{1}$$

$$\hat{r}^s_t + \frac{\eta_c}{(1-\phi)\beta R^S}\hat{c}_t = \frac{\phi}{1-\phi}\hat{\phi}_t + \eta_c \hat{c}_{t+1} \tag{2}$$

$$\eta_c \hat{c}_t = \eta_c \beta R^H E_t(\hat{c}_{t+1}) - \beta R^H \hat{r}^h_t \tag{3}$$

$$-\eta_c \hat{c}_t + \hat{p}^h_t = \beta(1-\delta^H)(-\eta_c \hat{c}_{t+1} + \hat{p}^h_{t+1}) - \eta^f(1-\beta(1-\delta^H))\hat{fz}_t \tag{4}$$

$$\hat{c}^e_t = \hat{n}_t \tag{5}$$

$$\hat{s}_t - \hat{l}_t = \hat{\lambda}_t \tag{6}$$

$$\hat{l}_t = \lambda \hat{s}_t + (1-\lambda)\hat{d}_t \tag{7}$$

$$\hat{l}_t = \frac{L^H}{L}\hat{l}^h_t + \frac{L^E}{L}\hat{l}^e_t \tag{8}$$

$$\hat{y}_t = \frac{C}{Y}\hat{c}_t + \frac{I^E}{Y}\hat{i}^e_t + \frac{I^H}{Y}\hat{i}^h_t + \frac{C^e}{Y}\hat{c}^e_t + \frac{G}{Y}\hat{g}_t \tag{9}$$

$$\hat{r}^k_t - \hat{r}^l_t = v(\hat{k}_t + \hat{q}_t - \hat{n}_t) \tag{10}$$

$$\hat{r}^h_t - \hat{r}^l_t = v^h(\hat{l}_t - \hat{p}^h_t - \hat{fz}_t) \tag{11}$$

$$\hat{q}_t = \varphi(\hat{i}^e_t - \hat{k}_t) \tag{12}$$

$$R^K \hat{r}^K_t = \frac{1}{X}\alpha\frac{Y}{K}(\hat{y}_t - \hat{k}_t - \hat{x}_t - \hat{q}_{t-1}) + (1-\delta)(\hat{q}_t - \hat{q}_{t-1}) \tag{13}$$

$$\hat{k}_t = \delta \hat{i}^e_{t-1} + (1-\delta)\hat{k}_{t-1} \tag{14}$$

$$\frac{I^H}{FZ}\hat{i}^h_t = \hat{fz}_t - (1-\delta^H)\hat{fz}_{t-1} \tag{15}$$

$$\hat{y}_t = \hat{a}_t + \alpha \hat{k}_t + (1-\alpha)\Omega \hat{h}_t^h \tag{16}$$

$$\left(1 + \frac{1}{\eta_h}\right)\hat{h}_t = \hat{y}_t - \hat{x}_t - \eta_c \hat{c}_t \tag{17}$$

$$\hat{\pi}_t = \beta E_t \hat{\pi}_{t+1} - \frac{(1-\theta)(1-\beta\theta)}{\theta}\hat{x}_t \tag{18}$$

$$\hat{n}_{t+1} = \gamma R^F \hat{n}_t + \gamma R^F \left(1 - \frac{K}{N}\right)\hat{r}_t^F + \left(\gamma \frac{K}{N}R^K\right)\hat{r}_t^K + \gamma \frac{K}{N}(R^K - R^F)\hat{q}_{t-1}$$

$$+ \gamma \frac{K}{N}(R^K - R^F)\hat{k}_t + (1-\alpha)(1-\Omega)\frac{Y}{XN}(\hat{y}_t - \hat{x}_t) - \varepsilon_t^n \tag{19}$$

$$R^L \hat{r}_t^l = \lambda R^S \hat{r}_t^s + (1-\lambda)R^D \hat{r}_t^d + \lambda(R^S - R^D)\hat{\lambda}_t - \kappa_b \lambda^3 \hat{\lambda}_t \tag{20}$$

$$\hat{r}_t^D = \rho_r \hat{r}_{t-1}^D + (1-\rho_r)(\phi_\pi \hat{\pi}_t + \phi_Y \hat{y}_t) + \varepsilon_t^r \tag{21}$$

$$\frac{L}{N}\hat{l}_t = \frac{K}{L}(\hat{k}_t + \hat{q}_t) - \hat{n}_t \tag{22}$$

$$\frac{S}{L}\hat{s}_{t+1} = (1-\phi)\frac{S}{L}\hat{s}_t - \frac{S}{L}\phi\hat{\phi}_t + \frac{L^E}{L}R^K(\hat{r}_t^k + \hat{l}_t^e) + \frac{L^H}{L}R^H(\hat{r}_t^h + \hat{l}_t^h) - \frac{D}{L}R^D(\hat{r}_t^d + \hat{d}_t)$$

$$\tag{23}$$

$$\frac{I^H}{Y}\hat{i}_t^h = \rho \hat{y}_t + \varepsilon_t^h \tag{24}$$

$$\hat{\phi}_t = F'(\lambda)\lambda \hat{\lambda}_{t-1} + \varepsilon_t^\phi \tag{25}$$

$$\hat{a}_t = \rho_a \hat{a}_{t-1} + \varepsilon_t^a \tag{26}$$

$$\hat{g}_t = \rho_g \hat{g}_{t-1} + \varepsilon_t^g \tag{27}$$

第7章　基于系统性风险的银行监管改革实践：
国际比较及对中国的启示

在本章中，我们将研究和总结全球金融危机后各国所纷纷提出的基于系统性风险的银行监管改革措施，通过回顾和梳理危机后美国、欧盟、英国和日本的金融监管改革方案与发展方向，侧重比较各国对基于宏观审慎目标的金融监管组织框架的调整，以及对银行等机构的系统性金融风险进行监管防范的新办法措施，总结出国际改革经验的共同趋势及其启示意义，为后危机时代中国建立宏观审慎和微观审慎紧密结合的监管框架体系，防范以银行业为主体的金融系统性风险提供有益参考和借鉴。

7.1　主要国家银行系统性风险监管框架改革与实践

7.1.1　美国金融监管改革的实践

金融危机爆发后，美国对其原有的金融监管框架进行彻底的改革，建立起一套有效防范系统性风险的宏观审慎监管体系，2010 年 7 月，美国总统奥巴马签署了《多德—弗兰克华尔街改革与消费者保护法案》(以下简称"D—F 法案")，该法案被认为是美国自 1929—1933 年"大萧条"以来规模最大也是最为严厉的改革法案，标志着美国历时近两年的金融监管改革立法完成，对美国金融监管体系有着深远影响。

该法案在系统性风险监管、消费者金融保护、重构原有监管机构和监管职能、提高对系统重要性金融机构的监管标准、严格银行资本监管、业务监管、杠杆率和风险控制标准、填补对冲基金的监管空白、对证券化及场外衍生品金融市场进行规范和约束等领域实现了较大突破，对现有监管规则进行了全面调整和改革。其具体内容如下：

1. 改革美国金融监管体系的机构框架。设立金融稳定监督委员会(FSOC)，增加监管机构之间的信息合作与共享，对大而不倒和具有系统关联性的金融机构实施更为严格的监管标准(包括提高资本金要求、限制杠杆率等)，同时委员会还有"先发制人"的监管授权，可以强制要求非银行金融机构接受美联储的监管，并有权对超大型金融机构强制采取拆分重组或资产剥离、限制高管薪酬等措施，以作为最后的补救措施。改革后的美国新监管框架体系如图 7.1 所示。

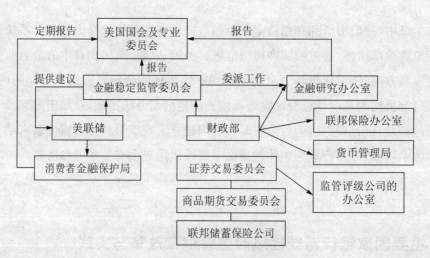

图 7.1　金融危机后美国新监管框架体系

2. 赋予美联储更大监管权限。法案规定美联储负责监管所有规模超过 500 亿美元的银行控股公司，并将其他可能对金融稳定造成威胁的企业也纳入监管范围，包括对冲基金和保险公司等。此外，美联储还有权接管或分拆未接受纳税人资助但陷入困境的大型金融公司，以防范其倒闭引发的金融动荡。在被赋予更大监管权力的同时，美联储自身也受到了更为严格的监督约束。法案规定美联储的任何紧急贷款计划必须获得财政部批准，美联储还应当定期披露公开市场操作和紧急贷款等的详细信息，并接受审计署的审计和监督。

3. 提高了对系统重要性金融机构的监管标准，防止"大而不能倒"问题。一是对可能造成系统性风险的金融机构,在资本金、流动性、杠杆率等方面提出了更高的要求,禁止大型银行将信托优先债券作为一级资本,资产在 150 亿美元以上的银行必须达到更高资本标准等,并要求研究建立逆周期资本分配机制,平缓经济周期风险。二是引入"沃克尔规则",限制银行自营交易,并规定银行在对冲基金、股权投资基金中的权益不能超过基金总资产的 3‰ 及银行一级资本的 3‰,此外还禁止银行做空或做多其销售给客户的金融产品,同时禁止银行向其投资的基金提供救助。三是限制金融机构进行场外衍生品交易,增加衍生品市场的信息披露,将场外衍生品交易逐步转移至交易所市场上,并要求所有大型商业银行需将农产品掉期、能源掉期、多数金融掉期等风险最大的衍生品业务剥离到特定子公司,但可保留常规的利率掉期、外汇掉期和大宗商品等衍生品。四是设立大型问题机构的破产清算机制,赋予联邦监管机构"破产清算"的权力,在大型机构经营失败时采取安全有序的破产清算程序,要求系统重要性金融机构定期提交所谓的"生前遗嘱",即银行一旦经营失败所需的迅速、有序的破产清算计划,以降低经营失败时对消费者和市场的打击。五是增加公司治理中的高管薪酬透明度,在高管薪酬问题上给予股东更多的话语权,建立薪酬扣回(clawback)制度,将金融机构薪酬发放标准纳入监管范围。

4. 加强了对消费者的金融保护,成立独立的消费者金融保护局(Consumer Financial Protection Agency, CFPA),对信贷、储蓄、支付和其他金融产品及服务的消费者实施保护,使消费者和投资者免受信用卡公司、银行和按揭市场不法行为的侵害。

5. 强化对对冲基金和私募基金的监管,大型对冲基金和私募股权基金必须向美国证券交易委员会注册,并按照要求提供其交易信息和资产组合信息,供监管者对其系统性风险进行评估,此外,监管还规定美联储有权定期检查一些规模较大、风险较高的基金机构。

7.1.2 欧盟金融监管改革的实践

继美国完成《金融监管改革法案》之后,欧盟理事会于 2009 年 6 月也通过了《欧盟金融监管体系改革》方案,并于 2009 年 9 月通过金融监管改革的立法草案,改革目标是建立一个宏观审慎监管与微观审慎监管并重的金融监管体系,并且在新法案中将两者有机结合起来,这改写了欧盟现有的金融监管格局,根据本改革方案,欧盟将新设立"一会三局"的监管体系,以加强整个欧盟层面上的金融监管和风险防范,增进各国监管当局之间的协调与合作。

一、金融监管组织架构的改革

在构建宏观审慎监管和加强系统性风险监管方面,欧盟建立了欧洲系统性风险监管委员会(European Systemic Risk Board,ESRB),该组织由欧洲央行、各成员国央行、欧洲三大金融监管局和欧盟委员会的一名代表组成。ESRB 的主要职责是对整个金融体系进行宏观审慎监测,评估经济发展中威胁金融体系和实体经济的宏观风险,提供早期预警和监管建议。

在构建微观层面的审慎监管方面,欧盟成立了欧洲金融监管体系,该体系由三个监管局,即"欧洲银行业管理局"(European Banking Authority,EBA)、"欧洲保险与职业养老金管理局"(European Insurance and Occupational Pensions Authority,EIOPA),以及"欧洲证券与市场管理局"(European Securities and Markets Authority,ESMA)组成,分别监管银行、保险和证券行业。三大监管局将有权对各国执行监管政策的情况进行监督,发布指令或警告,制定统一规则以协调各国行动,尽管欧盟各国内部的金融交易和经营活动由各国监管机构负责,但三大监管当局有权在危机状态下进行干预或禁止某些可能危及金融稳定的交易活动和相关产品。

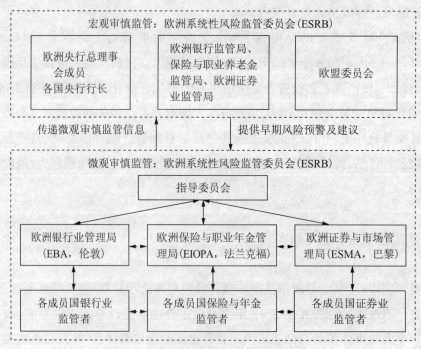

图 7.2　金融危机后欧盟新监管框架体系

二、对银行机构系统性风险的监管改革

在解决"大而不能倒"金融机构方面,欧盟委员会对系统重要性银行提出了附加资本要求,强化此类机构的监管和危机处理规则,2009 年 7 月欧盟议会通过了修订后的资本要求规定,其主要内容有:一是增加银行交易账户下资产头寸的风险加权要求,增强违约风险管理,使其资本能反映市场下行时银行可能遭受的潜在损失;二是对于银行证券化业务,进一步严格信息披露要求,尤其是对资产证券化产品等复杂金融工具更应提高披露标准,以增强市场对银行风险程度的了解;三是对于再证券化业务提出更高的资本要求,并对银行从事复杂的再证券化投资进行一定限制,例如要求从事资产证券化业务的机构至少保留 5% 的证券化资产,以增强审慎义务,保护投资者利益;四是改革银行薪酬制度,综合考虑长期和短期业绩评价以防止激励过度的短期行为,对不符合资本要求的薪酬政策予以处罚。

在降低银行等金融机构的顺周期性方面,欧盟各国酝酿引入前瞻性会计标准、动态损失准备金率和逆周期缓冲资本等多项措施,促使银行在景气时期积累充足的拨备和资本以应对萧条时期吸收贷款损失的需要,而公允价值会计准则的改革主要是限制不活跃市场中公允价值会计的使用,避免资产价格不确定时对利润的高估,降低盈余管理的空间。

新监管改革中对银行业的流动性风险也提出了更多监管要求,例如敦促机构建立流动性风险评估和管理的各种方法,尤其对复杂金融产品要运用全面的流动性风险管理体系进行衡量,建议银行增加资金来源渠道,降低对批发性融资的依赖,保证充足的流动性缓冲以应对短期和长期流动性压力,建立压力测试系统和信息披露机制等。此外,为应对系统性风险,避免投资者恐慌性挤兑引发风险传染和集中抛售,欧盟还修改了《存款保险计划指令》,将最低存款保障金从 5 万欧元提高到 10 万欧元,补偿程度扩大到合格储蓄金额的 100%,以维护投资者和金融市场的稳定。

7.1.3 英国金融监管改革的实践

英国金融监管框架的改革内容主要体现在三份文件中,分别是 2009 年 2 月英国议会通过的《2009 年银行法案》(Banking Act 2009),英国财政大臣达林于 2009 年 7 月公布的《改革金融市场》白皮书,以及 2010 年 7 月英国政府正式公布的金融监管改革方案征求意见稿。这些文件反映出英国金融监管框架改革的核心内容,尤其是金融监管改革方案征求稿的推出明确授予英格兰银行宏观审慎和微观审慎的监管权力。

一、金融监管架构的改革

英国自 20 世纪 90 年代以来一直由英格兰银行、金融服务局(FSA)和财政部共同负责金融体系稳定,但实际上,英格兰银行只是名义上对金融稳定负责,其实缺少有效干预工具;金融服务局具有监管权力但未能有效防范系统风险;而财政部负责制定金融法律框架,但没有明确责任应对外部危机,这些制度缺陷造成现有监管框架在本次危机中既未能有效监测和识别出系统性风险,也未能采取有效应对措施,因此危机后英国政府强化了金融稳定目标,从制度架构层面改革监管体系。其具体改革内容主要包括三大方面:

一是明确规定了英格兰银行作为中央银行在金融稳定中的法定职责和所处核心地位,并强化了相关金融稳定工具和权限。在英格兰银行下面成立金融稳定委员会(Financial Stability Committee,FSC),专门负责宏观审慎监管和监测系统性风险,由英格兰银行行长任主席,下署11名成员,包括5名英格兰银行高级官员、消费者保护与市场署署长等,FSC与英格兰银行已有的货币政策委员会(MPC)平级,并向英格兰银行理事、财政部及英国议会负责。

二是废除了金融服务局,其职能由英格兰银行新设的"审慎监管署"(Prudential Regulation Authority,PRA)负责,使宏观审慎与微观审慎监管职能集中于英格兰银行,PRA负责对金融机构的稳健性进行监督,其范围包括商业银行、投资银行、保险公司等。金融政策委员会有权从宏观审慎角度要求PRA对金融机构采取具体的监管行动,同时PRA需将具体监管信息进行反馈。

三是成立了消费者保护与市场署,以加强对于消费者的保护,并监督金融机构的商业行为,加强金融产品风险与收益等方面的信息披露。消费者保护与市场署的监管

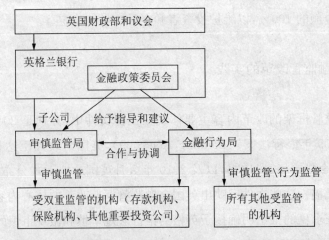

资料来源:英格兰银行、黄志强(2012)英国金融监管改革新架构及其启示

图7.3 金融危机后英国新监管框架体系

对象为所有从事零售和批发业务的金融机构,以及交易所等机构,该部门可直接处罚银行违规行为,对证券交易和金融产品销售进行监管,制定业内商业行为准则,以提高投资者对金融服务和市场的信心。

二、高度重视对系统性风险的监管

本次危机后,英国政府出台一系列改革方案以加强对金融机构系统性风险的监管,主要包括,一是加强对具有系统重要性的大型复杂银行的审慎性监管,提高市场透明度,改进公司治理机制,以强化市场约束;二是加强对于批发融资市场的监管,尤其是对证券和衍生品提出了更严格的监管要求;三是加强市场基础设施建设,防止银行体系的过度风险承担行为,降低实体经济与金融体系的顺周期性,降低金融机构间相互关联导致的系统风险增加;四是要求金融服务局制定规则要求金融机构在陷入财务困境时期提出复苏和解决方案,建立"生前遗嘱"以降低银行破产的冲击影响,并要求金融服务局建立对于问题银行的特别处理机制,通过向私人部门出售、设立过桥银行受让①和暂时国有化等措施以控制危机的传染。

7.1.4　日本金融监管改革的实践

次贷危机对于日本金融体系的影响主要属于外部冲击,遭受损失的主要是部分银行参与的次贷类资产证券化产品和对美国次投资级别企业贷款减记形成,直接损失较小,因此监管部门的应对举措也主要是阻断外部风险的对内传导,保持金融体系稳定。日本监管当局在加强监管方面采取的主要措施包括短期应对和中长期改革两个方面,其中短期应对措施包括一方面制定对金融机构的财政注资计划,以确保银行业的资本充足率满足监管要求;另一方面强化对银行借贷行为的审查监督,限制信贷盲目扩张等过度冒险行为。

日本监管当局在中长期方面的改革举措主要包括:一是加强对金融机构证券化资产的信息披露,增强对基础资产的审查,确保真实性和风险披露的完整性,日本金融厅自 2007 年起逐季公布金融机构持有的次贷相关产品资产敞口及损失情况,并每年公布财务审查和监管指引等信息,希望通过提高监管透明度以稳定投资者预期。二是成立机构对大型金融集团的跨境风险和跨行业风险进行监控,由于跨境传染风险在危机

---

① 过桥银行受让,是指由英格兰银行设立一家全资公司,即过桥银行,将问题金融机构的全部或部分业务划给该公司,以进行风险的隔离。

中对国内机构造成损失,日本金融厅专门针对本土和国外的全球化金融机构设立了特别监管小组进行监督,将监管资源向重大系统性风险倾斜,以便及时识别并采取有效措施。三是将信用评级机构纳入监管范围,对危机中凸显的信用评级机构的不良商业模式和违规的职业操守进行约束,以规范中介机构的监督作用。

7.2　国际金融监管改革的主要发展方向与特征

尽管各国在金融危机后出台的金融监管改革方案不尽相同,但从整体上看,均具有以下共同特征:

1. 加强宏观审慎监管,强化中央银行防范和管理系统性金融风险的明确责任。

宏观审慎监管的缺失和现行金融监管框架的缺陷被广泛认为是未能防止危机发生的重要原因。因此,重塑宏观审慎与微观审慎相结合的金融监管理念,防范系统性金融危机发生成为世界主要国家金融监管改革的核心目标。各国在改革方案中均明确设立了专门的机构或赋予某机构监管系统性风险的明确责任,及时评估和判断不断积累的系统性风险、关注金融业的相互关联性及宏观经济变量对金融体系稳健性的影响,并提出相应预警信息和监管建议。在宏观审慎监管框架的组织安排上,各国改革方案都在不同程度上强化了中央银行在担当系统性风险监管者职责中的地位和责任。这是由中央银行在货币政策职能、最后贷款人地位、获取综合信息以及协调监管合作等方面的优势所决定。对央行而言,维护金融稳定与货币政策制定成为具有同等重要性的核心职责,其关注范围也不仅仅局限于银行业等范围,而是扩大至所有具有系统重要性影响的金融机构。

2. 加强对"系统重要性"银行等金融机构的事前与事后监管。

系统重要性金融机构的"大而不倒"问题,及其巨大的负外部性和广泛存在的道德风险成为主要国家监管改革的重要内容。其出台的监管措施主要包括以下三个方面:一是降低系统重要性机构倒闭的冲击影响,降低其复杂性、关联性与杠杆率,具体政策包括推进对系统重要性机构风险的识别和评估、提高资本附加要求、实行流动性附加和大额风险暴露限制,限制自营业务交易,提高风险抵御能力;二是增强金融体系有序处置问题机构的能力,包括完善事前危机应对机制、应急计划、建立"生前遗嘱"以降低银行破产的冲击影响,建立有效的跨境处置协调机制等;三是完善对于系统重要性机构的监管框架,从增加监管授权、增强监管机构独立性、优化监管资源配置、改进监管技术、强化集团监管与并表监管、实施持续监管和全面监管等方面建立并完善现有框架,增强监管的针对性、有效性与充分性。

3. 逆周期调控机制和流动性风险监管得到重视。

金融体系中的逆周期性在此次金融危机中起到了推波助澜作用,主要表现为资本监管要求、贷款损失拨备以及公允价值会计准则等方面的顺周期性,针对该问题各国的监管改革措施主要有以下几方面:一是建立逆周期资本缓冲,要求资本充足率在经济金融景气时增加,在经济形势低迷时降低,并引入压力测试作为风险价值的补充;二是建立前瞻性和逆周期的贷款损失拨备,通过预期贷款组合未来损失,在信贷风险积累时期提前计提拨备;三是改革公允会计准则,限制在不活跃市场中公允会计价值准则的使用。此外,在改革中还大幅提高了对流动性风险的监管标准,限制银行对批发融资的依赖,建立长短期流动性风险监测工具,并加强流动性跨境监管合作与信息共享。

4. 监管范围扩大,增加对系统重要性机构、市场和工具的监管。

部分金融机构、市场和工具未受到有效监管是导致国际金融危机爆发的重要原因之一。为此,各国在监管改革中扩大了金融监管范围,新监管规则中不仅涉及对银行业的严格资本要求、流动性、风险管理、公司治理与薪酬政策等方面,还增加了对对冲基金、信用评级机构、资产支持证券与 OTC 衍生产品、货币市场基金、特殊目的实体(special purpous vehieal)等机构的立法监管框架,通过加强信息报告与披露、实行中央对手方清算机制、增加市场透明度、提高流动性要求及限制高杠杆行为等措施强化全面管理,防止利益冲突和监管套利,降低系统性风险和危机发生概率。

5. 将保护金融消费者利益作为监管改革的一项主要目标。

此次危机中暴露的一个重要问题是,现代金融产品的复杂性使得市场微观主体难以对产品的收益和隐含风险作出恰当评估,而大型银行、评级机构和监管部门的失职导致金融产品不当销售,更加剧了金融欺诈和滥用对消费者利益的损害,因此,监管当局加强消费者利益保护,要求金融机构增加对产品的详尽披露,保障投资者的知情权和索赔权成为各项改革方案中的共同内容。

6. 加强跨境监管合作,提升跨境监管水平。

此次危机凸显了加强跨境监管合作的必要性,各国在现有框架基础上加强了国际和区域层面的跨境监管合作、跨境危机处理协作,建立各国监管者之间的信息沟通与交换平台,针对大型金融机构建立联合监管机制,完善风险预警与早期干预体系,统一各经济体的监管标准，防止监管套利。在构建全球监管协调合作的框架机制上，欧盟改革法案各方在让渡部分监管主权与长期金融稳定问题上达成妥协并建立的体系，可以成为一种参考和范本。

7.3　对中国的启示

金融危机的教训和各国金融监管改革的思路和举措对我国加强系统性风险监管具有有益的启示，尽管我国在宏观审慎监管方面进行了一定探索，但尚未建立完整的系统性风险监管框架，在增强宏观审慎意识、加强系统性风险分析与评估、建立相关政策机制与工具以及完善组织框架及部门协调等方面还有许多工作要做。具体包括：

1. 增强宏观审慎意识，加强对系统性风险的分析、评估和预警。

此次危机最深刻的教训即为宏观监管的缺失和疏漏，没有从系统性风险的角度考虑金融机构的风险集中和顺周期问题，因此，监管部门应当增强宏观审慎意识，从整个金融体系层面上加强宏观监管功能，识别、评估和判断在宏观经济以及整个金融体系中出现的各种威胁金融稳定的风险，对金融体系内部、金融与经济之间及跨行业和跨境之间的关联性进行监测分析，及时发现可能的风险隐患并向政策制定者提供建议。在操作层面上还需提高的方面包括：一是加强对系统性风险相关数据和信息的收集，不仅包括实体经济与金融层面的宏观信息，还包括行业与市场层面的微观信息作为印证，并建立与其他监管机构的数据与信息共享机制，作为决策依据；二是构建适合我国金融体系特征的系统性风险评估监测框架，关注金融业的相互关联性、风险传递路径以及外部宏观经济恶化的冲击影响；三是建立有效的危机应对预案和管理机制，明确监管当局在危机处置中的权限和程序，设计多层次的处置方案，强化对系统性风险有针对性的防范和应对。

2. 明确各监管部门的职责与分工，加强监管协调。

我国目前"一行三会"的监管框架充分考虑了银行、保险和证券分业经营的格局，但在多头监管下，监管过度、监管真空和监管冲突仍然在一定范围内存在，参考国际经验，应从制度上进一步强化中央银行监管系统性风险的核心职责，并发挥其他监管机构的专长和信息优势，从中观、微观等不同角度发挥作用和承担责任，并落实到货币政策和具体监管措施中。中央银行在审慎监管中的关键作用主要表现为：（1）监测和评估系统性风险,衡量其对金融稳定的影响;(2)关注房地产、股票等资产价格与其长期均衡水平的偏离,衡量金融部门与实体经济的相互影响;(3)加强部门监管协调与信息共享,强化对于跨业投资、综合经营、交叉性新业务与产品的监管协作,对行业、机构和市场层面的信息进行沟通和对接,统一监管政策,减少监管套利;(4)提高宏观审慎政策工具与货币政策、财政政策的协调配合,及时有效地评估监管政策的实施效果和宏观经济影响。

3. 谨慎把握金融部门与实体经济的相互影响,引入逆周期监管措施。

金融机构与金融体系的内在顺周期性,以及新资本协议、贷款损失准备和公允价值会计准则等外部监管规则对顺周期性的进一步强化,是造成金融失衡加剧并最终引发本次国际金融危机的重要原因,因此,建立适当的逆周期机制与政策是危机后监管改革的重要方面。尤其在我国,以地方融资平台和基础设施、国有企业为投向特征的信贷快速扩张和产能过剩形成的信贷风险更为突出,对经济波动的影响作用更大。相关政策工具可以包括:一是通过建立逆周期资本缓冲、前瞻性拨备计提、限制公允会计价值的应用以及加强压力测试等措施缓解外部规则的顺周期效应;二是通过影响金融机构的激励机制、行为模式以及风险管理等措施,防止金融机构资产负债表的过度扩张与过度风险承担,控制杠杆程度的非理性增长与系统性风险的积累,平滑信贷和资产价格增长的周期性波动,以降低金融体系的内在顺周期性。

4. 加强对系统重要性机构的监管。

系统重要性机构"大而不倒"的道德风险问题所造成的金融系统性风险,是宏观审慎监管改革的重点。在我国,银行体系基本上以国有银行为主且普遍规模较大,目前世界前 10 大银行中国占了 5 个,大型国有银行的特殊地位使得"大而不倒"问题在我国更为突出和严重。应当明确我国系统重要性机构的定义和标准,并实行有针对性的监管措施,包括:一建立系统重要性机构附加资本和更高的流动性标准,提高法律和运营方面的监管要求,通过资本金、杠杆率、流动性和拨备覆盖率等指标,抑制其规模扩张和风险承担冲动;二限制其总规模、关联度、财务杠杆和业务集中度,并加强对表内与表外业务经营和风险变动的监管,降低风险集中和传染的概率;三防止风险的跨境与跨行业传染,强化银行业与资本市场的风险隔离,并限制境外风险的跨境传染,在稳步推进银行业综合经营的同时,需加强对银行跨业与跨境新业务的审批控制,督促商业银行审慎开展跨业与跨境经营。

5. 协调货币政策、财政政策与宏观审慎政策的关系。

从系统风险的角度来看,欧美国家的风险来源主要是由于高杠杆率、关联交易以及影子银行体系等带来的风险传染，而对于中国金融业，则更多系统性风险体现在银行信贷扩张、资产价格泡沫与产能周期波动带来的风险。因此，为了实现金融稳定，需要有效协调货币政策、财政政策与宏观审慎政策的关系，避免冲突和相悖的情况。一方面，单一盯住通胀的货币政策不足以应对金融失衡，需要宏观审慎政策对信贷与资产价格扩张加以监管；另一方面，财政政策方面政府债务和财政赤字管理，以及隐性政府债务规模的积累会通过高负债率对金融稳定带来影响，欧债危机的发生即为以政府的杠杆化代替金融机构杠杆化的证明。因此，协调货币政策、财政政策和监管政策三者的关系，对实施宏观审慎监管具有重大意义。

6. 完善金融安全网，建立存款保险制度。

以显性存款保险取代隐性存款保险制度，可以有效降低银行等机构在倒闭时对于国家信用的惯性依赖。我国一直对存款实施隐性全额担保，这一做法削弱了存款人的风险意识和对银行的市场监管约束，也导致了银行的过度风险承担，因此，应尽快建立预收费的显性存款保险制度，并赋予其对问题银行进行风险处置和救助的职能，并逐步覆盖至所有可能引起系统性风险的金融机构。金融危机发生后，美国通过监管改革将联邦存款保险公司（FDIC）纳入系统性风险监管框架机构中，并赋予其更大的救助职能，在经美联储和财政部许可的条件下，可以向有偿付力的公司发放贷款或提供担保。因此，可以借鉴国际经验建立存款保险制度，完善金融安全网建设，这对于危机的防范和处置具有重要意义。

第 8 章 总 结

8.1 研究总结

    2008 年金融危机的发生促使人们反思金融监管政策领域的缺陷,危机的一个重要教训在于,以单个金融机构稳健经营为目标的微观审慎监管和资本约束机制不能有效地维护整个金融体系的稳定,在抵御系统性风险方面存在重大缺陷,而以控制通货膨胀为目标的货币政策能否有效应对系统性风险仍存在争议。在这一背景下,本研究从加强宏观审慎监管的角度出发,对基于系统性风险的我国银行资本监管及其宏观经济效应进行了深入的理论研究和实证分析,本研究的结构包含三大部分:第一部分是对于系统性风险的测度和资本监管设计,具体包括两个方面,根据系统性风险的截面维度和时间维度,一方面探讨了系统重要性银行的测度评估框架和系统附加资本的设计、计提方法,另一方面建立了逆周期资本监管框架下宏观系统性风险指标体系,并对逆周期资本工具的设计、开发和运用进行了探讨和研究。第二部分是在 DSGE 模型基础上研究了基于系统性风险资本监管的宏观经济效应,在一般均衡框架下讨论了监管资本要求提高,以及实施逆周期资本监管的宏观经济效应和福利影响。第三部分探讨了最优货币政策与逆周期资本监管政策的权衡与协调问题,在一个统一的 DSGE 模型框架内,对两种政策的相互关系以及在应对不同宏观经济情形上的效果进行研究。具体而言,本研究的主要内容和结论有以下几点:

    1. 对我国系统重要性银行进行测度并建立了有差别的系统重要性银行附加资本。

本书从风险传染的直接影响和间接影响两方面，分别应用基于资产负债表关联数据的金融网络分析法，和基于市场价格数据的 CoVaR 方法对我国银行的系统重要性水平和风险传染效应进行测度，并综合考虑银行机构的规模、系统关联性、可替代性、复杂性、同质性和跨境活跃度六类指标，建立了银行业系统性风险的综合度量框架，并对我国 63 家银行的系统重要性进行评估和排序，在此基础上将银行区分为高度系统性银行、部分系统重要性银行、非系统性大型金融机构与非系统性中小银行等，为系统重要性银行附加资本的计提提供了量化依据。

通过测算我国银行的系统重要性水平和风险传染的直接影响与间接影响效应，研究得出，大型国有银行处于银行间市场资本流动的中心环节，尤其中国银行和中国工商银行是直接传染风险发生的重要诱导来源，而其他股份制银行等中小银行不会引发直接的风险传导；考虑到系统性风险的间接传染渠道和风险放大因素影响后，四大国有银行的系统重要性和风险溢出效应仍然远大于其他上市银行。

通过建立系统重要性银行的整体评估框架，研究得出我国银行的系统重要性程度可分为四类不同的阶梯水平，其中中国银行、中国工商银行、中国建设银行和中国农业银行属于高度系统性银行，其中中国银行在系统关联性、复杂性和跨境活跃程度指标上具有最为重要的地位，而中国工商银行则在资产规模和可替代性指标上均位于第一位；中国建设银行和中国农业银行的系统性影响相近，但与中国银行和中国工商银行相比具有一定差距。总体而言，四大国有银行在各维度上均具有很强的风险溢出效应，具有高度的系统重要性。与前四大银行相比，交通银行属于部分系统重要性银行，其资产规模和金融基础服务功能指标远逊于前四大行，但在系统关联性和风险传染方面分值较高；12 家股份制银行的重要性水平分值总体而言差别较小，其中招商银行、兴业银行、浦发银行、中信银行和光大银行排名前列，可以归类为非系统性的大型金融机构；而其他股份制银行和城市商业银行、农村商业银行等机构属于小型银行机构，负外部性溢出风险很低，不具有系统性重要性。以上分类为监管部门对具有系统性影响的大型银行机构的监管提供了客观依据。

2. 对我国银行业资本监管的顺周期性及相应的逆周期资本监管框架设计进行研究。

逆周期银行资本监管是实现银行体系宏观审慎监管的核心内容，但如何准确地判断经济周期和识别宏观系统性风险的特征、水平和变化趋势，以及如何把握逆周期工具的时点和程度则是实施该项监管中的难题。本书在对我国银行资本变动的顺周期效应进行实证分析的基础上，从中国的银行业和宏观金融风险的实际情况出发，构建了多层次、多维度的宏观系统性风险度量指标框架,以反映我国金融体系和社会整体的信用融资水平,并以此作为逆周期缓冲资本的指导变量;在识别系统性风险状态和判断逆周期资本工具的应用时点方面,本书引入了马尔科夫区制转换模型对周期转变和风险状态的阶段性变迁进行识别和分析,以确定逆周期资本的计提时点和程度,为风险判别和逆周期监管建立系统性的定量分析方法作支撑。

研究结论是,首先,通过实证研究得出我国商业银行的资本充足率变动具有顺周期性,且这一顺周期效应具有非对称性。一方面在经济上行时期资本充足率的增加显著小于经济下行时期资本充足率的降低幅度;另一方面,大银行资本充足率变动的顺周期效应更为剧烈,因此逆周期资本监管政策的建立具有必要性和重要意义。其次,我们也研究了《巴塞尔协议Ⅲ》提出的逆周期资本监管计算方法,其指标选择未考虑更广范围的指标信息,计算结果具有不稳健性,且风险状态的识别以绝对化阈值方式给出,不够客观科学。因此,本书从宏观经济风险、货币流动性风险、信贷扩张风险、资产泡沫风险和金融杠杆风险五个层面建立了中国宏观系统性风险指标体系,以反映宏观金融层面和社会整体的信用融资水平,并作为逆周期资本监管的挂钩指导变量,本书应用 AHP 层次分析法计算指标权重并加权合成系统性风险综合指数,并应用马尔科夫区制转换模型对风险状态进行识别,根据风险概率的大小确定出逆周期资本的计提时点和幅度。

3. 建立了包含银行监管资本影响和金融加速器效应的 DSGE 模型,对基于系统性风险资本监管的宏观经济效应进行研究。

本书通过建立一个含有银行部门监管资本影响和金融加速器效应的新凯恩斯主义 DSGE 模型,分析在《巴塞尔协议Ⅲ》新监管框架下银行资本充足率要求提高和逆周期资本政策的实施对宏观经济波动的冲击和影响。围绕三个核心问题:第一,货币政策的银行资本传导渠道对于宏观经济波动的作用机制和效果如何;第二,银行资本监管要求提高对于宏观经济变量的冲击和影响程度有多大;第三,逆周期资本监管政策的实施能否对真实经济波动起到平抑作用。通过理论和校准模拟分析,深入研究银行监管资本变动通过信贷渠道对宏观经济波动的影响机制和效果,为我国货币政策和宏观审慎政策的实施,以及政策工具的选择和权衡等提供理论与经验支持。

通过校准和模拟分析我们发现,《巴塞尔协议Ⅲ》框架下银行最低资本充足率要求的提高放大了技术冲击、货币政策冲击等外部冲击对实际经济变量的波动影响,使得真实经济变量偏离稳态值的幅度和持续性均有所增大。若以产出和通货膨胀的稳定性作为福利损失的衡量标准,则当最低资本充足率要求从 8% 提高至 12% 和 15% 时,其造成的宏观经济成本和长期福利损失为 2.2％ 和 5.1％。此外，通过计算《巴塞尔协议Ⅰ》、《巴塞尔协议Ⅱ》和《巴塞尔协议Ⅲ》资本监管标准下（分别代表固定、顺周期和逆周期资本要求），各经济变量在外部冲击影响下的整体波动性和向均衡值的收敛速度，得出基于系统性风险的逆周期资本监管有助于降低实际产出、通货膨胀以及信贷活动等变量的周期性波动，减少社会福利损失，缓解系统性风险，实现维护金融稳定的目标。

4. 基于 DSGE 模型对货币政策与逆周期资本监管政策的权衡与协调问题进行研究。

在一个统一的模型框架内，对货币政策与逆周期资本监管政策的相互关系，以及在应对不同宏观经济情形上的效果进行研究和对比，通过校准和数值模拟对不同政策组合下的社会福利损失进行比较，并对逆周期资本监管的政策参数选择及其经济效果进行全面评估，为有效把握货币政策与逆周期审慎监管政策的相互关系，以及衡量两种政策工具在应对不同政策目标（包括物价稳定和金融稳定）上的层次顺序和政策效果提供有意义的借鉴参考。研究发现：

第一，逆周期资本监管政策有平抑经济波动的效果，可以降低经济整体的福利损失。其对存贷款、银行资金成本的变动尤其是房地产信贷方面具有较强的稳定和平滑作用，而对产出、消费、投资和通胀等变量的影响则不十分明显。在金融失衡问题方面，尽管引入资产价格的泰勒规则也有一定的波动平滑作用，但其对货币信贷方面的影响力度比逆周期政策的作用小，且利率的调整会引起产出、消费、投资等实体经济变量的变动，造成政策冲突，因此逆周期资本工具优于盯住资产价格的利率政策。

第二，当经济系统处于高风险状态时，实施逆周期资本政策所带来的社会福利收益比在低风险状态更大，根据本书的研究，在高风险状态时逆周期资本政策对整体社会福利（以货币政策与审慎政策联合目标函数的福利损失衡量）的改进效应比在低风险状态时增加了 3.7％。此外，与产出技术冲击相比，逆周期资本政策在应对货币金融风险冲击方面更为有效，能够更大程度地降低社会福利损失。

第三，通过考察利率规则的不同参数取值对于逆周期政策福利效应的影响，可以得出，利率政策工具在经济调控中处于主导位置，其影响力度和范围要大于逆周期资本政策，逆周期政策只能起到必要的补充和协助作用，无法取代前者；此外，利率工具是一项比较"钝"的工具，其参数取值的小幅变化可能会对实际经济产生较大影响，而逆周期政策在微调方面的表现相对更好。

5. 总结了各国基于系统性风险的银行监管改革实践,并探讨了对中国的启示。

通过回顾和梳理危机后美国、欧盟、英国和日本的金融监管改革方案与组织框架调整,可以总结出国际改革经验的基本趋势,主要包含三个方面,一是重塑宏观审慎与微观审慎相结合的银行监管理念,强化了中央银行在防范和管理系统性金融风险中的明确责任;二是从时间维度和截面维度上建立了对于系统性风险的监管框架,提高了对"系统重要性"银行的事前与事后监管要求,加大了逆周期调控机制措施,并完善了流动性风险监管标准;三是扩大了金融监管范围,扩展至所有具有系统重要性的机构、市场和工具,加强消费者利益保护,加强跨境监管合作等。对中国而言,尽管我国在宏观审慎监管方面进行了一定探索,但在增强宏观审慎意识、加强系统性风险分析与评估、建立相关政策机制与工具以及完善组织框架及部门协调等方面还有许多工作要做。此外,从整个宏观经济调控的视角出发,关注货币政策、财政政策与审慎监管政策的协调,避免政府债务危机、银行系统性风险和货币政策流动性陷阱下负反馈强化效应的建立,以及从制度建设层面上以显性存款保险取代隐性存款保险制度,强化银行的风险监管约束等改革措施的推进,也需要在理论和实践上有待深入研究和推进。

8.2 研究不足及展望

本书的研究对基于系统性风险的银行资本监管政策的设计、开发和运用提出了一个分析框架,并建立了一个含有银行部门的 DSGE 模型对资本监管的宏观经济效应及逆周期政策与货币政策的权衡关系进行分析,笔者在研究中虽然做了大量的工作,但是由于个人能力和精力有限,在研究中难免会存在一些不足,当然还有一些问题需要在未来的研究中进行更加深入细致的探讨。对于本书的不足和未来有待继续研究的问题,主要有以下几点:

第一,对于银行系统关联性的测度分析,由于数据缺乏的原因,没能够对资产负债表表外风险头寸和跨境资金情况进行研究,此外,本书对于银行机构系统性风险边际贡献度的衡量基本上以金融网络分析法和基于市场数据的 CoVaR 方法为主,而对于其他分析方法基本未有涉及,因此在未来的研究方向中,可以对比不同的研究方法对于我国系统重要性银行及风险贡献度测算的影响差异。

第二,本书基于 DSGE 模型对于银行资本监管的宏观经济效应的研究,只考察了逆周期资本监管的实施对宏观经济波动的平抑作用和影响,但未考虑到微观层面的银行机构在资本要求提高后所面临的融资压力、利润下降和风险偏好增加等损失因素,今后可以在这一模型的基础上进行更深入的研究,权衡和对比宏观层面的社会福利收益与微观层面的银行盈利损失,更为全面地评估基于审慎视角的资本监管政策对实体经济的影响。

第三,对于我国银行业潜在系统性风险的表现形式、独特性和政策制度根源,尽管本书做了定性分析,但在未来的研究中还需进一步深入,在模型分析中也需要更多地考虑中国银行业的特征与实情,如贷存比约束、信贷总额控制等。在此基础上,对我国银行业系统性风险的层次和相应宏观审慎政策的工具与目标进行界定和划分,以实现对我国银行业系统性风险的有效识别和模型化分析。此外,从理论上对逆周期资本监管等宏观审慎政策与货币政策、财政政策之间的相互关系等问题的深入研究,也需要在未来进一步展开。

参考文献

A. Estrella, 2004, "Bank Capital and Risk: Is Voluntary Disclosure Enough?" *Journal of Financial Services Research*, Springer, Vol.26(2), pp.145—160.

Acharya Viral V., 2009, "A Theory of Systemic Risk and Design of Prudential Bank Regulation", *Journal of Financial Stabiliy*, pp.224—255.

Acharya Viral V., Lasse H. Pedersen, Thomas Philippon and Matthew Richardson, 2010, "Measuring Systemic Risk", Working Paper.

Acharya Viral V., Pedersen, Philippon and Richardson, "A Tax on Systemic Risk".

Adrian, Tobias, and Markus K. Brunnermeier, "CoVaR", Working Paper, Princeton University, 2009.

Aguiar, A. and I. Drumond., 2006, "Monetary Policy Amplification Effects through a Bank Capital Channel", *Money Macro and Finance Research Group Conference*.

Alan S. Blinder, 1998, "Central Banking in Theory and Practice", *The MIT Press Cambridge*.

Alessi, L. and Detken, C., 2009, "Real Time' Early Warning Indicators for Costly Asset Price Boom/Bust Cycles—A Role for Global Liquity", Ebc Working Paper, No.1039.

Alfred Lehar., 2004, "Measuring Systemic Risk: A Risk Management Approach", *Journal of Banking and Finance*, pp.1—26.

Aliaga-Diaz R., Olivero M. and Powell A., 2011, "The Macroeconomic Effects of Anti—Cyclical Bank Capital Requirements Latin America as a Case Study",

Working Paper.

Allen, F.and D.Gale, 2000, "Financial Contagion", *Journal of Political Economy* 108(1), pp.1—33.

Allen F., Babus A., Carletti E., 2010, "Financial Connections and Systemic Risk", NBER Working Paper.

Alvaro Aguiar, Ines Drumond, 2007, "Business Cycle and Bank Capital: Monetary Policy Transmission under the Basel Accords", FEP Working Papers 242.

Angelini I.and Faia E., 2009, "A Tale of Two Policies Prudential Regulation and Monetary Policy with Fragile Banks", Working Paper, Kiel Institute for the World Economy, Bank of England, No.1569.

———, 2010, "Capital Regulation and Monetary Policy with Fragile Banks", Working Paper.

Angelini P., Neri S., Panetta F., 2010, "Monetary and Macro-prudential Policies", Working Paper.

———, 2011, "Grafting Macro—prudential Policies in a Macroeconomic Famework Choice of Optimal Instruments and Interaction with Monetary Policy".

Angelini P. Maresca G. Russo D., 1996, "Systemic Risk in the Netting System", *Journal of Banking and Finance*, pp.853—868.

Antipa P. Mengus E. and Mojon B., 2011, "Would Macro-prudential Policy Have Prevented the Great Recession?" Banque de France mimeo.

Arturo Estrella, 2001, "The Cyclical Behavior of Optimal Bank Capital", *Journal of Banking and Finance*(4), pp.1469—1498.

Baeerll, R., Davis, E.P., Karim D.and Liadze, I., 2010, "Calibrating macroprudential policy".

BCBS, 2010, "The Transmission Channels Between the Financial and Real Sectors: A Critical Survey of the Literature", BIS Working Paper.

Beau, D., Clerc, L.and Mojon B., 2012, "Macro-prudential Policy and the Conduct of Monetary Policy", Working Paper.

Benes, J. and Kumhof, M., 2001, "Risky Bank Lending and Optimal Macro-Prudential Regulation", IMF Working Paper.

Benigo, Gianluca, Huigang Chen, Christopher Otrok and Eric Young, 2011,

"Monetary and Macro-prudential Policies an Integrated Analysis".

Bernanke, B. and A. Blinder, 1988, "Credit Money and Aggregate Demand", *American Economic Review* 78(2), pp. 435—439.

Bernanke, B. and M. Gertler, 2001, "Should Central Banks Respond to Movements in Asset Prices?" *American Economic Review*, pp. 253—257.

Bernanke, B. S., 2009, "Financial Reform to Addressing Systemic Risk", *Remarks at the Council on Foreign Relations*.

Bernanke, B. S., M. Gertler and S. Gilchrist, 1999, "The Financial Accelerator in a Quantitative Business Cycle Framework", *Handbook of Macroeconomics*, pp. 1341—1393.

Bernanke, Ben, 2010, "Monetary Policy and the Housing Bubble", Remarks at the American Economic Association meetings, Atlanta, GA.

Billio, Monica & Getmansky, Mila & Lo, Andrew W. & Pelizzon, Loriana, 2012, "Econometric measures of connectedness and systemic risk in the finance and insurance sectors", *Journal of Financial Economics*, Elsevier, Vol. 104(3), pp. 535—559.

BIS, 2011, "Basel III: A Global Regulatory Framework for more Resilient Banks and Banking Systems", *BIS Committee on Banking Supervision*.

———, 2010, "Macroprudential policy and addressing procyclicality", *BIS Annual Report*.

Blanchard, Olivier Jean, Kiyotaki, Nobuhiro, 1987, "Monopolistic Competition and the Effects of Aggregate Demand", *American Economic Review* 77(4).

Blavarg M, Nimander P., 2002, "Interbank Exposures and Systemic Risk", *Economic Review* 2, pp. 19—45.

Blien U, Grae F., 1997, "Entropieoptimi Erungsverfahren In Der Empirischen Wirtschaftsforschung", Entropy Optimization in Empirical Economic Research 208(4), pp. 399—413.

Blum, J. and Hellwig, M., 1995, "The Macroeconomic Implications of Capital Adequacy Requirements for Banks", *European Economic Review*, Vol. 51.

Borio, C., Furine C., 2003, "Towards a Macro-prudential Framework for Financial Supervision and Regulation?" *CESIFO Economic Studies*, Vol. 49, No. 2, pp.181—216.

Borio, C., Furine C. and Lowe, P., 2001, "Procyclicality of Financial System and Financial Stability: Issues and Policy Options", BIS Working Papers, No.1, pp.1—57.

Borio, C.and Lowe, 2009, "The Macroprudential Approach to Regulation and Supervision".

Borio, C.and Shim, I., 2007, "What Can Prudential Policy do to Support Monetary Policy?" BIS Working Papers, No.242.

Borio, Claudio, 2011, "Rediscovering the Macroeconomic Roots of Financial Stability Policy: Journey, Challenges, and a Way Forward", Annual Review of Financial Economics 3.

Boss, Michael, Helmut Elsinger, Martin Summer, and Stefan Thurner, 2004, "Network Topology of the interbank market", Quantitative Finance, Vol.4, No.6, pp.677—684.

Brownlees. Engle, 2010, "Volatility, Correlation and Tails for Systemic Risk Measurement".

Brunnermeier, M.and Y.Sannikov, 2009, "A Macroeconomic Model with a Financial Sector", Mimeo, Princeton University.

Brunnermeier, M.Crockett, A., Goodhart, C., Persaud A.D. and Shin, H., 2009, "The Fundamental Principles of Financial Regulation", International Center for Monetary and Banking Studies, Geneva, Switzerland.

Brunnermeier, Markus, Andrew Corckett, Charles Goodhart, Avinash D. Persaud and Hyun Shin, 2009, "The fundamental principles of financial regulation", Geneva Reports on the Word Economy-Preliminary Conference Draft, International center for monetary and banking studies.

C.Lim, F. Columba, A. Costa, P. Kongsamut, A. Otani, 2011, "Macroprudential Policy What Instruments and How to Use Them? Lessons from Countrry Experience", IMF Working Paper.

Calvo, G., 1983, "A.Staggered Prices in a Utility-Maximizing Framework", Journal of Monetary Economics, Vol.12.

Canuto, Otaviano, 2009, "How Complementary are Prudential Regulation and

Monetary Policy", *Economic Premise*, No.60.

Caruana, J., 2009, "The International Policy Response to Financial Crises: Making the Macroprudential Approach Operational", *Panel Remarks Jackson Hole*.

Cecchetti S. and Kohler M., 2010, "On the Equivalence of Capital Adequacy and Monetary Policy", BIS mimeo.

Chami, R. and T.Cosimano, 2001, "Monetary Policy with a Touch of Basel", IMF Working Paper.

Chan—Lau, J.et al., "Network Analysis as a Tool to Assess Cross Border Financial Linkages", IMF Working Paper.

Chirstensen, I. and A.Dib, 2008, "the Financial Accelerator in an Estimated New Keynesian Model", *Review of Economic Dynamics*, pp.155—178.

Christensen, Ian, Cesaire Meh and Kevin Moran, 2010, "On the Equivalence of Capital Adequacy and Monetary Policy", Mimeo.

_____, 2011, "Bank Leverage Regulation and Macroeconomic Dynamics".

Christiano, L., M.Eichenbaum and C.Evans, 2005, "Nominal Rigidities and the Dynamic Effects of a Shock to Monetary Policy", *Journal of Political Economy*, Vol.113(1), pp.1—46.

Christiano, L.J., Motto, R.and Rostagno, M., 2007, "Financial Factors in Business Cycles", *European Central Bank Working Paper Series*, No.1192.

_____, 2010, "Financial Factors in Business Cycles", *European Central Bank Working Paper Series*, No.1192.

Clarida, R., J.Gali, and M.Gertler, 2000, "Monetary Policy Rules and Macroeconomic Stability: Evidence and Some Theory", *Quarterly Journal of Economics* 115(1), pp.147—180.

Collard F., Dellas H., Diba B., Loisel O., 2012, "Macro-prudential Policies and Optimal Monetary Policy".

Committee on the Global Financial System, 2009, "Macroprudential Indicator Project", CGFS Meeting.

Césaire Meh, Kevin Moran, 2008, "The Role of Bank Capital in the Propagation of Shocks", Working Paper, Bank of Canada.

Curdia, Vasco and Michael Woodford, 2009, "Conventional and Unconventional

Monetary Policy", Mimeo.

Degryse H., and Nguyen G., 2004, "Interbank Exposures An Empirical Examination of Systemic Risk in the Belgian Banking System", *The International Journal of Central Banking* 3, pp.123—172.

Demirguc—Kunt, Asli & Detragiache, Enrica, 1999 "Monitoring Banking Sector Fragility: a Multivariate Logit Approach with an Application to the 1996—97 Banking Crises", *Policy Research Working Paper Series*, The World Bank.

Demyanyk, Otto Van Hemert, 2008, "Understanding the Subprime Mortgage Crisis", *Federal Reserve Bank of Chicago*(5), pp.171—192.

Dilip K.Patro, Min Qi, Xian Sun, 2010, "A Simple Indicator of Systemic Risk".

E.Faia and T.Monacelli, 2007, "Optimal Interest Rate Rules, Asset Prices and Credit Frictions", *Journal of Economic Dynamics and Conrol*.

Edge, Rocbelle M. and Ralf R.Meisenzahl, 2011, "The Unreliability of Credit-to-GDP Ratio Gaps in Real Time: Implications for Countercyclical Capital Buffers", *International Journal of Central Banking*, Vol.7, No.4.

Ediz T., Michael I. and Perraudin W., 1998, "The Impact of Capital Requirements on U.K.Bank Behavior", *Federal Reserve Bank of New York Economic Policy Review*, pp.15—22.

Elsinger H., Lehar A. and Summer M., 2002, "A New Approach to Assessing the Risk of Interbank Loans", *OeNB Financial Stability Report 3*, pp. 75—86.

Fisher, I., "The Debt-Deflation Theory of Great Depressions", *Econometrica* 1 (4), 1933.

Frankel, J. and A.K.Rose, 1996, "Currency Crashes in Emergency Markets: An Empirical Treatment", *Journal of International Economics*, pp.351—466.

FSA(Financial Services Authority), "Report of the Financial Stability Forum on Addressing Procyclicality in the Financial System".

——, "The Turner Review: A Regulatory Response to the Global Banking Crisis".

Furfine C., 2003, "Interbank Exposures: Quantifying the Risk of Contagion", *Journal of Money Credit and Banking* 35, pp.111—128.

G20, 2009, "Enhancing Sound Regulation and Strengthening Transparency".

——, 2009, "Guidance to Assess the Systemic Importance of Financial Institutions

Markets and Instruments: Initial Considerations".

G30, 2009, "Financial Reform: A Framework for Financial Stability".

Gai, Kapadia, 2010, "Contagion in Financial Networks", Bank of England working paper.

Gambacorta, L. and Mistrulli, P. E., 2003, "Bank Capital and Lending Behavior: Empirical Evidence for Italy", *Journal of Financial Intermediation*, pp.436—457.

Gauthier, Lehar, Souissi, 2010, "Macroprudential Capital Requirements and Systemic Risk".

Gerali, A., S. Neri, L. Sessa and F. M. Signoretti, 2008, "Credit and Banking in a DSGE Model", Bank of Italy, mimeo.

Gerali, A., S.Neri and F.M.Sessa, Luca Signoretti, 2010, "Credit and Banking in a DSGE Model of the Euro Area", *Journal of Money, Credit and Banking* 42 (S1), pp.107—141.

Gerdesmeier, D., H.E.Reimers and B.Roffia, 2009, "Asset Price Misalignments and the Role of Money and Credit", Working Paper 1068, European Central Bank, Frankfurt.

Gerdesmeier, D., Reimers, H.E., Roffia, B., "Asset Price Misalignments and the Role of Money and Credit", *ECB Working Paper*, pp.1068—1092.

Gertler, Mark and Karadi, P., "A Model of Unconventional Monetary Policy", Working Paper, New York University.

Gertler, Mark and Nobuhiro Kiyotaki, 2009, "Financial Intermediation and Credit Policy in Business Cycle Analysis", Mimeo.

Goodfriend, M. and B. T. McCallum, 2007, "Banking and Interest Rates in Monetary Policy Analysis: A Quantitative Exploration", *Journal of Monetary Economics* 54(5).

Goodhart, Charles and Segoviano, Miguel A., 2004, "Basel and procyclicality: a comparison of the standardised and IRB approaches to an improved credit risk method", Discussion Paper, 524. Financial Markets Group. London School of Economics and Political Science, London, UK.

Gray, Dale F., Robert C Merton and Zvi Bodie, 2008, "New framework for measuring and Managing Macrofinancial Risk and Financial Stability", Working Paper, No.09—015(Cambridge, Massachusetts: Harvard Business School, August).

Hanson S.,Kashyap K, Stein J., 2010, "A Macro-prudential Approach to Financial Regulation".

Hesse, Heiko and Miguel Segoviano, "Distress Dependence, Tail Risk and Regime Changes", IMF Working Paper, forthcoming.

Huang, Zhou and Zhu, 2009, "A Framework for Assessing the Systemic Risk of Major Financial Institutions", *Journal of Banking and Finance* 33 (11), pp.2036—2049.

Humphrey D. B., 1996, "Payments Finality and Risk of Settlement Failure".

Hu Zuliu,1993,"Intertemporal Substitution Consumption Revisited", IMF Working Paper,WP/93/26.

Hyunduk Suh, 2012, "Evaluating Macro-prudential Policy from Operational Perspectives".

——, 2011, "Evaluating Macro-prudential Policy with Financial Friction DSGE model".

——, 2011, "Simple Implementable Optimal Macro-prudential Policy", Working Paper.

Iacoviello, M., 2005, "House Prices, Borrowing Constraints and Monetary Policy in the Business Cycle", *American Economic Review* 95(3), pp.739—764.

Iacoviello, M. and Neri S., 2008, "Housing Market Spillovers: Evidence from an Estimated DSGE Model", *Bancad'Italia Discussion Papers*, No.659.

Illing, Mark and Ying Liu, 2006, "Measuring Financial Stress in a Developed Country: An Application to Canada", *Journal of Financial Stability*, Vol.2, No.3, pp.243—265.

IMF, 2008, 2009, 2010, "Global Financial Stability Report".

——, 2006, "Financial Soundness Indecators Complication Guide".

——, 2003, "Financial Soundness Indicators", www.imf.org/external/np/sta/fsi/eng/2003/051403.

——, 2009, "Lessons of the Financial Crisis for Future Regulation of Financial Institutions and Markets and for Liquidity Management".

Jaap Bikker, Paul Metze, "Is Bank Capital Procyclical? A Cross-Country Analysis", *DNB Working Paper* 009, Netherlands Central Bank, Research Department.

Jean Charles Rochet, Jean Tirole, 1996, "Interbank Lending and Systemic Risk", *Journal of Money Credit and Banking*, Vol.28.

Jeanette Muller, 2003, "Two Approached to Assess Contagion in the Interbank Market", *Swiss National Bank Discussion paper* 12(23).

Jeffrey Sachs, AaronTornell and Andres Velasco, 1997, "Financial Crises in Emerging Markets the Lessons from 1995", National Bureau of Economic Research.

Jerman, U. and Quadrini, E., 2009, "Macroeconomic Effects of Financial Shocks", NBER Working Paper, No.15338.

Jorge A.Chan—Lau, 2010, "Balance Sheet Network Analysis of Too-Connected-To-Fail Risk in Global and Domestic Banking System", IMF Working Paper.

Juan Ayuso, Daniel Perez, Jesus Saurina, 2004, "Are Capital Buffers Pro-cyclical? Evidence from Spanish Panel Data", *Journal of Financial Intermediation*(4), pp.249—264.

Kaminsky, G.and Reinhart, C., 2000, "On Crisis Contagion and Confusion", *Journal of International Economics*, Vol.51.

Kannan, P., P.Rabanal and A.Scott, 2009, "Monetary and Macroprudential Policy Rules in a Model with House Price Booms", IMF working paper.

Kashyap, Anil K. and Jeremy C.Stein, 2004, "Cyclical Implications of Basel II Capital Standards", *Federal Reserve Bank of Chicago Economic Perspectives* 28, pp.18—31.

Kaufman George G., "Bank Failures, System Risk and Bank Regulation", *CTAO Journal*, Vol.6, pp.17—46.

Kishan, R., and T. Opiela, 2000, "Bank Size, Bank Capital and the Lending Channel", *Journal of Money Credit and Banking* 32, pp.121—141.

Kiyotaki, N.and Gertler, M., 1990, "Financial Intermediation and Credit Policy in Business Cycle Analysis", *Handbook of Monetary*.

Kiyotaki, N.and J.Moore, 1997, "Credit Cycles", *Journal of Political Economy*, Vol.105(2), pp.211—248.

L.Zicchino, O.Aspachs, C.Goodhart, M.Segoviano, D.Tsomocos, 2006, "Searching for a Metric for Financial Stability", *OFRC Working Papers Series*, Oxford Financial Research Centre (9).

Liu Guangling and Seeiso N., 2011, "Business Cycle and Bank Capital Regulation: Basel II Procyclicality", Working Paper.

Macroeconomic Assessment Group, 2010, "Assessing the Macroeconomic Impact of the Transition to Stronger Capital and Liquidity Requirements", *Group established by Financial Stability Board and the Basel Committee on Banking Supervision*.

Mervi Toivanen, 2009, "Financial Interlinkages and Risk of Contagion in the Finnish Interbank Market", University of Vaasa Working Papers.

Michiel Bijlsma, Jeroen Klomp and Sijmen Duineveld, "Systemic Risk in the Financial Sector—A Review and Synthesis", Working Paper, No.210.

Minsky, H., 1992, "The Financial Instability Hypothesis", *Handbook of Radical Political Economy*.

Mistrulli, Paolo Emilio, 2007, "Assessing Financial Contagion in the Interbank Market: Maximum Entropy Versus Observed Interbank Lending Patterns", Bank of Italy's Working Paper 641.

Monica Billio, Mila Getmansky, Andrew W. Lo and Loriana Pelizzon, 2010, "Econometric Measures of Systemic Risk in the Finance and Insurance Sectors", NBER Working Papers, 16223, National Bureau of Economic Research, Inc.

N'Diaye, P., 2009, "Countercyclical Macro Prudential in a Supporting Role to Monetary Policy", IMF Working Paper.

Nier E, Yang J., Yorulmazer Y. and Alentorn A., "Network Models and Financial Stability", *Journal of Economic Dynamics and Control* 31, pp.2033—2060.

Prescott, E.C., 1986, "Theory Ahead of Business Cycle Measurement", *Federal Reserve Bank of Minneapolis Quarterly Review* 10, pp.9—22.

Quint, D., Rabanal, P., 2011, "Monetary Policy and Macroprudential Policy in an Estimated DSGE Model of the Euro area", IMF Working Paper.

Ralph Chami, Thomas F. Cosimano, 2001, "Monetary Policy with a Touch of Basel", IMF Working Papers 01/151.

Raphael Douady, 2009, "A Non-Cyclical Capital Adequacy Rule and the Aversion of

Systemic Risk", SSRN Working Paper 12.

Robert Shimer, 2008, "Convergence in Macroeconomics: the Labor Wedge", *American Economic Journal*, pp.208—297.

Rungporn Roengpitya, Phurichai Rungcharoenkitkul, 2009, "Measuring Systemic Risk and Financial Linkages in the Thai Banking System", IMF Working Paper 10.

S.J.Hanson, A.K.Kashyap and J.C.Stein, 2011, "A Mcro-prudential Approach to Financial Regulation", *Journal of Economic Perspectives* 25, pp.3—28.

Sachs, Tornell and Velasco, 1996, "Financial Crisis in Emerging Markets: the Lessons of 1995", Brookings Paper on Economics Activity 1.

Satty, T. L., 1980, *The Analytic Hierarchy Process*, New York: McGraw Hill.

Segoviano, Migue A. and Goodhart, Charles, " Banking Stability Measures Discussion Paper", 627. Financial Markets Group, London School of Economics and Political Science, London, UK.

Smets, F. and Wouters, R., 2003, "An Estimated Dynamic Stochastic General Equilibrium Model of the Euro Area", *Journal of the European Economic Association* (05).

Sundararajan, V., Charles A. Enoch, Armida Sarr, Marina Moretti and Graham L., 2002, "Financial Soundness Indicators: Analytical Aspects and Country Practices", IMF Working Paper, No.212.

Tanaka, Misa, 2002, "How Do Bank Capital and Capital Adequacy Regulation Affect the Monetary Transmission Mechanism?" *CESIFO Working Paper Series*.

Tarashev, N., Borio, C., Tsatsaronis, K., 2009, "Allocating Systemic Risk to Individual Institutions Methodology and Policy Applications", BIS Working Papers.

Tarashev, N., Borio, C., Tsatsaronis, K., 2010, "The Systemic Importance of Financial Institutions", *BIS Quarterly Review*.

Taylor, J., 1999, "The Robustness and Efficiency of Monetary Policy Rules as Guidelines for Interest Rate Setting by the European Central Bank", *Journal of Monetary Economics* 43, pp.655—679.

Taylor J.B., 1993, *Macroeconomic Policy in a World Economy: From Econometric*

Design to Practical Operation, New York: W.W.Norton.

Terhi Jokippi, Alistair Milne, 2006, "The Cyclical Behavior of European Bank Capital Buffers", *Bank of Finland Discussion Paper*, No.17.

Tirole J., 1996, "A Theory of Collective Reputations with Applications to the Persistence of Corruption and to Firm Quatiry", *The Review of Economic Studies*, No.1, Vol.63, pp.1—22.

Tobias Adrian, Markus K.Brunnermeier, 2009, "CoVaR", Mimeo, http://www. princeton.edu/%7Emarkus/research/papers/CoVaR.pdf.

Upper C. and Worms A., 2004, "Estimating Bilateral Exposures in the German Interbank Market: Is there a Danger of Contagion?" *European Economic Review*, 48, pp.827—849.

Van den Heuvel, Skander J., 2003, "The Welfare Cost of Bank Capital Requirements", *Journal of Monetary Economics*(3), pp.298—320.

VanHoose, D., 2006, "Bank Behavior Under Capital Regulation—What does the Academic Literature Tell Us?" NFI Working Paper.

Walque, G., Pierrard, O. and Rouabah A., 2010, "Financial Stability Supervision and Liquidity Injections a DSGE Approach", *The Economic Journal*.

Wells S., 2004, "Financial Interlinkages in the United Kindom's Interbank Market and the Risk of Contagion", Bank of England Working Paper, No.230.

Woodford, M., 2003, *Interest and Prices Foundations of a Theory of Monetary Policy*, Princeton University Press.

Zhang Longmei, 2010, "Bank Capital Lending Channel and Business Cycles", IMF Working Paper.

巴曙松、王璟怡、杜婧:《从微观审慎到宏观审慎:危机下的银行监管启示》,《国际金融研究》2010 年第 5 期,第 83—88 页。

巴曙松、朱元倩等:《巴塞尔协议 Ⅲ 研究》,中国金融出版社 2011 年版。

陈军:《系统重要性金融机构评估标准的构建》,《西部金融》2012 年第 1 期,第 69—73 页。

陈守东、杨莹、马辉:《中国金融风险预警研究》,《数量经济技术经济研究》2006 年第 7 期。

陈颖、李楠、陈敏:《后危机时代银行资本结构的新安排》,《新金融》2012 年第 1 期,第

42—47 页。

董小君:《建立有效的金融风险预警机制》,《金融时报》2004 年 11 月 17 日。

杜清源、龚六堂:《带"金融加速器"的 RBC 模型》,《金融研究》2005 年第 4 期。

范小云:《繁荣的背后》,中国金融出版社 2006 年版。

范小云、曹元涛:《中国金融改革中的金融安全与风险控制》,中国金融出版社 2008 年版。

范小云、曹元涛、胡博态:《银行系统性风险测度最新研究比较》,《金融博览》2006 年第 3 期。

范小云、王道平:《巴塞尔 III 在监管理论与框架上的改进:微观与宏观审慎有机结合》,《国际金融研究》2012 年第 1 期,第 63—70 页。

范小云、王道平、方意:《我国金融机构的系统性风险贡献测度和监管》,《南开经济研究》2011 年第 4 期,第 3—18 页。

方芳、刘鹏:《中国金融顺周期效应的经济学分析》,《国际贸易问题》2010 年第 10 期,第 13—22 页。

冯科:《中国宏观金融风险预警系统构建研究》,《南方金融》2010 年第 12 期,第 18—24 页。

高国华:《基于动态相关性的我国银行系统性风险度量研究》,《管理评论》2013 年第 1 期,第 9—15 页。

高国华:《逆周期资本监管框架下的宏观系统性风险度量与风险识别研究》,《国际金融研究》2013 年第 3 期,第 30—39 页。

高国华、潘英丽:《基于 DCC 模型的上市银行系统风险实证研究》,《上海管理科学》2011 年第 2 期,第 1—5 页。

高国华、潘英丽:《基于资产负债表关联的银行系统性风险研究》,《管理工程学报》2012 年第 4 期,第 162—169 页。

高国华、潘英丽:《我国商业银行资本充足率顺周期效应研究》,《经济与管理研究》2010 年第 12 期,第 82—87 页。

高国华、潘英丽:《银行系统性风险度量——基于动态 CoVaR 方法的分析》,《上海交通大学学报(自然科学版)》2011 年第 12 期,第 1753—1759 页。

高鸿帧:《国家金融安全的统计分析》,中国统计出版社 2005 年版。

高铁梅:《计量经济分析方法与建模》,清华大学出版社 2006 年版。

高志勇:《系统性风险与宏观审慎监管——基于美国银行业的实证研究》,《财经研究》

2010 年第 5 期,第 12—18 页。

龚明华、宋彤:《关于系统性风险识别方法的研究》,《国际金融研究》2010 年第 5 期,第 90—96 页。

顾宝六、肖红叶:《中国消费跨期替代弹性的两种估计方法》,《统计研究》2004 年第 9 期。

郭晨、宋清华:《宏观经济变量冲击与我国银行间市场风险传染》,《湖北经济学院学报》2010 年第 5 期,第 36—43 页。

何建雄:《建立金融安全预警系统:指标框架与运作机制》,《金融研究》2001 年第 1 期。

侯荣华、张洋、李峰:《银行资本与货币政策关系研究述评》,《经济学动态》2010 年第 5 期,第 116—121 页。

黄聪、贾彦东:《金融网络视角下的宏观审慎管理》,《金融研究》2010 年第 4 期,第 1— 14 页。

黄亭亭:《宏观审慎监管操作框架研究》,中国金融出版社 2011 年版。

黄宪,鲁丹:《银行业资本监管对中国宏观经济波动效应的实证研究》,《经济评论》2008 年第 3 期。

黄宪、王露璐:《反思金融危机中的巴塞尔协议——基于金融理论界长期批判的跟踪》,《国际金融研究》2009 年第 9 期,第 50—54 页。

黄宪、王露璐、马理、代军勋:《货币政策操作需要考虑银行资本监管吗》,《金融研究》2012 年第 4 期,第 17—29 页。

黄宪、熊启跃:《银行资本约束下货币政策传导机理的"扭曲"效应》,《经济学动态》2011 年第 6 期,第 119—125 页。

贾彦东:《金融机构的系统重要性分析——金融网络中的系统风险衡量与成本分担》,《金融研究》2011 年第 10 期,第 17—32 页。

江曙霞、何建勇:《银行资本、银行信贷与宏观经济波动——基于 C—C 模型的影响机理分析的拓展研究》,《金融研究》2011 年第 5 期,第 30—36 页。

金陶玲:《新一轮国际金融监管体制改革的核心》,《比较》2012 年。

李连发、辛晓岱:《银行信贷、经济周期与货币政策调控:1984—2011》,原载《经济研究》2012 年第 3 期。

李楠、汪翀:《关于巴塞尔协议规避银行系统危机的有效性研究》,《国际金融研究》2012 年第 1 期,第 54—61 页。

李文泓:《关于宏观审慎监管框架下逆周期政策的探讨》,《金融研究》2009 年第 7 期,第7—24页。

李文泓:《宏观审慎监管框架下的逆周期政策研究》,中国金融出版社2010年版。

李文泓、罗猛:《关于我国商业银行资本充足率顺周期性的实证研究》,《金融研究》2010
年第2期,第147—157页。

李文泓、吴祖鸿:《自救安排及其在我国的应用》,《中国金融》2011年第6期,第50—54页。

李妍:《系统性风险与宏观审慎监管》,对外经贸大学博士论文2009年。

李扬、全先银:《危机背景下的全球金融监管改革:分析评价及对中国的启示》,《中国金
融》2011年第4期,第14—17页。

连玉君、彭方平、苏治:《融资约束与流动性管理行为》,《金融研究》2010年第10期,第
50—59页。

刘斌:《资本充足率对我国贷款和经济影响的实证研究》,《金融研究》2005年第11期,
第18—31页。

刘春航、朱元倩:《银行业系统性风险度量框架的研究》,《金融研究》2011年第12期,
第85—114页。

刘胜会:《基于通胀和稳定的多目标宏观审慎政策框架》,《金融与经济》2011年第8
期,第20—27页。

马君潞、范小云、曹元涛:《中国银行间市场双边传染的风险估测及其系统性特征分
析》,《经济研究》2007年第1期,第68—78页。

麦强盛、刘洪波:《基于宏观审慎的金融监管指标体系构建研究》,《金融教育研究》2011
年第6期,第7—13页。

毛奉君:《系统重要性金融机构监管问题研究》,《国际金融研究》2011年第9期,第
78—84页。

苗永旺、王亮亮:《金融系统性风险与宏观审慎监管》,《国际金融研究》2010年第11
期,第59—68页。

彭建刚、钟海、李关政:《对巴塞尔新资本协议亲周期效应缓释机制的改进》,《金融研
究》2010年第9期,第184—197页。

祈斌:《美国金融监管改革法案:历程、内容、影响和借鉴》,《金融发展评论》2010年第9
期,第30—43页。

谭洪涛、蔡利、蔡春:《金融稳定监管视角下的系统性风险研究述评》,《经济学动态》
2011年第10期,第137—142页。

汤柳、王旭祥:《后危机时代国际金融监管改革动态:回顾、评价与展望》,《上海金融》

2012 年第 7 期,第 58—63 页。

仝冰:《货币、利率与资产价格——基于 DSGE 模型的分析与预测》,北京大学博士论文 2010 年。

王靖国:《顺周期行为机制下的系统性金融风险:理论与实证分析》,财政部财政科学研究所博士论文 2011 年。

王君斌、郭新强、蔡建波:《扩张性货币政策下的产出超调、消费抑制和通货膨胀惯性》,《管理世界》2011 年第 3 期,第 7—21 页。

王力伟:《宏观审慎监管研究的最新进展:从理论基础到政策工具》,《国际金融研究》2010 年第 11 期,第 62—72 页。

王立勇、张良贵、刘文革:《不同粘性条件下金融加速器效应的经验研究》,《经济研究》2012 年第 10 期,第 69—81 页。

王胜邦、陈颖:《新资本协议内部评级法对宏观经济运行的影响:亲经济周期效应研究》,《金融研究》2008 年第 5 期,第 48—63 页。

吴培新:《以货币政策和宏观审慎监管应对资产价格泡沫》,《国际金融研究》2011 年第 5 期,第 67—73 页。

谢平、邹传伟:《金融危机后有关金融监管改革的理论综述》,《金融研究》2010 年第 2 期,第 1—16 页。

徐超:《系统重要性金融机构识别方法综述》,《国际金融研究》2011 年第 11 期,第 57—64 页。

徐慧玲、许传华:《金融风险预警模型述评》,《经济学动态》2010 年第 11 期,第 131—134 页。

徐明东:《资本充足率约束与银行资产组合行为及其宏观经济效应》,复旦大学博士论文 2011 年。

许伟、陈斌开:《银行信贷与中国经济波动:1993—2005》,《经济学季刊》2009 年第 4 期,第 1—15 页。

叶永刚、张培:《中国金融监管指标体系构建研究》,《金融研究》2009 年第 4 期,第 14—23 页。

俞乔、赵昌文、蒲璞:《中国国有银行的政治控制与公司治理研究》,清华大学公共管理学院工作论文 2008 年。

张健华、贾彦东:《宏观审慎政策的理论与实践进展》,《金融研究》2012 年第 1 期,第 20—35 页。

张健华、贾彦东:《宏观审慎政策的理论与实践进展》,《金融研究》2012 年 8 月。

张强、冯超:《金融危机后我国上市商业银行系统性风险测算》,《上海金融》2010 年第
　　12 期,第 32—35 页。

张显球:《宏观审慎监管:理论含义及政策选择》,中国金融出版社 2012 年版。

张晓朴:《系统性金融风险研究:演进、成因与监管》,《国际金融研究》2010 年第 7 期,
　　第 58—67 页。

中国银行国际金融研究所课题组:《美国金融监管改革对全球金融市场的影响及中国
　　的风险》,《国际金融研究》2010 年第 9 期,第 79—87 页。

钟伟、谢婷:《巴塞尔协议 Ⅲ 的新近进展及其影响初探》,《国际金融研究》2011 年第 3
　　期,第 46—55 页。

钟伟、谢婷:《迷途难返——货币政策与金融监管新走向》,中国经济出版社 2011 年版。

周黎安:《晋升博弈中政府官员的激励与合作:兼论我国地方保护主义和重复建设问题
　　长期存在的原因》,《经济研究》2004 年第 6 期。

周炎、陈昆亭:《金融经济周期模型拟合中国经济的效果检验》,《管理世界》2012 年第 6
　　期,第 17—29 页。

周炎、陈昆亭:《利差、准备金率与货币增速——量化货币政策效率的均衡分析》,《经济
　　研究》2012 年第 3 期,第 22—34 页。

周源:《宏观审慎政策与货币政策目标协作研究》,《上海金融》2011 年第 8 期,第 25—
　　33 页。

图书在版编目(CIP)数据

银行资本监管及其宏观经济效应：基于系统性风险
的视角/高国华著.—上海：格致出版社：上海人民
出版社，2014
（上海交通大学现代金融研究中心系列丛书）
ISBN 978-7-5432-2408-7

Ⅰ.①银…　Ⅱ.①高…　Ⅲ.①银行监督-宏观经济效
益-研究-中国　Ⅳ.①F832.1

中国版本图书馆 CIP 数据核字(2014)第 134172 号

责任编辑　邱盈华
装帧设计　人马艺术设计·储平

上海交通大学现代金融研究中心系列丛书

银行资本监管及其宏观经济效应
—— 基于系统性风险的视角

高国华　著

出　版	世纪出版股份有限公司　格致出版社 世纪出版集团　上海人民出版社 (200001　上海福建中路193号　www.ewen.co)	印　刷	浙江临安曙光印务有限公司
		开　本	787×1092　1/16
		印　张	13.75
		插　页	2
	编辑部热线　021-63914988 市场部热线　021-63914081 www.hibooks.cn	字　数	237,000
		版　次	2014年10月第1版
发　行	上海世纪出版股份有限公司发行中心	印　次	2014年10月第1次印刷

ISBN 978-7-5432-2408-7/F·763　　　　　　　　　　　　　定价：38.00 元